✣ 지은이 **베어드 T. 스폴딩**Baird T. Spalding

미국인이며, 광산기사였고, 1953년 95세를 일기로 애리조나 주 템프에서 사망했다는 사실 외의 개인사는 대부분 베일에 싸여 있다. 19세기 말 인도, 티베트, 히말라야 고원 일대에서 기적을 일상적으로 행하는 초인들을 만나 그들의 삶과 가르침을 낱낱이 기록했고, 그것을 책으로 발표한 1920년대 이후 사실 여부에 대한 뜨거운 논쟁 속에서 '믿어지진 않지만 믿을 수밖에 없는 사실'임을 거듭 밝혔다. 100여 년이 지난 지금까지도 전 세계의 영성가와 구도자들에게 위대한 선구자이자 메신저로 존경받고 있다.

✣ 옮긴이 **정진성**

고려대학교 사학과를 졸업한 후, 동방생명(현 삼성생명)보험, 조선일보 조사부에서 근무하였다. 인류가 평화롭게 살기 위해서는 영적인 문명이 와야 한다고 믿고 영성계의 여러 고전들을 번역하였다.

디자인 변영욱

超人生活 2

Life and Teaching of the Masters of the Far East

Baird T. Spalding

베어드 T. 스폴딩 지음 | 정진성 옮김

초인생활 2

강의록

超人生活

정신세계사

✣ 일러두기

이 책은 2005년에 발행된《초인들의 삶과 가르침을 찾아서》중 강의록에 해당하는 후반부(4~5부)의 개정판입니다. 참고로, 1992년에 발행된 구판《초인생활》에는 포함되어 있지 않은 내용들입니다. 원서 정보는 아래와 같습니다.

Life & Teaching of the Masters of the Far East vol.Ⅳ (1948)
Life & Teaching of the Masters of the Far East vol.Ⅴ (1955)

초인생활 2 ✣ 강의록

베어드 T. 스폴딩이 짓고 정진성이 옮긴 것을 정신세계사 정주득이 2005년 11월 1일 처음 펴내고, 김우종이 2020년 8월 25일 다시 펴내다. 배민경이 다듬고, 변영옥이 꾸미고, 한서지업사에서 종이를, 영신사에서 인쇄와 제본을, 하지혜가 책의 관리를 맡다. 정신세계사의 등록일자는 1978년 4월 25일(제2018-000095호), 주소는 03965 서울시 마포구 성산로4길 6 2층, 전화는 02-733-3134, 팩스는 02-733-3144, 홈페이지는 www.mindbook.co.kr, 인터넷 카페는 cafe.naver.com/mindbooky 이다.

2023년 8월 28일 펴낸 책(개정판 제4쇄)

ISBN 978-89-357-0442-2 04290
978-89-357-0440-8 (세트)

이 도서의 국립중앙도서관 출판시도서목록(CIP)은 서지정보유통지원시스템 홈페이지(http://seoji.nl.go.kr)와 국가자료공동목록시스템(http://www.nl.go.kr/kolisnet)에서 이용하실 수 있습니다.(CIP제어번호: CIP2020032601)

차 례

옮긴이 머리말 · 7

초인들의 가르침을 찾아서

성 광명형제단과 세계평화 · 13 | 한마음 · 25 | 이원성 · 38 | 장래 사회 재조직의 기초 · 51 | 말의 힘 · 65 | 의식 · 80 | 신 · 98 | 인간 · 117 | 생명 · 134 | 우주 · 150 | 자아 · 165 | 프라나 · 183 | 양자론 · 195 | 요약 · 206

스폴딩에게 묻다

과거를 촬영하는 카메라 · 217 | 너 자신을 알라 · 225 | 신은 존재하는가? · 234 | 영원한 생명 · 243 | 신성한 생활법 · 260 | "이미 알고 있다고 생각하라" · 272 | 실재 · 285 | 죽음의 극복 · 293 | 공급의 법칙 · 303 | "진리가 너를 자유롭게 하리라" · 309 | 대사와 함께 걷는 사람들 · 320 | 나는 믿는다 · 326

참으로 기나긴 여정이었다.

내가 이 책을 처음으로 만났을 때는 약관 20대 초반이었다. 일본어 중역판이라서 그런지 읽기도 어려웠지만, 무슨 말인지도 잘 이해하지 못하였다. 아마 글의 내용을 이해하기에는 너무 이른 나이였는지도 모른다. 시간이 흘러 30대 중반, 번역할 마음으로 어렵게 원서를 구하였다. 그러나 마음만 그러할 뿐 때늦은 방황으로 번역할 엄두도 내지 못하고 있었다. 아직 나 자신이 성숙하지 못해서 그랬나 보다. 그 사이에 정창영 님의 훌륭한 번역이 나와 쉽게 읽을 수 있게 되었지만, 아쉽게도 후반부 4, 5권은 아직 번역되지 않은 상태였다. 이제 거울 앞에 선 나이가 지난 지금에야 겨우 번역을 하게 되었다. 서정주 님의 시대로 한 송이의 국화꽃을 피우기 위하여 봄부터 소쩍새는 울고, 천둥은 먹구름 속에서 또 그렇게 울었나 보다. 모든 것은 다 때가 있고, 한 번 마음먹은 것은 언젠가는 이루어진다는 사실을 거듭 느끼는 바이다.

이 책의 진위眞僞에 대해서 여전히 논란이 많은 듯하다.

불가에서 흔히 하는 이야기가 있다. 달을 가리키면 달을 보아야지 손가락은 왜 보는가? 개한테 돌을 던졌을 때, 어리석은 개는 돌멩이를 쫓아가지만 영리한 개는 던진 사람에게 달려든다고 한다.

역자 역시 이 책에 나오는 이야기가 사실인지 아닌지 모른다. 게

다가 그 사실 여부를 확인할 수도 없다. 그러나 가만히 생각해보자. 사실 여부를 떠나 그토록 생생하게 진리의 말씀을 전할 수 있는가? 설사 지어낸 이야기라 하더라도 이 책에 나오는 내용이 진리가 아니라고 부정하겠는가? 참된 진리를 만날 수 있으면 되었지, 사실인지 아닌지 알아서 무엇 하겠는가? 사실인지 아닌지 의심하고 있는 에너지를 돌려 진리를 만나는 데 쓰면 좋지 않겠는가? 이 책은 배우는 자, 받아들이는 자의 입장에서 읽을 것이지 심판자의 입장에서 읽을 것이 아니다. 양들은 목자의 목소리를 알아듣는다고 한다. 참된 목자인지 도둑인지 양들은 안다.

알다시피 이 책은 예수와 성 광명형제단(Great White brotherhood)에 관한 이야기이다. 모든 진리의 스승들에게는 맥脈이 있다고 한다. 예수는 멜키세덱의 맥이라 할 수 있다.(헤브라이서 5장~7장) 붓다에게도 맥이 있고 동양의 선도仙道에도 맥이 있다. 요가난다 자서전에서 볼 수 있는 바와 같이 인도 히말라야에도 각기 고유한 맥이 있다. 지금은 끊어졌는지 모르지만 이집트 피라미드에도 비전秘傳의 맥이 있었다고 한다.

본 역자는 어느 귀중한 만남을 통하여 그 편린片鱗을 들을 수 있는 기회가 있었다. 역자로서는 더없는 복인지도 모른다. 그 편린을 듣고 이 책을 번역할 자신감을 얻은 것이다.

이 책은 진리를 탐구하는 사람에게는 물론, 이제까지 나왔던 진리에 관한 책 중에서 가히 전범典範 내지 교과서라 할 만한 것이요, 다가오는 세상에 대한 지침서로서도 조금도 손색이 없는 책이라 할 만하다.

본문에 있는 내용이지만, 이제 21세기는 영적인 문명이 이룩되어야 할 때라고 대사들은 이미 100년 전에 말하였다. 앞으로 인류가 지구상에서 평화롭게 살아가려면 달리 길이 없는 것 같다. 영적인 운명을 이룩하는 길만이 기아, 질병, 환경파괴, 종교 간의 갈등, 전쟁, 심지어는 천재지변까지도 포함하여 지구상의 모든 문제를 해결할 수 있는 길이라 믿는다.

번역하는 내내, 무언가 알 수 없는 힘이 나를 도와주고 있는 것을 느꼈다. 처음부터 나 자신의 힘으로는 도저히 되지 않는 일인데도 시작하게 되었고, 내가 해야 하는 일이라는 사명감을 느낄 만큼 모든 일이 조화롭게 진행되었다. 그 힘 덕분에 그동안의 수많은 난관도 어렵지 않게 지나올 수 있었다. 그 힘이 무엇이고 어디에서 온 것인지 알 수 없으나 처음부터 끝까지 그 힘이 나를 이끈 것만은 확실하다.

이 책을 번역하는 데 마음의 동기와 힘을 불어넣어주신 나의 선생님께 깊은 감사를 드린다. 그리고 처음부터 끝까지 도움을 주신 박인숙 님, 교정을 보아주신 변정민 선배님, 전현두 님, 모르는 부분이 있을 적마다 도움을 준 불교학자 전재성 님께 감사를 드린다. 마지막으로 이 책을 읽은 사람이 마음속으로 환희심을 느끼고 진리에 대한 열망이 일어난다면 역자로서도 더없는 기쁨으로 여기겠다.

정진성

초인들의 가르침을 찾아서

CHAPTER 1

GREAT WHITE BROTHERHOOD AND WORLD PEACE

성 광명형제단[*]과 세계평화

대사들의 가르침과 그 가르침의 밑바탕이 되는 법칙을 이해하기 위해서는, 우선 대사들의 생각이 어떠한지를 알아야 한다. 대사들의 생각을 알기 위해서는 먼저 우리의 마음의 문을 여는 것이 필요하지만, 이와 함께 인간의 본질적인 성향까지도 파악하고 있어야 한다. 비유하자면, 밭을 경작하려면 무엇을 심고 어떻게 가꿀 것이며 무슨 목적으로 재배할 것인가를 먼저 결정해야 하는 것과도 같다. 모든 일의 배후에는 반드시 목적이 있다. 그런데 그 목적이 무엇인가를 명확히 아는 것은 보통 인간이 생각할 수 있는 범위를 훨씬 초월한다. 그렇다 하더라도 한 개인의 삶은 다른 사람의 삶과 긴밀히 연결되어 있으며 어떤 힘이 한 사람에게 영향을 끼치고 있다면, 그 힘은 동일하게 모든 인간에게도 영향을 끼치고 있다는 것은 틀림없는 사실이다.

✣[**] 이 공부를 시작하면서, 우리는 먼저 영적인 진보를 이루기 위해서는 새롭게 눈을 뜨는 일이 필요하다는 것을 알아야 한다. 인류는 이제까지 육신과 육신이 필요로 하는 물질만 추구하는 삶을 살아왔다. 그러나 이제 인류는 육신과 물질은 이를 넘어선

---

* 대백색 형제단, 한빛 형제단, 위대한 빛의 형제들 등 여러 가지로 번역할 수 있다. 이하 성 형제단이라 번역.

** 원서에서는 For the Teacher(교수요령)이라는 제목으로 각 장의 끝에 따로 실려 있다.

무한한 존재에 의존하고 있다는 진리를 깨달아야 한다.

세계 평화는 모든 인류가 관심을 가지고 있는 공통적인 소망이라 할 수 있다. 모든 인류는 전쟁이 그치고 평화가 이루어지기를 원하고 있다. 이것을 보아도 전쟁이란 본래 자연스러운 상태가 아니다. 이제 인류는 자기만이 정의의 구현자이며, 자기만이 행복의 실현자이며, 자기만이 신의 사명을 수행한다고 하는 자들은 거짓말쟁이, 사기꾼에 불과하다는 것을 알기 시작했다. 그러나 평화와 행복은 누가 가져다주는 것이 아니고, 우리 자신의 진지한 노력을 통하여 이루어지는 것이다. 정치적으로 협상하여 평화를 이룬다 하더라도 이는 일시적인 것일 뿐 평화가 영구적으로 보장되는 것은 아니다. 결국 인간 자신의 운명을 개척하는 힘은 인간 자신 속에 있다는 것을 스스로 깨달아 평화를 이룩하는 수밖에 없다.

✣ 평화 운동의 배후에는 대우주, 즉 신의 목적이 있다.

인류가 세계 평화에 대하여 그토록 관심을 기울이는 이유는 항상 공동선을 이루려고 하는 우주 법칙이 작용하기 때문이다. 인류가 평화에 대한 관심을 가지게 되고 각성을 하게 된 것은, 사실 대사들의 평화의 성령(the Spirit of Peace) 운동에 감응하여 일어난 것이다. 인간은 자기 자신이 우주 법칙 자체임을 깨닫는다면 비로소 무엇이 선인지를 알 수 있게 된다. 왜냐하면 우주 법칙은 공동선과 불가피하게 결합되어 있기 때문이다. 인류 공동선을 향하는 참다운 발걸음은 느릴 수는 있으나 결과는 확실한 것이다.

이 지구상에는 수천 년 동안 평화를 위하여 일하고 있는 위대한 성 형제단이 존재한다. 이 형제단은 모든 평화 운동의 배후에서 일을 하고 있으며, 영향력을 행사하고 있다. 현재 전 세계에는 216개 그룹이 있는데, 그 중심이 되는 그룹 하나와 그를 둘러싼 열두 개의 그룹이 전 그룹을 지도하고 있다. 중심 그룹은 다른 그룹보다 권능이 크다. 이들 그룹 전부가 인류의 평화를 위하여 일하고 있다.*

이 그룹들은 성 형제단의 높은 이상에 고양된 사람들로 구성되어 있다. 이 그룹들은 전체가 협동하여 일하고 있으며, 인류의 평화가 이룩되도록, 인류가 진리에 각성되도록 전 세계에 강력한 사념을 방사하고 있다.

성 형제단에 대해서는 오해와 억측이 많다. 이들은 스스로 성 형제단이라고 말하는 법이 없으며, 종교단체나 평화단체 같은 특정한 조직에만 소속되어 있지도 않다. 이들의 활동과 목적은 그야말로 우주적이요 보편적(Universal)이다. 즉 우주적(보편적)인 목적에 맞게 우주적으로 활동하고 있다. 어떠한 개인이나 단체라 하더라도 사심이 없고 이들의 목적과 일치한다면, 성 형제단의 도움을 받을 수 있다. 이 도움은 아무도 알지 못하게 은밀히 이루어진다. 말하자면, 인간이 알아보도록 특정한 인간이나 특정한 장소에서 오는 원조라는 형식을 취하지 않는다. 도움을 받는 사람도 도움을 받고 있구나 하고 겨우 느낄 수 있을 뿐이다.

---

* Brotherhood of the white Temple을 창시한 Dr. Doreal에 의하면, 지구를 총괄하는 성 형제단의 본부는 티베트의 수도 라사의 지하에 있는 샴발라에 있다.(본서 1권 제3부 8장 참조) 성 형제단은 열두 개 그룹 144명의 마스터Master로 구성되어 있으며, 열두 명의 마스터와 한 명의 의장으로 구성된 최고위원회에 의하여 운영되고 있으며, 이 열두 개 그룹을 중심으로 성 형제단이 퍼져나간다고 한다.

국제연맹(The League of Nations)*은 본래 성 형제단의 한 기관이었는데, 몇몇 국가들과 사람들에 의해 잘못 운용되었다. 그러나 언젠가는 성 형제단의 인도에 따라 다시 부활할 것이다.

지금 새로운 질서가 탄생되고 있으며, 낡은 문명은 허물어져가고 있다. 때가 되면 성 형제단도 전면적으로 자기주장을 펼 것이다.

인류 공동선을 지향하는 이 흐름에 찬성하든지 반대하든지, 이제는 아무 데도 속하지 않는 중간지대나 무관심은 있을 수 없게 되었다. 신의 물레방아는 때로는 빨리, 때로는 천천히 돌기도 하지만 틀림이 없고 정교한 법이다. 남의 것을 함부로 빼앗는 침략적 행위는 이제 없어져야 할 것이다. 우리는 이제 이런 보편적인 선에 우리 자신을 헌신하는 것이 필요하다. 왜냐하면, 그렇게 하는 것이 각자가 진보하는 데에도 큰 도움이 되기 때문이다.

처음에는 이러한 보편적 이념이 사람들에게 그다지 주목받지 못할 수도 있다. 그러나 이 이념은 마치 전염병이 발생하여 사람들이 미처 알아차리기 전에 감염되는 것과 같이 갑자기 표면화되어 퍼져나가게 된다. 이처럼 알지 못하는 사이에 새로운 질서 속으로 들어가게 된다. 문제는 이 힘과 동조하는 것이다. 이 힘과 동조하면, 전 인류가 진보하는 데에 함께 나아갈 수 있어 자신이 진보하는 데에도 큰 도움을 받을 수 있다.

오랫동안 인도는 평화를 이룩하기 위하여 앞서 말한바 이 그룹들

---

* 제1차 세계대전의 참화를 겪고 난 후 미국 대통령 윌슨의 주창에 따라 1920년 1월에 창설되어 본부는 제네바에 두었다. 그러나 창립부터 미국이 불참하였고, 1939년 일본, 독일, 이탈리아가 탈퇴하여 유명무실한 존재가 되었다. 1946년 총회에서 해체를 결의, 그 사업은 국제연합(UN)으로 계승되었다. UN 창설(1945년), 원문에 …was an instrument of the White Brotherhood but…로 되어 있다. 아마 성 형제단의 (배후의) 영향력을 받아 설립된 기관이라고 하는 것이 옳은 것 같다.

이 사용한 것과 같은 방법을 사용해왔다. 이 방법은 인도인의 사고방식의 틀을 형성할 정도로 매우 강력하다. 이 방법은 먼저 말로써 설명하고 실천하도록 가르치는 것인데, 대단히 교육적이고 그 효과도 크다.

간디는 20년 동안이나 이 문제를 깊이 연구하고 그 참뜻을 파악한 후에 비로소 비폭력운동을 시작하였다. 이 원리는 이미 600년 전부터 인도에서 있어온 것이다. 간디는 이 원리를 불가촉천민不可觸賤民(the Untouchables)** 을 해방시키기 위한 운동에 처음으로 적용하였다. 간디는 비폭력운동을 영향력 있는 세력으로 만들었다. 간디가 비폭력운동을 시작하자, 젊은 세대들로부터 호응이 일어났고, 점차 전 인도로 퍼져나가 마침내는 모든 인도 국민이 이 운동에 참여할 정도가 되었다. 이 운동은 카스트제도를 뒤흔들어 불가촉천민을 해방시키는 결과를 가져왔다. 그 당시 6,500만에 달하는 불가촉천민은 인도의 중대한 사회 문제로*** 저들을 올바르게 인도할 지도자가 꼭 필요한 때에 간디가 그 역할을 한 것이다. 저들이 지금과 같은 정도로 해방된 것도 순전히 간디 덕분이라 할 수 있다.

✣ 전 인류의 진보에 도움을 주어야겠다는 마음속 깊은 곳의 충동을 따른다면 형제의식이 생긴다. 보통 인간이 이웃을 생각하는 정도와 성 형제단이 전 인류를 생각하는 정도의 차이는 이 깊숙한 곳의 충동에 어느 정도 감화되었는가에 따른 것이다.

** 인도의 카스트제도 4계급에도 들지 못하는 최하위 계층. 가장 부정不淨한 신분으로 취급받아 상위 카스트와 접촉해서는 안 되는 신분으로 차별대우를 받고 있다. 간디가 이들을 하리잔(신의 아들)이라 하여 차별 철폐운동을 일으켰고, 독립 후의 헌법에서도 차별 철폐를 보장했으나 현실생활에서는 아직도 차별이 뿌리 깊게 남아 있다.

*** 이 책이 나올 당시인 20세기 초의 인구를 말함. 불가촉천민은 인도 총인구의 약 15퍼센트에 달한다.

앞서 말한 세계 평화를 위하여 활동하는 각 그룹은 모두 영적으로 대단히 높은 지혜를 가진 사람들로 구성되었으며, 각 그룹마다 영적 해탈(spiritual attainment)을 이룬 탁월한 인물이 한 사람씩 소속되어 있다.

미국만 하더라도 이 그룹에 소속되어 있는 사람이 약 60명은 된다. 그러나 그들은 자신의 신분은 물론, 모이는 장소나 활동 상황에 대해서도 일체 밝히지 않고 있다.

일반 대중들은 이러한 영적으로 각성된 사람들(the illumined)이 큰 일을 하고 있다는 사실을 잘 모르고 있다. 왜냐하면 일반 대중들은 요란스럽게 떠들고 선전하는 일에만 익숙해져 있어, 이와 같이 조용하고 은밀한 가운데에서도 위대한 일이 진행되고 있다는 사실을 상상조차 하지 못한다. 그러나 우주를 움직이는 힘은 본래 조용한 것이며 눈에 보이지 않는 것이다. 이 힘과 함께 일하고 있는 사람들 또한 조용한 가운데 일하고 있으며, 사람들의 눈에 잘 띄지 않는다. 그러나 언젠가는 공개적으로 활동하는 때가 올 것이다. 그 시기는 이들이 하고 있는 일을 바로 알고 이해할 줄 아는 각성된 사람들이 상당수에 달하는 때이다. 이제 우리 자신을 살펴보자. 자기 존재의 밑바탕에 흐르는 보이지 않는 힘이야말로 우리의 생명을 지배하고 있지 않은가? 외부의 일도 자기 안에 있는 이 힘이 나타나게 되어 이루어지는 것이 아닌가? 자기 자신을 잘 살펴보면 자신 속에 있는 것이 모든 인간에게도 똑같이 있음을 알 수 있다. "아버지는 은밀한 가운데 보신 것을 공공연히 갚으신다"는 성경 말씀은 이 힘이 외부로 나타나는 원리를 말한 것이다. 이 사실을 잘 알면, 우리 자신을 잘 알게 되는 일일 뿐만 아니라 그 밑바탕이 되는 영적인 원리까지도 이해할 수 있게 된다. 이 진리를 확실히 깨달아야 비로소 성 형제단의 활동을 이해할 수 있다. 성 형제단의 활동은 인간 완성에 이르는 길을 알지 못하는 사람에게는 비밀로 되어 있다. 세상 사람들은 요란스럽게 떠들고 선전하는 일에 익숙해져 있어, 인간 내부에는 고요하고도 강력한 힘이 있으며 인간뿐만 아니라 이 세상도 이 힘에 의하여 유지된다는 사실을 잘 모르고 있다. 세상 사람들은 길에서 시끄럽게 떠드는 악대樂隊를 따라다니느라 내부의 고요한 생명의 길을 잊어버렸다.

성 형제단은 공적인 기관이 아니고 뜻을 같이하는 사람들의 모임이다. 평화를 위하여 일하는 사람들은 누구나 성 형제단에 참여할 수 있다. 사실 성 형제단은 인류의 이익이나 진보를 위한 일이라면 어떠한 조직이나 어떠한 단체와도 협력한다.

✣ 사람들은 보통 "왜 대사들은 공개적으로 나타나지 않는가?" 하고 의문을 품는다. 그 이유 하나만 가지고 책을 쓴다면 족히 한 권은 될 것이다. 이 세상에서는 물론 집안에서조차 자기 생각을 전부 말하지 않는 것이 좋을 때가 있듯이, 우리가 가만히 있으면 조용할 일이 전부 말해버리면 분쟁과 논란이 일어나는 경우가 많다. 그러나 우리가 때가 되어서 말한다면 다른 사람들도 그 말을 받아들이고 따를 것이다. 우주에서 활동하는 이가 인간 속에도 있다. 이 지극히 단순한 사실을 아는 것이 위대한 지혜와 힘을 아는 열쇠가 된다.

이 그룹들의 활동을 조절하고 리드하는 그룹은 인도에 있다. 노벨 평화상을 제안한 것도 실은 이 그룹의 활동에 의한 것이다.

톨스토이도 이 원리를 알고 이해한 인물이다. 톨스토이가 이 원리를 알고 이해한 것도 사실은 인도에 있는 아홉 명의 영적 지도자들의 계시를 받은 것이다. 톨스토이는 진보된 영혼의 소유자로 이 중심 그룹과 긴밀하게 연결되어 활동했다.

이 그룹들은 세계 교육 분야에서도 활동하고 있다. 정확한 장소는 모르지만, 특히 제13그룹은 세계 교육 분야에서 지배적인 일을 하고 있다.

이 그룹들은 세계 평화를 위한다고 여기저기에서 선전하지 않는다.

말이라 하는 것은 소리를 낸 것이든 소리를 내지 않은 것이든 글로 쓴 문자보다도 훨씬 힘이 강력하다. 잘못 쓰인 글은 고칠 수가 있으나 잘못 말한 것은 고칠 수도 없다. 한번 입 밖에 낸 말은 퍼져나가면서 점점 더 확대되고 증가하여 엄청난 영향력을 발휘하게 된다.

평화를 이룩하려는 이 힘이 은밀히 활동하는 한, 평화를 반대하는 세력에게 방해받지 않고 성장해갈 수 있다. 세상 사람들이 알아차리지 못하는 사이에 평화를 이루는 이 힘은 이기주의자나 자기 욕심만 추구하는 자들을 은밀히 붕괴시키고 있다. 설사 그들이 알게 되더라도 이미 때는 늦은 것이다. 이러한 무리들이 해체되고 난 후 성 형제단이 전면적으로 등장하여 모든 인류 앞에 진리의 문을 열 것이다. 성 형제단은 그 시기가 올 때까지 은밀하게 일하고 있다. 그 이유는 이 방법이 이기주의자, 자기 욕심만 추구하는 자, 평화를 파괴하려는 자들의 방해를 받지 않고 세계 인류의 평화와 진보를 위하여 일할 수 있는 가장 효과적인 방법이기 때문이다. 바로 여기에 현자의 지혜가 있는 것이다. 이기주의자나 자기 욕심만 추구하는 자들은 이를 알지 못한다.

어떤 의미에서는 세계 인류의 자유와 평화를 위하여 일하는 사람들을 모두 신의 화신(Avatar)이라고 부를 수 있다. 수천 년 동안 위대한 영혼들이 이 가르침을 선포해왔다. 예수는 그 당시에 인류를 위하여 활동했었지만, 또한 지금도 여전히 활동하고 있다.

일반적으로 세상 사람들은 아바타를 알아보지 못한다. 세상 사람들은 보통 눈에 띄는 놀랄 만한 일이나 기적이 나타나야만 겨우 알아보기 때문이다. 그러나 참다운 기적은 언제나 은밀히 일어나고 있다는 사실을 알아야 한다.

중재(arbitration)를 세계 평화를 위한 하나의 기구(수단)로 본다면, 중재를 통하여 불법적인 침략을 막을 수 있게 되었기에, 이제 이는 세계 평화를 위한 가장 강력한 수단이 된 셈이다. 이 운동은 인도의 펀잡Punjab* 에서 시작되었다. 인도는 이제까지 침략적 태도를 취한 일이 없었고 공공연히 전쟁을 일으킨 적도 없었다. 이러한 것도 펀잡이 배후에서 영향력을 행사했기 때문이다. 이는 3,000년 동안 전 인도에 걸쳐서 계속되어왔다. 지금은 침략하지 않는 행위와 중재가 전쟁을 방지하는 데 가장 효과적인 방법임이 입증되고 있다.

브라이언W. J. Brayn** 은 이러한 영향을 받아 4개국을 제외하고 전 국가와 평화 조약을 체결하는 데 성공하였다. 그때까지 국가 지도자들은 감히 이 일을 착수하려는 시도조차 하지 못하고 있었다. 이 평화 조약이 장차 언젠가는 평화위원회 같은 것으로 발전하여, 평화를 위

---

* 파키스탄 동북부와 인도 서북부에 걸쳐 있는 지방. 1947년 인도와 파키스탄으로 분리될 때 동부는 인도로, 서부는 파키스탄으로 분리되었다. 본문에서 말하는 펀잡이 지역 이름을 말하는 것인지 확실히 알 수 없다.

** 1860~1925. 미국의 정치가, 연방 하원의원, 민주당 대통령 후보로 출마하였으나 패배. 윌슨 대통령 시 국무장관 역임. 국제분쟁 해결책을 제시한 브라이언 조약을 주도하였다. 이 조약은 제1차 세계대전 후 국제조정의 기초가 되었다.

하여 활동하는 그룹이나 단체들로부터 권한을 부여받게 될 것이다.

만약 이 세상 모든 국가의 재계財界가 이 운동을 지지한다면 평화를 이룩하는 데 결정적인 도움이 될 것이다. 이렇게 된다면 전쟁을 위한 재정이나 금융 조달이 없어질 것이니 전쟁은 하지도 못할 것이다. 또한 협동조합 제도가 잘 정착된다면 벼락경기나 불경기도 없어질 것이다. 벼락경기나 불경기는 전쟁이 일어날 수 있는 큰 요인이었다.

바야흐로 협력하는 기운이 싹트고 있다. 개인이든 단체든 국가든 간에 이제 새로운 질서에 협력하지 않고 참여하지 않으면, 새로운 질서 속에서 살아남지 못하게 될 것이다.

✣ 위대한 창조의 영이 모든 인간에게 작용한다는 사실을 확실히 인식해야 한다. 중요한 것은 일상생활 속에서 그것을 생생히 살리며 살아가는 일이다.

이와 같이 전쟁을 방지하는 방법이 정착되어가면서 사람들은 전쟁의 원인에 대하여 생각하게 된다. 여러 원인 중 서로 협조하지 않는 악습도 전쟁의 주요한 원인이었다. 서로 협조하지 않는 이유는 이기심과 사리사욕 때문이다. 이렇게 되면 남에게 피해를 주는 이기심과 사리사욕은 제재할 수밖에 없게 된다. 이제 인류는 자기 자신의 이익을 증진하는 최선의 방법은 공동의 이익을 증진하는 일이요, 자기 자신의 재산을 지키는 최선의 방법은 전체의 재산을 지키는 일이라는 것을 알아야 한다. 이와 같은 흐름은 지금 은연중에 광범위하게 퍼져나가고 있다. 먼저 자기 자신부터 시작하는 것이 중요하다. 자신의 본질을 진실로 추구해보면, 자신 속에서 평화와 진리의 싹이 움터 자라나고 있음을 알게 될 것이다. 이와 같이 개개인부터 시작하여 전 세계로 퍼져나가게 될 것이요, 마침내는 모든 인류가 행동하는 결정적인 동기가 될 것이다. 이 흐름을 따르지 않는 사람들이나 단체, 종교, 국가는 살아남을 수 없고, 그 대신에 신의 법칙을 사랑하고 그 법칙대로 사는 사람이나 단체, 종교, 국가들이 우호를 유지하며 살아가게 될 것이다.

모든 운동을 살펴보면, 진정한 변화는 개인으로부터 시작되었다는 것을 알 수 있다. 인간은 자신의 본성이 그 운동의 성격과 맞지 않는다면 어떠한 좋은 운동이라 하더라도 오래 계속하지 못하는 법이다. 자신의 내면에서 평화를 발견하지 못하면 진정한 평화는 이룩될 수 없고, 자신의 내면에서 평화를 발견하려면 공동선을 이루는 보이지 않는 힘과 만나야만 한다.

그러므로 먼저 개인으로부터 평화가 시작되어야 한다는 것은 두말할 필요가 없을 것이다. 우리가 평화에 대한 이상(idea)에 일념으로 집중하면, 우리 자신의 영적 발전에 크게 도움이 된다. 따라서 평화운동은 개개인이 영적 진보를 이루는 데에도 크게 기여하고 있다.

이 새로운 시스템으로 말미암아 기존의 정치 체제는 완전히 무너질 것이다. 지금까지는 기존의 정치 체제가 계속되어 효과 있는 계획을 추진할 수 없었고, 추진한다 하더라도 성공하기 어려웠다. 이 시대의 흐름과 보조를 같이하는 사람은 보다 높은 힘으로부터 오는 도움을 받을 수 있다. 이 힘을 의식하고 도움을 받든, 의식하지 못하고 도움을 받든 이 힘이 존재하는 것만은 사실이다. 몇몇 사람들은 이 힘을 알고 받아들이고 있다.

보이지 않는 이 힘에 의하여 정치제도는 간소화될 것이고, 정당은 한두 개의 큰 정당으로 통합될 것이다. 입법제도도 일원화되어 더 이상의 분열과 혼란도 없어질 것이다. "한집안이 나뉘어 싸우면 망할 것이다.(마태복음 12:25)"* 이 일은 변화가 실제로 일어나는 주(State)로부터 시작되어 미국 전체로 퍼져나갈 것이다.

우리가 이 원리를 확고히 깨달을 때 평화는 "바로 여기에 있다!"라는 사실을 알게 될 것이다.

✣ 이 항의 내용은 인간을 해방시키고 진보하게 하는 중요한 요소가 된다. 사람들에게 변화를 바라보고 느끼도록 가르치라. 현재 사회의 밑바닥에 흐르는 변화의 물결에 좀더 민감해지기를 바란다. 그러나 해방을 가져오는 질적인 변화는 외적인 형태에 있는 것이 아니고, 인간의 심성 속에 있다.

---

* 스스로 분쟁하는 나라마다 황폐해질 것이요, 스스로 분쟁하는 동네나 집마다 서지 못하리라.

CHAPTER 2

THE ONE MIND

한마음

한마음이 우주를 지배한다. 우주의 모든 것을 한마음이 지배한다는 사실을 알아야 한다. 배 한 척이 있으면 선장이 한 명 있듯이 하나의 지배하에 만 가지 작용이 나온다. 수만 가지 일들도 모두 중앙의 권능에 의해 지배를 받고 있다.

인간 신체를 보아도 사회를 보아도, 그 기능이 순조롭게 작용할 수 있는 것은 힘과 권능이 한 곳에 집중되어 있기 때문이다. 힘과 권능을 분할해버리면 어떠한 결과가 생기겠는가 하는 것은 새삼 설명할 필요도 없다. 중앙에서 통제하는 본부가 두 개 있어 서로 다른 지시를 내린다면 혼란이 일어날 것이다. 중앙에서 통제하는 본부가 여러 개 있다면 혼란은 더욱 심해져 급기야 조직은 붕괴될 것이다.

✣ 인간의 마음이 신에게서 분리되어 있는 한, 신의 능력을 잃어버리게 된다는 것을 분명히 알아야 한다. 우리가 무슨 일을 하더라도 먼저 명확한 목적이 있어야만 일을 할 수 있다. 인간은 명확한 목적이 없으면 일을 해나가기가 어렵다. 이것이 "하느님을 경배하고 다만 그를 섬기라(마태복음 4:10)"는 뜻이다.

우리가 유일 요소와 곧바로 연결된다면 하나로 집중되어 행동할 수 있게 된다. 우리가 이 유일 요소와 연결되어 있으면 유일한 힘에 의하여 일이 조화롭게 이루어진다. 일을 성취할 수 있는 것은 이와 같은 하나로 통일된 힘에 의한 것이다.

✣ 생명의 바탕을 이루는 원리인 신이 우주를 통제하고 지배하며, 인간은 이 원리에 의해서 존재한다. 우리가 진정으로 우리 자신을 조화롭게 하려면 인간 본래의 실재에 우리 자신을 맞추어 재조정해야만 한다.

대부분의 사람은 자기 권한을 남에게 위탁하고 그 위탁한 힘에 복종하며 살아간다. 즉, 이 세상과 주위 환경에 힘이 있다고 믿고, 믿는 것만큼 거기에 자기 자신을 위탁하고, 이 세상과 주위 환경의 지배를 받으며 살아가고 있다. 급기야는 외부 환경이 바뀔 때마다 바뀐 외부 환경에 힘이 있다고 믿어, 종국에는 어느 힘을 따라야 할지 몰라 혼란이 일어난다. 이러한 혼란이 일어나는 사람은 어떻게 되겠는가? 오직 "우리가 믿고 있으며 우리가 맡긴 것을 그날까지 지켜줄 수 있다고 확신하는 그분"을 알아야 한다.

✣ 본래 외부 세계에는 힘이 없는데 우리가 힘을 부여하고 있다. 즉, 힘이 있는 듯이 보일 뿐 실은 아무런 힘도 없는 것이다. 주위 환경에 힘이 있는 듯이 보이는 것도 실제로는 자신 속에 있는 힘이 전도되어 그렇게 보이는 것이다. 이 힘은 항상 인간의 내부에 있으며 내부에서 외부로 작용하고 있다. 모든 배후에는 우주의 지배력이 있고, 내가 개별적으로 존재할 수 있는 것은 스스로 있는 자(I AM)와 하나 됨이 있기 때문이다. 원인과 결과는 완전히 일치해야 한다. 왜냐하면 원인의 움직임에 따라 결과가 달라지기 때문이다.

이 유일 지배원은 인간을 위하여 존재하며, 우리는 그것을 사용할 줄 알기만 하면 되는 것이다. 이 유일 지배원은 우리의 내면에서 인생의 목표를 정하고 나아가도록 방향을 정해준다. 이 지배 체제가 확립된 다음에야 비로소 우리의 생각과 행동이 통일된다. 생각과 행동이 통일되면 일이 실현되지 않을 수가 없는 것이다. "너희는 그의 종이다. 너 자신을 맡기고 그에게 복종하라." 원동력이 나아가는 방향에 따라 결과가 결정된다. 결과가 원동력보다 클 수는 없다.

우주를 지배하는 중심 되는 힘을 우주심(Mind) 또는 원리(Principle)라고 표현한다. 원리라는 말은 한마음(One Mind)만큼 그렇게 구속력 있는 말은 아니나, 통제하고 지배한다는 의미를 가지고 있음은 변함이 없다. 원리는 지성이 있어 자신이 무슨 일을 하고 있는지를 알고 있기 때문에 의식이 있는 원리(Mind Principle)라고 할 수도 있다. 인도인들은 원리를 전능자(the All-Mighty)라고 한다. 거기에는 인간도 그렇게 될 수 있다는 뜻이 포함된다. 인간이 유일자에 자기 상념을 집중하여 하나가 되면 전능자의 위치에 서게 되는 것이다.

우리가 마음의 문을 열고 깨어 있는 눈으로 보면, 만사는 매우 단순하다는 것을 알 수 있다. 사람들은 보통 이 사람 때문에 저 사람 때문에, 혹은 이것 때문에 저것 때문에 일이 되지 않는다고 말하곤 한다. 즉, 일이 되고 안 되고는 외부 환경에 달려 있다고 생각한다. 이렇게 외부 환경에 자기 자신을 지배하는 권한을 주어버리면, 그 외부 환경에 복종할 수밖에 없게 된다. 그러면 외부 환경에 따라 자기 마음속의 상태가 구체화되어 나타난다. 자기를 불행하게 한 힘이 외부에 있다고 인정하는 한 불행해질 수밖에 없다. 주어버린 권한에 복종했기 때문에 불행이 구체화된 것인데, 나는 불행하다고 한탄하고 있다. 그러나 여기 전능한 힘을 우리의 것으로 할 수 있는 비밀이 있다. 우리가 근원에 복종하면 그 근원이 가지고 있는 속성이 구체화된다. 그러면 인도인들이 표현하듯이 "나는 그다(I am that)"라고 주저 없이 선언할 수 있다. 그(that)가 구체화되는 것이다. 이 사실은 곰곰이 생각해보면 누구나 이해할 수 있다.

✣ 그리스도가 세상에 주고 있는 가르침 중 이보다 더 큰 가르침은 없을 것이다. "너희는 이보다 더 큰 일도 할 수 있다.(요한복음 14:12)" 이것은 인간의 잠재적인 가능성이 얼마나 엄청난 것인지를 말씀하신 것이다.

이제 인간의 의지라는 것이 인간을 지배하는 궁극적인 것이 아니라는 사실을 알아야 한다. 의지력으로 자기 자신을 지배하려는 생각이 일어나지만, 의지가 그 배후에 있는 원동력 자체는 아닌 것이다. 의지력으로는 자기 자신을 완전히 지배할 수가 없다. 의지력으로는 자기 생각을 온전히 한 점에 집중시키지 못한다. 자신의 생각이나 감정, 행동이 중심점으로 가도록 의지력으로 통제할 수는 있다. 그러나 이것은 인간이 사용하는 속성이나 요소에 불과할 뿐 중심 자체는 아니다. 오히려 인간은 의지를 수단으로 하여 일할 수 있는 주체이다. 즉, 의지라는 것은 수단에 불과한 것이요, 인간 자체를 넘어서지는 못한다. 모든 것을 일으키는 힘의 원천은 원리라는 초점에 자기의 의지를 합치시킬 때 비로소 생기는 것이다.

간단한 비유를 하나 들어보자. 우리가 수학의 원리에 따라 수학 문제를 풀 수는 있으나 수학의 원리 자체를 마음대로 변형시킬 수는 없다. 원리는 그 분야를 지배하는 법칙이며, 우리는 수학 문제를 풀

적에 원리를 적용한다. 그러나 우리가 원리를 적용하기는 하지만, 그 다음부터는 원리 자체가 응용되어 문제가 풀리는 것이다. 더 정확히 말하면, 자기의 의지를 수학 원리에 따르게 함으로써 수학 원리에 의하여 문제가 풀린다. 즉 자기의 의지를 더 높은 권위에 복종시킴으로써 그 권위의 힘을 얻게 되는 것이다. 이것이 인간 의지에 관한 법칙이다. 그러나 사람들이 보다 높은 권위를 따르기보다는 본래 아무런 힘도 없는 것에 자기를 예속시킴으로써 문제가 생긴다. 이 일을 거꾸로 보면, 의지를 복종시킬 대상에 따라서는 엄청난 힘이 인간에게 가능할 수도 있다는 증거가 된다. 우리는 이제 이 원리를 적용하여 유일 원리(the One Principle)에만 힘이 있고, 그 이외의 것은 아무런 힘도 없다는 것을 알아야 한다.

✣ 우리가 생각하는 것(상념)을 무리하게 현실화하려는 것은 가능하지도 않을뿐더러 어리석은 행위가 된다. 잘못하면 자기 파멸을 가져올 수도 있다. 우주 보편적인 힘, 즉 천지를 창조하신 힘이요, 만물의 배후에 있는 실재를 받아들이는 일만이 인간을 해방시킬 수 있는 유일한 길이다.

우리의 의지가 유일 원리, 한마음에 합치되어 있으면, 우리의 일상생활은 원리가 구체적으로 적용되는 장場이 된다. 우리가 완성을 향한 이상을 그린다면 즉시 유일 원리, 한마음이 움직이게 된다. 즉 신의 힘이 활동하게 되고 현실화한다. 이상이 투사되는 순간 그 배후에 있는 힘이 활동하게 되어 이상이 완성된다. 말하자면, 이상이 우리의 의지로부터 풀려나와 유일 원리와 합치되면 이상은 유일 원리의 활동에 의하여 완성되는 것이다.

✣ 감각의 불완전에서 벗어나 실재(the Fact)를 받아들이는 과정을 보여준다.

어떤 사물에 두 가지 의미가 있다면, 어떤 것이 현상화될지 알 수 없다.

대사들은 영적인 것 이외에는 전혀 생각하지 않는다. 우리가 영적인 것만을 생각한다면, 말하는 대로 실현될 것이요, 심지어는 말하기 전이라도 실현될 것이다. 그런데 우리는 이상이 실현되기를 기대할 때 여러 단계를 생각하기 때문에 오히려 이상이 성취되는 데 방해가 된다. 항상 영적인 단계, 하나만 있는 것이다. 이것이 변함없는 진리이다.

✣ 나타난 결과가 무엇인지 분명히 보여주고 있다. 우리의 마음이 이원성에서 벗어나는 것이 문제를 해결하는 길이다.

우리가 영적인 단계만 생각한다면, 우리가 생각한 이상은 반드시 현실화된다. 물질적인 면에 사로잡힐 필요는 없다. 왜냐하면 물질화에 앞서 먼저 영적인 원형이 있기 때문이다. 영적인 입장에서 본다면 물질은 영적인 것이 투영된 그림자에 불과하다. 따라서 물질은 진실이 아니고 영적인 사실, 영적인 원형이 진실이다.

물질적인 것이든, 육체적인 것이든 현실화된 것은 항상 영적인 수준에까지 높여져야 한다. 예수가 "너희가 영적인 단계에까지 높아진다면, 이미 일이 이루어진 것이다"라고 말한 것과 "아버지여, 항상 제 기도를 들어주셔서 감사합니다"라고 한 것은 이를 두고 한 말이다. 예수는 그의 이상(His Ideal)이 이미 이루어진 것을 알고 있었다. 따라서 그에게는 모든 것이 즉각 실현될 수 있었던 것이다. "포도밭에 들어가보니 포도는 이미 수확되기를 기다리고 있었다"는 말이 바로 이러한 뜻이다.

따라서 우리도 예수와 같은 입장에 서게 된다면, 당면한 모든 어려움에서 벗어날 수 있다는 것은 의심할 여지가 없다. 예수는 이와 같은 태도로써 모든 어려움을 극복하였다. 그것도 오랫동안 힘든 과정을 거쳐서 겨우 극복한 것이 아니고, 일순간에 성취한 것이다. 예수는 당면한 고난을 거부하거나 회피하지 않았다. 물론, 예수는 언제나 진정한 영적 상태에 있었기 때문에 고난을 거부하거나 회피할 필요가 없었다. 또한 예수는 어려움 같은 것은 본래 있는 것이 아니라는 것을 간파하고 있었다. 그래서 예수는 "나는 언제나 영 안에 살고 있다(I live always in Spirit)"고 말한 것이다.

여기에서 성서는 "나는 언제나 하나의 영 안에서(in a spirit) 살고 있다"고 번역했는데, 이는 완전히 잘못된 것이다. 잘못 집어넣은 하나(a) 때문에 큰 차이가 생겼다. 수많은 오해가 생긴 것도 이 때문이다.

또한 성서에서 "하느님은 하나의 영이다(God is a Spirit)(요한복음 4:24)"라고 되어 있으나, 원전은 "하느님은 영이다(God is Spirit)"라고 하여 신을 하나의 상태나, 하나의 속성이 있는 존재로 제한하지 않았다. "이것은 인간의 머릿속에다 하느님을 집어넣으려는 것과 같다"고 어느 작가가 말했는데 참으로 적절한 표현이라 할 수 있다. 영이나 한마음은 의미가 같은 말이다. 그 파동의 영향력에서도 같다. 다르게 생각하는 것은 우리가 보통 한마음을 사고 작용에 불과한 인간의 마음으로 생각하기 때문이다. 마음과 의식은 분리할 수 없으며 마음이 의식이요, 의식이 마음이다. 우리가 영적인 실재를 깨달을 때 마음과 영은 차이가 없어진다. 즉 영적인 의식(Spiritual Consciousness) 상태에 있게 되는 것이다.

✣ 우리 자신 속에 여러 가지 마음이 있는 것도, 모든 인간 속에 여러 가지 마음이 있는 것도 실은 생각이 여러 가지 있는 것에 불과하다. 우리가 마음이라고 부르는 이 마음은 실로 영적인 힘이 보다 낮은 목적을 위하여 인간 속에서 왜곡되어 낮은 단계의 힘으로 나타난 것이다. 우리가 우리 배후에 있는 신의 생각(상념)을 우리의 생각으로 할 수 있다면 인간의 마음은 영화되어 신의 자리에서 신의 생각대로 할 수 있게 된다. 정확히 말하면, 신이 알고 있는 것과 같이 알게 된다. 즉, 인간이 신의 전지로서 알게 되는 것이다.

의식이 활동하는 상태를 마음이 생각한다고 보아도 좋을 것이다. 이는 또한 영적인 의식이 활동한다고 해도 옳은 것이다. 둘 다 같은 뜻의 말이다. 의식은 평소에 잠재되어 있다가 외부 조건에 의하여 움직인다. 의식이 영적인 실재를 향하게 될 때 영의식이 활동하게 되고 영적인 실재를 실현하게 된다.

의식은 마음에다 방향성을 준다. 그러므로 의식은 마음이 활동하는 데 필수불가결한 것이다. 따라서 마음을 영적인 실재에까지 고양시키는 데에도 의식은 꼭 필요하다.

현재 많은 과학자들은 만물의 궁극적인 원인에 대하여 동일한 결론에 이르고 있다. 이들은 물질을 구성하는 것을 전부 분해하여, 물질은 에너지가 방출한다는 사실을 발견하였다. 영 또한 방출하는 에너지이다. 이렇게 되면 영이 만물 속에 침투해 있고 만물 속에서 방사하고 있는 것이다. 모든 원소는 근본 원소, 즉 방사 에너지가 나타난 것이다. 이 에너지는 단순히 맹목적인 힘이 아니며, 지성이 있고, 자기 자신이 무엇을 하는지 의식할 줄 아는 힘이다. 일체의 배후에서 일체에 침투해 있는 이 창조 에너지는 자기 자신을 자각하며, 자기 자신의 행위를 인식하며, 또 어떻게 해야 하는지를 알고 있다. 우리는 이것을 영 혹은 신이라고 부른다. 성서의 표현대로 한다면 전지전능 무소부재한 것이다.

인간이 어떤 한 가지 대상에 집중하게 되면 그 대상(that)과 하나가 되어 "나는 그것이다(I am that)"라고 말하기 시작한다. 이것은 어떤 한 원리에 집중하면 그 원리가 자신의 중심 관념이 되기 때문이다. "나는 이다(I am)"라고 결정해버리면 잠재되어 있던 마음이 깨어나기 시작한다. 우리가 "스스로 있는 자"*에 집중하면 마음은 크게 활동하기 시작한다. 이 집중된 중심으로부터 모든 것을 통제하고 결정하는 명령이 나오기 시작한다. 스스로 있는 자라는 표현은 인간 본래의 진실상을 말한 것이지 표면에 나타난 불완전하고 제한된 인간상을 말하는 것이 아니다. "나는 스스로 있는 자이다(I am that I am)(출애굽기 3:14)"**는 우주의 권위를 나타내는 구체적인 선언이다. 스스로 있는 자(THAT I AM) 외에는 실재하는 것이 없다. 그 외의 것은 미망에 불과한 것이다.

"스스로 있는 자"란 말은 하느님이 모세에게 말한 것이다. 그때부터 오랜 세월 동안 "I AM"으로 전해져왔다. 인도에서는 AUM이라 하며, 아리안 민족도 AUM이요, 중국에서는 TAU(道)라고 한다.

---

* 스스로 있는 자(개역성서), 나다-라고 하시는 그분(공동 번역), 나이신 분(King James Version 번역).

** 나는 스스로 있는 자니라(개역), 나는 곧 나다(공동 번역), 나는 곧 나니라(KJV 번역).

✣ "스스로 있는 자"라는 표현을 사용하는 것은 우리를 근원 속에서 근원과 함께 동일화를 이루게 한다. 이것은 자신의 참된 존재가 아닌 것을 우리의 본질 속에 섞어놓아 낮은 단계로 떨어뜨리는 것이 아니다. 인간은 단순히 세상을 살아가는 존재가 아니다. 인간은 존재 그 자체이다. 자신을 실재가 아닌 것으로 평가해서는 결코 아니 될 것이다. "나는 항상 영 안에 있다." 인간은 단순히 세상을 경험하는 존재가 아니요, 세상의 경험이 모아진 존재도 아니다. 무슨 일을 했든지, 어떻게 살아왔든지 인간은 신의 형상과 모양을 따른 존재이다.

자연과학에서 흔히 쓰는 용어로서 맹점이라는 말이 있다. 이것은 어떤 의미에서는 인간 의식 속의 맹점을 상징한다. 대기권에서 대기는 비슷한 것끼리 모여 동심대를 형성한다. 지구에서는 그것이 움직이지 않는 상태로 있다. 이 같은 조건이 모인 자기장 위를 비자기장이 지나가게 되면 진공과도 같은 상태가 된다. 지구 표면에서 자기장이 비자기장을 통과하게 되면 자기장을 잃어버린다. 이러한 현상은 낮보다도 밤에 더 강력하게 일어난다. 비자기장은 말하자면 인간 의식에서 정체된 상태와도 같다. 정체 상태가 크면 클수록 어두운 상태도 커지고 무지 또한 커진다. 그러나 스스로 영적인 존재라는 자각이 인간의 정체된 의식 상태를 통과하게 되면 정체 상태가 소멸된다. 우주에서 인간의 지위에 관해 영적으로 자각하여, 인간의 본성이 영적인 실재라는 것을 자각하면 인간 의식 속에 있던 정체된 자장이 소멸한다.

✣ 모든 감각적인 제약을 초월하여 영적인 실상에 도달하는 길을 보

여주고 있다. 영은 악, 손실, 결핍, 가난, 질병하고는 전혀 상관이 없다. 이러한 것들은 인간 의식 속에 있는 맹점일 뿐이다. 진리를 깨달은 사람에게는 그와 같은 것이 존재하지 않는다. 진리를 깨달은 사람은 진리를 알고 진리와 함께 거하기 때문이다.

한마음이 늘 새로운 이념을 창조하는 것이 아니다. 다만 태초에 창조된 이념을 나타낼 뿐이다. 왜냐하면 완전한 것은 하나밖에 없으므로 완전한 이념도 우주 창조 때에 세운 하나뿐이다. 또한 한마음은 전지全知이기 때문에 모든 것을 알고 있으며 부족함이나 모자람이 없다. 마치 라디오 전파와도 같이 "한 공간에서 다른 공간으로" 흐른다. "한 공간에서 다른 공간으로"라고 하였으나, "공간에서 공간으로"라고 하는 편이 좋을 것이다.

✣ 신의 마음이라는 것은 과거나 현재나 미래나 모두 동일하다. 우리에게 새롭게 보이는 것은 항상 존재하는 것을 새롭게 발견했기 때문이다. 병을 고친다 하는 것도 무에서 유를 창조한 것이 아니라 항상 존재해왔던 상태에 새롭게 눈뜬 것뿐이다.

상념은 어떤 방사물보다도 더 강력하다. 왜냐하면 상념은 전기나 라디오 같은 파동장도 지배하기 때문이다. 전기나 라디오의 파동장은 상념의 파동장과 충돌하면 반사된다. 라디오파는 도체導體의 여부에 상관없이 에테르 속을 흐르고 있지만, 그러나 상념은 흐르고 있는 것이 아니라 무소부재한 것이다. 어느 곳에든지 상념은 이미 존재하고 있다. 상념이 흐르는 듯이 보이는 것은 상념이 전자에 충격을 주기 때문이다. 전자에 충격을 가함으로써 나타난 질료에 따라 운동이 생성된다. 이와 같이 상념은 마음을 동인으로 하여 끊임없이 마음과 함께 움직인다.

✣ 소위 상념(생각)의 힘이라는 말은 상념 자체에 힘이 있다는 뜻이 아니다. 상념은 힘의 전달자에 불과하다. 힘은 영 안에 있는 것이고, 상념은 영의 법칙과 목적에 맞도록 힘을 전달할 뿐이다. "내 말은 영이다"라는 예수의 말씀은 신의 의지라고 부르는 우주의 흐름에 정확히 합치하고 있다는 말이다.

우리가 공간이라 하는 것은 실은 영적인 한마음이다. 영적인 마음의 복사판인 인간의 영혼은 시간과 공간을 극복할 수 있다. 왜냐하면 영 속에서는 시간과 공간 같은 것은 존재하지 않기 때문이다. 이것이 "너희 안에 이 마음을 품으라. 곧 그리스도 예수의 마음이니"라는 의미이다. 이것은 개인과 우주(보편)령의 완전한 일체를 말하는 것으로 우리는 이 사실을 깨달아야 한다. 이것이 개인의식에 작용하고 있는 완전한 마음인 것이다.

인간을 단순히 육체적인 존재로만 생각하여, 한마음, 즉 신과 분리되어 있고 물질적인 존재에 불과하다고 생각하는 사람은 미망 속에서 살고 있는 것이요, 불행 속에서 살고 있는 것이다. 인간은 진실로 신 안에서 살며, 신 안에서 움직이며, 신 자체 속에서 존재한다. 예수의 위대한 말씀 중, "평안하라, 잠잠하라"라는 말이 있다. 이 말은 결코 인간의 생각으로 큰 소리로 말한 것이 아니고, 완전히 하나 됨(Oneness)에서 오는 평온함, 모든 것을 알고 있는 힘에서 나온 말이다. 그러므로 큰 평안과 큰 능력이 있게 된다. 우리는 이 단순한 말씀에 의하여 풍랑이 몇 번씩이나 극복되었다는 사실을 알고 있다. 이와 같이 한마음의 지배력을 알게 되면 인간의 마음속에 있던 풍랑도 그치게 된다.

✣ 인간은 무한한 우주의 한 부분으로서 전일적인 존재이지, 따로 떨어져서 고립된 존재가 아니다. "한 성령에 의해서 한 몸으로 세례를 받았다." 만물이 일체라는 것을 깨달으면 평안을 얻게 되고, 그 일체 속에서 모든 미망은 평화와 깨달음 속으로 용해된다.

CHAPTER 3

DUAL MIND

이원성

대다수의 서양인은 우주 원리가 한마음인 것을 알지 못하고 두 마음(이원성)이 있는 것으로 알고 있다. 따라서 마음이 둘로 나뉘게 되어 마음의 일치를 이루지 못하며, 유일의 힘, 즉 유일 원리만이 있고 자기가 유일자의 전일적인 존재라는 것을 알지 못한다.

"보라, 우리의 하느님은 한 분이시다(신명기 6:4)"라고 성경에서 말하였다. 인간이 살아가는 것은 이 근본적인 진리가 밑바탕이 되어 있기 때문이다. 인간은 근원에서 떨어져나와 분리된 존재가 아니고, 신의 형상과 모양대로 창조된 존재이다. 본래 인간은 근원적인 창조력이 있었는데, 신으로부터 분리된 존재라는 생각을 가진 이후부터 그 창조력을 잃어버렸다. 이것이 모든 잘못됨의 뿌리인 것이다. 이러한 분리감으로 인하여 자기의 행복과는 오히려 반대되는 행위를 하게 되는 것인데도, 인간은 자기가 불행한 원인을 외부의 잘못으로, 우주의 시스템이 잘못되었기 때문이라고 원망하곤 한다. 그러나 그 책임은 우주 시스템에 있는 것이 아니라, 전부 자기 자신한테 있는 것이다. 왜냐하면, 우주가 저를 고립시킨 것이 아니고, 자기가 제멋대로 고립되었다고 생각한 결과 온갖 장애가 생긴 것이다. "내게로 돌아오라, 그러면 나도 너에게 돌아가리라"라고 주(lord)는 말하였다. 이는 창조된 신성한 질서 속에서 자신의 정당한 자리를 받을 자격이 있는 우리 인간에게 신이 말씀하신 것이다.

✣ 우리가 말하는 원리는 모두 명확한 전제로부터 출발한다. 이 기본적인 전제가 있고 난 후 비로소 체계를 세울 수 있는 것이다. 인간의 삶이 타락한 것은 이러한 기본적인 삶의 법칙을 무시했기 때문이다. 이 기본적인 삶의 법칙이란 우주의 전체적인 시스템은 하나의 단일체라는 것과 인간은 이 단일체의 전일적인 부분이라는 것이다. 인간은 결코 전체와 분리되어 있지 않다. 인간이 정당한 위치와 권위를 잃어버린 이유는, 자기가 제멋대로 고립된 존재라고 생각하고 있기 때문이다.

이원성은 전체와 내가 아무런 상관이 없다는 생각에서 나온다. 이러한 이원적인 생각을 버리고, 유일점에 상념을 집중하면 이원성은 사라진다. 무슨 일이든지 목적이 두 가지이거나 생각이 두 가지면 이룰 수 없는 것이다.

참으로 말하면 이원성은 본래 없는 것이다. 음과 양, 선과 악, 뜨거움과 차가움 등 모든 반대되는 것을 합치면 하나의 목적, 하나의 행위, 하나의 원리에 도달한다. 반대되는 듯이 보인다고 해서 참으로 반대되는 것이 존재한다고 생각할 필요는 없다. 근본적으로 확실한 것은 하나일 뿐이다. 예수는 당신이 가장 크게 이룬 일은 "한 가지 태도, 변함없는 목적을 가지고 있었던 일이다"라고 말씀하셨다. 이러한 변함없는 원리가 인간을 일체 속에서 존재하게 한다. 이 속에서 이원성은 사라지고 하나의 눈, 하나의 존재만이 존재하는 것이다.

인도인들은 자기를 가리킬 때 "나"라고 하는 사람도 있고 "스스로 있는 자"라고 하는 사람도 있다. 이와 같은 어법 때문에 듣는 사람이 두 가지가 있는 줄로 생각하게 되어 이원성이 생기게 되었다고 말하는 사람도 있으나, 실제로는 모든 것이 유일 목적에 연관되어 있고, 유일 목적을 따르고 있다. 원리는 둘이 아니고 하나인 것이다. "스스로 있는 자"*란 원리, 진리를 선언한 말이다. 이원성을 보지 않고 인정하지도 않으면 조화로워진다.

여름과 겨울은 서로 다른 것이 아니고 자연 현상이 다르게 나타난 것뿐이다. 겨울도 여름과 마찬가지로 생물의 성장에 반드시 필요한 계절로서 이는 한 과정에 두 가지 측면이 나타난 것이다. 이른바 악이라는 것도 그 속에는 선의 싹이 있어, 자세히 살펴보면 악의 느낌은 사라지고 모든 것은 선을 향하여 나아가고 있다는 것을 알 수 있다. 가난이나 고통, 질병 같은 악도 그 속에 숨어 있는 선을 찾아보게 되면, 그토록 나쁘게 보이던 것도 사라지고 만다. 예수는, 소경이 눈먼 것이 "부모의 죄도 아니요, 소경 자신의 죄도 아니고, 다만 그에게서 하느님이 하시는 일을 나타내기 위함이라(요한복음 9:1)"고 하였다. 수학 문제는 수학의 법칙과 상관없이 존재할 수 없다. 원하는 결과를 얻기 위해서는 수학 문제를 수학의 법칙에 적용해야 한다. 수학 문제를 풀려고 하는 사람이 수학 문제를 장애라고 생각하진 않는다. 오히려 수학 실력을 향상시킬 좋은 기회가 될 것이다. 이와 같이 최고선에 상반되어 보이는 것도 실은 유일자를 보고, 유일자를 나타내며 살아가기 위한 연습 문제에 불과한 것이다. 인생을 이렇게 보고 살아간다면, 불쾌한 것들은 모두 사라지고 모든 것은 게임이 되어버려, 이 세상 속에서 살아가면서 지금 바로 여기에 존재하는 선을 나

---

* 나(I)를 소아小我,개아個我. 스스로 있는 자를 대아大我, 신아神我로 보아도 좋을 것이다.

타내면서 살 수 있게 되는 것이다. 그렇게 되면 만사는 조화롭게 되고, 만물이 조화로운 상태에 있음을 알게 된다. 즉, 만물이 유일 목적 아래 존재하고 있음을 알게 되는 것이다.

✣ "나"라는 것은 인간의 본성에서 나오는 첫 번째 생각이고, 나라고 하는 생각의 중심점이다. "이다"는 구체화한 것, 개인의식인 내가 품는 내용이다. "나"라는 것은 적극적인 자기 확인이요, "이다"는 자격을 주는 요소이다. "나"는 남성 원리요, "이다"는 여성 원리이다. "이다"는 가지고 있는 내용을 나타낸다. 인간이 영 속에 있는 것을 그대로 나타내려면, 순수하지 않으면 안 된다. "나"는 영 안에서 나라고 하는 것이요, "이다"는 신 안에서 모든 것을 포함하고 구체화하는 것이다. "나는 스스로 나인 것이다(I am THAT I am)"란 신의 구체화를 말한다. 영 안에서는 저(THAT) 이외에는 어떠한 것도 존재하지 않는다. "나는 스스로 나인 것이다. 나 이외에 다른 것은 존재하지 않는다."

조화로운 것과 부조화한 것의 차이를 누구나 알 수 있는 것처럼, 우리가 우주 원리와 일치된 삶을 살고 있는가 못하고 있는가 하는 것은 스스로 살펴보면 알 수 있을 것이다. 자기 속에 무엇인가 부조화한 것이 있다면, 자기는 지금 사물의 자연 질서와 조화를 이루고 있지 못하다는 증거이다. 인간이 완전한 진보를 이루기 위한 비결은, 어떠한 상태에 있든지 항상 내부의 평안을 유지하고 보존하는 데에 있다. 그러나 이것은 만물을 관통하고, 만물에 내재되어 있는 본래의 선善을 알지 못하는 한 불가능한 일이다. 본래 인간의 천성은 태초부터, 영원히 선에 맞추어져 있었다. 왜냐하면 인간은 신의 자식이요,

신은 선하기 때문이다. 인간이 선함을 자기 자신과 만물에 나타내는 삶을 살 때, 존재의 원리와 일치된 삶을 사는 것이다. 모든 것에 선이 잠재되어 있다는 사실을 보려고 노력하면, 다른 사람에게 악으로 보이는 것도 그에게는 선의 원천이 된다.

모든 반대되는 것에 관해서도 동일한 태도를 취할 수 있다. 반대되는 것도 이쪽에서 거부하지 않는다면 부조화가 일어나지 않는다. 전체적인 입장에서 보면 반대되는 것도 결코 조화를 벗어난 것이 아니다. 왜냐하면 반대되는 것도 전체에 속하기 때문이다. 따라서 우리는 반대되는 일에 대해서도 조화로운 태도를 취해야 할 것이다. 원만히 조화로운 태도를 취한 때, 우리 자신뿐만 아니라 모든 것에서 조화로운 관계가 일어난다. 이리하여 언제까지나 완전한 조화가 있을 뿐이고 부조화는 사실상 있을 수 없게 된다. 다시 말하면 우리 인생에서 부조화란 있을 수 없게 된다. 즉 서로 반대되는 것은 부조화한 것이 아니라, 하나의 원리 속에서 서로 완전한 관계를 유지하고 있다는 것을 알아야 한다.

✣ 우리가 만물과 조화해야 할 필요성과, 또 만물과 조화하면 어떠한 유익함이 있는가를 보여주고 있다. 물론 생각만으로 조화로운 상태에 들어가기는 불가능하지만, 적어도 우리는 존재하는 사물은 모두 전체를 구성하는 요소를 어느 정도 가지고 있다는 사실을 알 수 있다. 전체와 관련하여 보고, 전체와 조화시킴으로써, 우리는 마음속에서 일어나는 부조화를 극복할 수 있고 전체와의 참된 관계를 유지할 수 있다. "신은 불가사의하게 움직인다"는 말과 같이, 우리가 만물이 우주의 목적과 어떻게 일치하는지 명확히 알지는 못한다 할지라도, 신의 본질상 그럴 수밖에 없으리라

는 것을 인정할 수밖에 없을 것이다.

많은 과학자들이 연구한 결과, 지금 부조화가 있다는 것은 각자의 마음속에 부조화한 생각이 있다는 것이다. 가령, 미국이라는 나라가 혼란한 것은 미국인 각자의 마음속에 부조화한 생각이 있기 때문이다. 이는 미국 땅에 살고 있는 사람들이 세계 각지에서 왔으므로 삶의 방식과 사고방식이 제각각이기 때문일 것이다. 이러한 다양한 국적의 사람들은 아직도 완전히 동화되지는 못했지만, 지금 크나큰 동화 과정이 진행되고 있기는 하다.

✣ 우주의 자연 질서 중에는 부조화란 없다. 부조화는 "잘못되었다. 있어야 할 위치에서 벗어나 있다"고 생각하는 데에 따른 반응인 것이다. 우리의 본성에 부조화가 있다고 생각하는 한, 만물과 일치하지 못하는 것은 당연하다. 부조화는 밖에 있는 것이 아니라, 우리 자신의 심중에 있다. 이 부조화를 벗어나기 위해서는 모든 것의 배후에 있는 영적인 실재와 일치하지 않으면 안 된다. 미국이 혼란한 것은 미국에 살고 있는 개개인의 사상의 혼란이 나타난 것이다. 그러나 우리가 공통된 목적을 향하여 나아가면, 혼란은 사라지고 모든 것은 조화롭게 될 것이다.

미국인들 사이에 조화가 이루어지기 위해서는 국민 전체에 어떤 공통적인 요인이 있어야 한다. 이것은 한 개인은 물론이고, 세계 모든 국가에도 공통적으로 적용되는 이치이다. 한 개인이든 조직체이든 하나의 요인에 의하여 움직이고, 하나의 목적을 향하여 나아갈 때 조화가 이루어지는 것이다.

융Jung*의 저서 중에는 그가 동굴 속에 있었을 때의 체험담이 있다. 그 기록 중에는 자신이 만물과 조화로운 경지에 들어갈 수 있는 열쇠를 발견했다는 내용이 있다. 인도에는 동굴 속에서 깊은 명상을 하고 있는 사람이 도처에 있다. 이들에 관한 각종 기록을 조사해 본즉, 그들이 완전한 침묵 상태에 있을 때 엄청난 생명력이 활동한다는 사실을 알게 되었다. 그들은 물질적, 육체적인 한계를 뛰어넘기도 하며, 만물과 완전히 조화된 상태가 되기도 한다. 비록 본래의 완전한 상태가 물질세계에 들어와 심히 왜곡되었더라도, 본래 상태는 변함이 없기 때문에, 완전한 침묵 상태에 들어가면 완전상이 그대로 현실화될 수 있는 것이다. 그 방법 또한 그들의 의도대로 이루어지고 있다.

또한 모든 사람에게 이러한 원리를 실제로 적용할 수 있다. 먼저 외부 형태에 혼란당하지 않고 내부에서 작용하는 원리를 발견하는 것이 필요하다. 이 내부에서 작용하는 완전한 원리가 외부로 작용하면 완전함이 나타나게 된다. 이렇게 되면, 문제가 있으면 해답을 얻을 수 있고, 예술을 하는 사람은 음악이든 미술이든 건축이든 완전한 미美를 얻을 수 있다. 이것은 자신 속에 내재되어 있는 실재(reality)와 일치되기 때문에, 실재가 원리 속에 있는 아름다움과 조화되어 그대로 나타나는 것이다.

✣ 어떻게 조화로울 수 있는가를 말하고 있다. 조화를 이룩한 성취자는 세상 사람들이 어떻게 생각하든 자신이 마땅히 해야 할 일만을 행한다.

---

* 1875~1961. 스위스 정신과 의사, 학자, 국제정신분석학회 초대 회장. 처음에는 프로이트를 추종하였으나 결별하고 분석심리학을 창설하였다. 신화, 종교, 연금술, 신비주의를 깊이 연구하였다.

조화로운 관계 속으로 들어가기 위하여, 위에서 언급한 사람들과 똑같이 고행할 필요는 없다. 일상생활 속에서도 얼마든지 가능한 일이다. 저들은 도를 이루기 위하여 의도적으로 고행을 하기도 한다. 그렇다 하더라도 일단 도를 이룬 사람들은 다른 사람을 가르칠 때 꼭 자신과 같이 고행하라고 가르치진 않는다. 즉 보다 쉬운 길이 있기 때문에 도를 이루기 위하여 몇 년씩이나 고행할 필요는 없다는 것이다. 삼매에 들어가면 즉시 조화로운 상태가 된다. 그 순간부터 변하기 시작하여 혼란스러운 상념은 진정되며, 갈등은 사라지고, 육체의 파동 또한 다툼과 혼란이 사라지는 경지까지 높아지게 된다.

다시 말하지만, 꼭 오랫동안 고행하며 수행할 필요는 없다. 높은 경지를 한 사람이 체득했다면, 다른 사람들 또한 가능한 일이다. 다른 사람들은 일단 밝혀진 진리를 그냥 그대로 받아들이기만 하면 되는 것이다. 대사들은 이렇게 말하고 있다. "우리는 여러 과정을 밟아서 진리를 발견하였다. 그래서 어떤 것이 결정적인 요인이 되는 것인가를 잘 알고 있다. 따라서 이 길을 밟고 있는 사람들은 애써 고생할 필요가 없다. 꼭 명상을 해야 하고, 삼매에 들어가야 할 필요도 없다. 이미 밝혀진 것을 받아들이기만 하면 되는 것이다." 대사들은 삼매에 들어간 사람들이야말로 자기가 깨달은 진리를 다른 사람들에게 가르칠 자격이 있다고 한다. 물론 원하는 사람들은 삼매에 들어가는 수행을 하는 것도 좋겠지만, 꼭 그럴 필요는 없다는 것이다. 즉 이미 밝혀진 진리를 받아들이기만 하면 되고 기간도 단축시킬 수 있는 것이다. 이미 밝혀진 길대로 걸어가면, 좀더 쉽게 삼매로 들어갈 수 있으며 조화로운 상태에 쉽게 다다를 수 있다. 그러므로 수많은 고통의 계단을 밟고 올라온 선배들의 성공 비결을 따라가기만 하면 곧장 삼매 속으로 들어갈 수 있다. 이러한 경지에 들어간 사람들이야말로 길잡이요, 스승이다. 그들은 말하기를, 내 뒤를 하나하나 똑같이 밟을 필요는 없다고 한다. 왜냐하면, 이미 겪어서 어느 것이 쉬운 길인가를 알기 때문이다. 그들은 진리에 이르는 길을 일반화하여 누구나 가기 쉽게 열어놓았다.

이것이 대속(vicarious atonement)*의 참된 뜻이다. 예수는 자신이 아버지 하느님과 일체인 것 같이 우리도 아버지 하느님과 일체임을 말씀하셨다. 예수가 이 진리를 밝혀놓은 이상 우리가 또다시 진리를 발견하려고 고생할 필요는 없다. 우리가 할 일은 그가 증명한 진리를 그대로 받아들이는 것뿐이다. 우리는 삼각형 세 각의 합이 180도라는 사실을 또다시 증명할 필요는 없다. 그대로 받아들이기만 하면 되는 것이다. 만약, 그것이 사실이 아니라면 수학 문제를 풀 때나, 측량할 때, 기계를 작동할 때, 매 순간 일일이 증명하지 않으면 안 될 것이다. 그러나 다른 사람들이 이미 증명해놓은 노고 덕분에 증명해놓은 원리 아래서 시작할 수 있으며, 그 원리를 기반으로 하여 더 높은 단계로 나아갈 수도 있는 것이다.

✣ 영적인 성취에 이르는 길이 무엇인가를 말하고 있다. 태초로부터 깨달은 스승들에 의하여 드러난 것을 그대로 받아들이면 되는 것이지, 영적인 성취를 위해서는 수많은 난관을 극복해야 한다는 생각에서 벗어나야 한다. 이러한 사실을 깨닫는 것 자체가 수많

---

* 예수 그리스도가 십자가에 매달려 죽음으로써 모든 인간의 죄를 대신 속죄했다는 신학 용어. 원래 속죄, 희생 의식은 인간이 신과의 관계를 회복하는 데 필요한 수단이었다. 기독교 신학에서는 예수가 십자가에 못 박힌 것도 인간의 죄를 속죄하여 하느님의 용서를 구한다, 하느님과 화해한다는 의미로 보고 있다. 정통 기독교에서는 예수의 피 흘림 없이 죄 사함이란 있을 수 없다고 하나, 유대교의 입장에서는 자신이 지은 죄에 대한 하느님의 용서를 구하는 행위를 말한다.

은 난관을 극복한 것이 된다.

집단이 크면 클수록, 인원수가 많으면 많을수록 영향력도 커진다. 영향력이 크면 클수록 추진력 또한 커진다. 예컨대, 백 명으로 구성된 어떤 그룹이 삼매, 즉 완전한 침묵 상태에 들어가 있다면 그 영향력은 수천 명에게 미치게 되어 그들을 각성 상태로 들어가게 할 수 있다.

특히 이 점에서는 요가수행 또한 동일한 원리를 가지고 있다. 요가수행자들, 특히 육체의 완성을 위한 요가수행자들은 더욱 그러하다. 요가수행을 완성하기 위하여 그 과정을 모조리 다 수행할 필요는 없다. 왜냐하면 앞서간 수행자들이 일일이 겪어보아 모든 사람들이 쉽게 이를 수 있는 길을 발견해놓았기 때문이다. 예수가 십자가에 못 박히신 뜻도 여기에 있다. 예수가 자신의 생명을 함부로 포기한 것이 아니다. 예수나 요가수행자는 공히 모든 사람들이 보고 따를 수 있도록 보다 높은 단계를 보여준 것이다. 그래서 그들은 길잡이요 스승이 된 것이다. 이러한 은혜를 받고 전진하는 사람들은 더 높고 더 큰 걸음으로 나아갈 수 있게 된다.

✣ 개인이든 집단이든 영적인 명상을 하는 것이 얼마나 중요한 일인가를 지적하고 있다. 영적인 일이든 세상 속의 일이든, 이것은 어떠한 일을 하더라도 기초가 되며, 이것을 무시한다면 가장 강력한 힘을 잃어버리게 되는 것이다.

요가의 모든 과정을 일일이 다 수행할 필요는 없다고 앞서 말하였다. 불과 몇 시간 내에 요가의 여러 단계를 성취한 사람도 있다. 이것은 눈에 보이지 않는 곳에서 봉사하는 사람들이 보내는 힘 덕분으로 추진력이 보태지기 때문이다. 이 힘을 보내는 데에 전 시간을 바치는 사람이나 그룹이 있다. 이것도 여러 다른 사람, 여러 다른 그룹으로부터 힘이 방사되고 있으므로 거기에 파장을 맞추기만 하면 된다.

마치 라디오방송이 전리층에서 반사되어오듯이, 이러한 영향력을 영적인 층에서 끌어올 수 있다. 또 전리층에서 반사된 라디오 음악을 우리가 들을 수 있듯이, 이 영적인 영향력은 모든 층의 배후에 있으며, 모든 층에 들어 있다. 결국 모든 것은 영적인 층인 것이다. 진리에 눈을 뜨고 실상을 있는 그대로 본다면, 하나의 우주층이 단일하게 작용하고 있다는 것을 알게 될 것이다. 따라서 어느 특정한 사람들이나, 특정한 요가수행자들의 도움만 구할 것이 아니라, 시공時空에 충만해 있는 조화로운 힘, 영적인 힘을 구하면 된다.

선의 두 끝은 서로 대립하는 듯이 보이나, 두 끝을 합치면 원이 되어 대립은 사라진다. 원을 확장해나가면 모든 요소가 조화를 이룬 완전한 형태의 구가 된다. 밀리컨Milican*이 말하기를 "우주적인 것은 구가 된다"고 하였다. 점이 선이 되고, 선이 원이 되고, 원은 모든 면에서 완성되어 완전한 구가 된다. 이것은 우리의 생각에도 적용되는 것으로 사람이나 사물을 그것만 따로 놓고 본다면 각기 고립되는 듯이 보이나, 궁극적인 한 점에 이르는 과정으로 계속 나아간다면 마침내는 만물일체, 즉 하나라는 점에 도달한다. 이렇게 한 점으로 집중되는 것이다.

---

* 1868~1953. 미국 물리학자. 단일전자의 전하를 측정한 기름방울 실험이 유명하며, 1923년에 노벨물리학상을 받았다.

인간이 일심으로 집중하면 삼매에 들어갈 수 있다. 삼매란 도가 이루어지기 시작하는 경지이다. 즉 일심집중(One-pointedness) 경지에 도달해야만 도가 이루어진다는 말이다.

이 일심집중의 경지는 마음이 축소된 상태가 아니고, 마음이 한없이 확장되어 있는 상태이다. 일심집중의 경지는 보통 생각하듯이 어떤 것을 배제하는 것이 아니라 도리어 일체를 포함하고 있다. 삼매에 들어가면 전체, 즉 진리, 원리를 꿰뚫어 볼 수 있게 된다.

✣ 정신집중이란 정신이 고정된 상태이거나, 정신을 어떤 한 가지 생각이나 관념, 형상, 대상물에 집중하는 것이 아니다. 즉, 마음속에서 무엇을 배제하는 것이 아니라 마음을 확장하여 만물과 하나 됨을 이룬 상태이다. 이것은 모든 것을 근원자에 귀일시키는 일이다.

이 도리를 알게 되면, 서양 심리학에서 말하는 현재의식이니 잠재의식이니 하는 이론은 필요 없게 된다. 진실로 한마음만 존재할 뿐이다. 이것을 초의식이라 부를 수도 있다. 초의식이란 대립되어 있는 개념인 현재의식과 잠재의식을 합치시킬 수 있는 것이며, 이 초의식 상태에 들어가야만 전체를 인식할 수 있다. 이것은 완전한 의식이다. 따라서 초의식이란 분리가 없는 완전한 조화 상태를 말한다.

현재의식이니 잠재의식이니, 또 무슨 의식이니 하며 마음을 갈라놓은 것은, 사람들이 쉽게 이해할 수 있도록 구분해놓은 것이다. 그러나 마음을 나누어놓지 않은 것이 진리이다. 한마음이라는 입장에서 생각하고 행동할 때에 마음을 이해할 수 있고, 영적인 진보를 이룰 수 있다. 마음을 나누어놓는 것은 과거 상징주의 이론에서 나온 것이다. 그 당시에는 필요한 이론이었는지 모르나, 지금 인류는 상징주의를 완전히 졸업한 상태이다. 무슨 일을 하더라도 우리가 하나 되는 마음을 가지고 임해야 일을 이룰 수 있는 것이다.

✣ 소위 잠재의식이란 인간의 지적인 사고에 대하여 마음이 반응한 것이다. 이 지적인 사고가 인간을 본래의 우주심으로부터 단절시킨다. 흐르는 물은 방해받지 않는 한 소용돌이를 만들지 않는다. 마찬가지로 각성된 사고의 흐름이 방해받지 않는 한, 잠재의식은 존재할 수가 없다. 인간이 생명의 흐름 속에 있으면 그대로 실재의식만 빛나게 된다.

나는 지금까지 위대한 성취자들과 대화를 나누어보았다. 모든 것이 항상 지금 여기에 완비되어 있다는 자각을 가지고 오직 한마음으로 일하는 그들을 보았다. 이것이 그들의 기본적인 마음 자세였다. 바로 이러한 태도를 가지면, 현 정치나 경제 체제도 변할 것이다. 한마음과 전적으로 하나가 된다면 이상과 현실이 어긋나는 일도 없을 것이다. 에너지 소비도 90퍼센트나 줄어들게 될 것이다. 인류는 지금까지 자기에게 필요한 에너지를 다른 것으로부터 빼앗아왔으나, 한마음으로 하나가 된다면 그러한 일은 없어지고, 보다 높고 보다 큰 목적을 위하여 에너지를 쓰게 될 것이다. 참으로 위대한 사람들은 자기에게 필요한 것을 밖에서 구한다거나, 결코 남에게서 빼앗지 않는다. 필요한 모든 것은 지금 여기에 전부 갖추어져 있고, 전부 자기에게 속한 것이며, 마음대로 사용할 수 있는 것이다.

CHAPTER 4

BASIS OF COMING SOCIAL REORGANIZATION

장래 사회 재조직의 기초*

사회의 재조직이라는 주제를 취급하기에 앞서, 하와이인들의 이야기부터 시작하기로 한다. 하와이인들의 사고방식은 우리의 사고방식과 비슷한 점이 대단히 많다. 특히 경험에 근거하여 판단한다는 점에서 그렇다. 한 가지 예를 들면, 하와이인들은 어떤 바다를 항해할지라도 결코 방향을 잃어버리는 법이 없다. 하와이인들이 카누를 타고 큰 바다 한가운데 있을지라도, 마치 세상에서 가장 좋은 나침반이라도 갖고 있는 것처럼 현재의 위치를 정확히 알고 있다. 다른 사람이 노 젓는 일에 열중하는 사이, 한 사람은 시종일관 방향 잡는 일만 한다. 저들은 이 능력을 조상 대대로 이어받고 있다.

우리는 하와이인 한 명을 대서양 한가운데로 데려가 실험을 해 본 일이 있었다. 그곳은 그가 한 번도 가보지 못한 곳이었다. 우리는 이 하와이인을 항해를 전혀 모르는 선원들과 함께 승선시켰는데, 그는 수백 킬로미터나 떨어져 있던 섬까지 배를 인도하였다. 이때 우리는 하와이인들의 방향감각이 뛰어나다는 사실을 알았다. 저들은 침

---

* 이 가르침은 이 시대를 지나 도래하는 사회 질서를 수립하는 동기를 제공하기 위한 것이다. 즉 이제까지의 인간적인 지식이나 물질적인 가치에 의존하지 않고 사물의 영적인 면을 인식할 수 있는 인간 본래의 지각력으로 되돌아가자는 것이다. 우리는 이 영적인 면에 둔감한 채로 살아왔다. 우리가 우주법칙에 맞게 삶을 살려면, 이 영적인 능력을 소생시키지 않으면 안 된다.

묵 상태에 들어가 해결책을 찾아낸다. 그들은 이 능력을 분명하게 사용할 줄 안다.

✣ 원시인들이 우리보다 감각이 더 뛰어났고, 우리보다도 의사소통 능력이 더 뛰어났다고 할 수 있다.

미국인이 가지고 있는 발명 능력도 다만 분야만 다를 뿐이지 이와 같은 감각이 기능화된 것이다. 또한 우리도 모두 부지불식간에 이 감각을 쓰면서 살고 있다. 우리가 이 기능을 확실히 알면 모든 분야에서 위대한 발전을 이루게 될 것이다. 여러분은 종종 감각이나 육감을 먼저 느끼고, 그 이유를 설명하는 사고 작용은 나중에 일어난다는 사실을 알고 있는가? 무슨 일이 일어나면, 먼저 머리로 생각하여 해결하려는 사람이 있으나 결국 생각만 하다가 그치게 되는 경우가 많다. 왜냐하면 인간이란 먼저 해결책이 떠오르고 나서야 비로소 행동하는 경향이 있기 때문이다. "할 수 있겠다. 이렇게 하면 되겠다" 등의 느낌이 먼저 오고, 잠깐 침묵하고 있으면 나머지 해결책이 떠올라 할 일이 명백해진다. 이후에 그 이유와 일의 과정을 생각하는 사고가 뒤따르게 된다. 우리가 알고 있는 이성이라는 것도 이미 알고 있는 것을 반복하는 것뿐이어서 이성은 감각의 도움이 없으면 완전치 못하다. 새로운 사회 질서는 마치 발명가에게 섬광같이 떠오르는 아이디어와 같다. 이후에 인간의 이성이 종합하고 정리하여 실행에 옮기면 되는 것이다. 이성은 다만 묘사하고 설명할 수 있을 뿐이나, 감각은 이성이 보고 듣지 못하는 것을 지각하고, 이성이 보다 넓게 작용하게 하기 위하여 길을 열고 있다.

✣ 이 능력이 어떤 분야에서 가장 잘 발휘될 수 있는가를, 그리고 이

러한 능력을 활용하기 위해서는 반드시 영적인 면에 의거해서 확장해야 한다는 것을 말하고 있다.

이러한 능력은 많은 사람들이 생각하듯 현재의식에서 나온 것도 아니요, 잠재의식에서 나온 것도 아니다. 다만 이들 모두를 포괄하는 능력(힘)이다. 이 힘은 내적인 소용돌이에서 시작하여 밖으로 나온다. 하와이인들은 이 힘을 알고 있다. 하와이에 교통기관이 생기기 전, 하와이인들은 자기를 필요로 하는 곳이 있으면 스스로 이끌려서 갈 수 있는 능력이 있었다. 섬 한쪽에 곤란에 처한 사람들이 있다는 사실을 알고 약 40~50명이 섬을 횡단하여 그곳까지 도우러 간 일도 있었다. 때로는 멀리 떨어진 섬에 살고 있는 친구가 찾아오기도 하는데, 결코 길을 잃고 헤매는 법이 없었다. 그들은 일종의 텔레파시로 시종일관 연락을 취했다. 그들은 그와 같은 능력을 조금도 특별하게 생각하지 않았다. 그냥 조상 대대로 물려받은 것으로만 생각할 뿐이었다.

만약 섬 이쪽 사람들이 자기들 이익만 생각하는 사람들이라면, 섬 저쪽 사람들이 어떻게 살든 관심을 두지 않을 것이다. 그러나 그들은 주위 사람들의 안녕에도 관심을 가지고 있으며 공동의 이익을 생각하고 있었다. 이렇게 그들은 자기가 사는 곳 이외의 일도 관심을 가지고 한 몸같이 느끼고 있었다. 때문에 동포 사이에서 도움을 필요로 하는 일이 생기면, 한 몸 같은 공감적 유대관계를 통하여 순식간에 전달된다. 따라서 한 사람, 한 지역의 문제를 다른 곳에 살고 있는 사람들도 순식간에 알게 된다. 자기 본위나 이기심은 다른 사람에게서 자기 자신을 고립시킨다. 이렇게 분리되어 있으면, 정작 궁핍한 사람이 생겨도 무감각하게 된다. 그러면, 궁핍한 사람은 계속 궁핍하게 되어 인간 사회는 불평등하게 된다. 즉, 한쪽에서는 더욱더 궁핍해지는데, 다른 쪽에서는 넘쳐나는 일이 생겨 불평등은 더욱더 커지게 된다. 전쟁이나 갈등은 이 때문에 일어나는 것이다. 서로서로 필요한 것을 채워주는데 전쟁이 어찌 일어날 수 있겠는가? "자연은 진공을 꺼린다." 기압이 극단적으로 차이가 날 때 폭풍이 일어나듯이, 인간 사회가 극단적으로 차이날 때 전쟁이 일어나는 것이다.

✣ 이 능력을 여러 가지로 이름 붙일 수 있겠지만, 신비학에서는 '통찰감', 즉 새로운 것을 꿰뚫고 들어갈 수 있는 마음의 능력이라 부른다. 이 초감각을 최고의 목적을 향하여 사용하게 될 때, 과거에 발명 분야에서 위대한 업적을 이룬 것 같이 영적인 분야에서도 위대한 업적을 이룩하게 될 것이다.

하와이인들의 이와 같은 능력은 조상 대대로 내려온 것인데, 결코 단절된 적이 없었다. 그들과 조상 사이에는 막힌 벽이 없다. 그들은, "우리는 조상 대대로 이곳에서 살아왔다. 우리는 한 점에서 모든 것을 보고 있다. 결코 그 한 점을 떠난 일이 없었다. 잠시 침묵하고 있으면 어디로 가야 할지 알게 된다"고 말하고 있다.

어떤 의미에서 이러한 능력은 동물이 가지고 있는 본능과 같은 것이지만, 인간은 동물보다도 더 위대한 존재이기 때문에 이 능력을 크게 쓸 수 있는 것이다. 이 능력을 직관이라 부르든, 영감이라 부르든, 영적인 능력이라 부르든 상관없다. 동물은 이 능력을 단순히 본능으로서 가지고 있지만 인간은 그 한계를 넘어서 쓸 수 있다. 그리고 인간은 무엇을 어떻게 써야 할지를 알고 있다. 동물은 유전되어온 것만을 반복할 수 있을 뿐이나, 인간은 그 너머까지도 할 수 있는 것이다.

이 능력이 동물을 어느 정도 진보하게 했는지 정확히는 알 수 없으나, 인간이 각 분야에 걸쳐서 진보하는 데에 중요한 역할을 하였다. 위대한 일을 성취한 사람과 평범한 사람과의 차이는 단 한 가지, 위대한 사람들은 앞길에 놓인 장애나 좋지 않은 조건에 주의를 빼앗기지 않고 자기가 할 수 있는 일, 마땅히 해야 할 일에 전념했다는 사실이다. 장애를 앞에 두고 정신이 위축되거나 어두운 감정에 휩싸여 자기 능력을 제대로 발휘하지 못하게 되면, 결국 자신의 가능성까지 막아버리고, 자신을 감옥 속에다 가두어놓는 일이 된다. 여기서 감옥이란 자신의 정신이나 감정이 위축되어 스스로 속박당하는 것을 말한다. 소위 천재란 조건과 주위 환경을 돌파하여 능력을 확장시킨 사람을 말한다.

인간이라면 누구나 이 감각을 사용할 줄 아는 능력이 있는 것이며, 특정 사람들만 가지고 있는 것은 아니다. 알려진 바로는 어떤 사람들보다도 하와이인들과 폴리네시아인들이 이 능력을 고스란히 가지고 있었다. 폴리네시아인은 자기들이 살고 있는 섬에서 바다를 건너 5,000킬로미터나 떨어져 있는 하와이를 찾아갈 수 있을 정도로 이러한 능력이 있다. 우리 인간은 이러한 능력을 의심한다거나 스스로 막아버리지만 않는다면, 더욱더 확장하여 쓸 수 있는 것이다.

시어도어 루즈벨트도 아프리카에서 이런 직감력을 경험한 적이 있다고 한다. 알래스카와 시베리아의 경우도 마찬가지다. 1905년 내가 아문센Amundsen*을 구조하러 갔을 때에 다음과 같은 일이 있었다. 그들에 대한 어떠한 발자국도 발견하지 못하고 있었는데, 어떻게 알았는지 우리 구조대가 있는 곳에서 50~60킬로미터 떨어져 있는 마을 사람들이 우리를 마중하러 나왔다. 마을 사람들은 심지어 우리 구조대의 개가 몇 마리인지, 썰매가 몇 대인지, 우리가 가지고 있는 장비가 무엇인지도 알고 있었다.

미국인들에게 이러한 능력이 없는 것 같이 보이는 것은, 너무나도 문명의 이기에 둘러싸여 살고 있어 이 능력을 점점 잃어버리고 있기 때문이다. 그럼에도 불구하고 잠재의식 내지 무의식에는 이 능력이 그대로 살아 있다. 그러나 대부분의 미국인들은 알고 있더라도 사용하기를 주저하고 있고, 심지어는 이에 대하여 말하는 것조차 꺼려하고 있다.

✣ 인간의 마음이 너무나도 결과의 세계에 얽매여 있기 때문에 이 직관력이 얼마나 흐려져 있는가, 또 근본 세계로 되돌아가면 얼마나 맑아질 수 있는가를 보여주고 있다.

대개의 미국인들은 이러한 사실들을 명백한 증거 없이 말하면 "저 사람 정신이 좀 이상한 것이 아닌가?" 하고 생각한다. 이러한 판단은 인간 본래의 능력을 제대로 알지 못하는 무지에서 오는 것이다. 결국 자신이 가지고 있는 능력까지 의심하게 되어 스스로를 막아버

---

* 1872~1928. 노르웨이 탐험가. 인류 최초로 남극점 도달에 성공하였다.

리게 된다. "너희가 믿고 의심치 않으면 능치 못할 일이 없으리라"라고 예수는 말하였다. 이 능력은 건전한 이성을 이루는 데도 첫째로 필요한 것이다. 인간의 사고(생각)를 이루는 이성은 이 능력 뒤에 따라온다. 위대한 업적은 이성을 뛰어넘는 곳에서 이루어지는 것이요, 이성은 그 뒤에 따라오는 것이다. 오히려 완전한 이성은 모든 한계를 뚫고, 아직 나타나지는 않았으나 실현 가능성 있는 비전을 볼 줄 아는 것이다. "믿음에 지식을 더하라"고 성서는 말하고 있다. 그러나 우리 대부분은 외부로 확실히 드러난 다음에야 믿는 경향이 있다.

사람들은 스스로 생각하지는 않으면서 다른 사람들이 생각하고 있는 것을 그대로 따르는 경향이 있다. 다른 사람들이 생각한 그대로 따르고, 다른 사람들이 행동하는 그대로 행동하며, 그에 따른 결과에 마저 의존하고 있다. 따라서 창조하는 자는 더욱 창조력이 풍부해지지만, 의존하는 자는 더욱 의존하게 된다. 에머슨** 은 이를, "한쪽에서는 열고, 다른 쪽에서는 닫는다"라고 말하였다. 한 예로, 인간은 시계에 의존하고 있기 때문에 시계 없이 시간을 아는 능력을 잃어버렸다. 이와 같이 자기 자신 이외의 것에 의존하여 자신의 능력을 개발하는 일을 게을리하면, 타고난 능력마저 점점 잃어버리게 되는 것이다.

고대 칼데아인Chaldean***들은 천문학에 관한 지식을 직관력, 즉 사실을 꿰뚫어 보는 정신력을 통하여 얻었다. 그들은 순전히 이 직관력에 의하여 모든 학문 체계를 세웠다. 고대 칼데아인들은 이러한 능력을 사용했던 사람들 중의 하나이며, 그들의 영향력은 오늘날까지도

** 1803~1882. 초월주의를 주창한 사상가. 콩코드의 철인으로 세상의 존경을 받고 있다.

*** B.C.1,000경 바빌로니아 남부에 살았던 셈계 종족. 구약성서에서는 바빌로니아로 기록되어 있다. 지식계급인 신관을 중심으로 천문학, 점성술, 점복술 등이 발달하였다.

전해지고 있다. 우리도 원한다면, 이러한 능력을 가질 수 있다. 이것이 전부이다.

신비주의자들은 이를 "영혼의 눈(eye of the soul)"이라 한다. 이 영혼의 눈을 통하여 아카식 레코드Akashic record*를 읽을 수 있다. 이를 통하여 초속 30만 킬로미터의 광속도로 먼 곳에서 일어난 일이나, 장래의 일까지도 투시할 수 있다. 이러한 일은 우리 주변에서 지진이나 재난을 당했을 때 문득 발휘되기도 한다. "장래 일어날 사건은 미리 그 모습을 보인다." "모든 것은 먼저 상위 계층에서 일어난 후, 하위 계층에 반영된 것이다." 의식이 형태를 갖출 때까지의 기간, 즉 데바찬Devachan** 기간이 있다. 고대의 건축물 중 괴물 형상의 두 얼굴(gargoyle)이 조각되어 있는 신전이 있다.*** 이는 인간이란 육체적으로 보면 미혹과 제약 덩어리지만, 영적인 입장에서 보면 무한한 능력과 자유를 가지고 있는 두 얼굴의 존재라는 뜻이다.

하와이인들은 위에서 말한 능력 이외에 예지하고 예언할 수 있는 능력도 있다. 어떤 한 그룹에 절박한 일이 생기면 함께 모여 의견을 모은다. 만약 해로운 일이라면 적대적인 다른 그룹에게 전가시킨다. 상대 그룹 또한 막는 방법을 알고 있어 해로운 일은 일어나지 못하고 중간에서 소멸하고 만다. 인도인들은, "인간은 예언할 수 있으나, 신인(God-man)은 예언이 현실화되는 것을 막을 수 있다"고 말한다.

✣ 이 능력의 가능성과 이 능력이 작용하는 분야에 대해서는 어느

---

* 이 우주에는 과거 우주의 역사와 우주상에 살다간 모든 생명체들의 역사가 광대한 에너지장에 기록되어 있다. 이 기록은 인간의 영적 능력이 고도로 계발되면 열어볼 수 있다.

** 산스크리트로 신에서 나온 자, 신으로부터 태어난 자라는 뜻이다.

*** 인간과 동물의 모습을 한 괴물 형상의 조각. 건축물 중 빗물받이에서 툭 튀어나온 괴물 형상의 홈통.

정도 밝혀졌다. 이 능력이 무엇인가를 좀더 설명하자면, 가장 간단한 형태로는 어제 한 일을 돌이켜볼 줄 알고, 내일 할 일을 생각할 줄 아는 기능으로, 결국은 단순히 주의를 기울이는 행위이다. 이 주의를 밖으로 돌리면 사물의 외면을 볼 수 있고, 안으로 돌리면 영적 실재세계에 들어갈 수 있다.

우리가 아는 바에 의하면, 하와이인들은 예언된 좋지 않은 일을 방지하는 데에 한 번도 실패한 일이 없었다. 외부의 적이 침략해올 때에도 이같이 하여 막을 수 있었다. 적이 침략했을 때 방어선을 하나 그어놓고 이 선을 넘지 못한다고 선언하면, 실제로 적은 그 선을 넘지 못했다. 때로는 적이 해안까지 와서도 상륙하지 못하는 경우도 있었다고 한다. 이에 관한 이야기는 무수히 많다.

카네기협회에서 애리조나에 살고 있는 원주민들의 초능력을 실험해본 적이 있었다. 이들 원주민들은 어떤 선을 하나 그어놓고, 사랑의 마음이 없는 사람은 이 선을 넘을 수 없다고 선언했는데, 어떤 두 사람이 이를 무시하고 넘으려다가 목숨을 잃고 만 일이 있었다.

깨닫지 못한 사람들은 예언된 일은 피할 수 없으며, 일어나기로 결정된 일은 반드시 일어나고야 만다고 믿고 있다. 그러나 "예언은 되었어도 맞지 않을 것이다"라고 성경에 있다. 예언은 지구를 둘러싸고 있는 정신층에서 나오는 것으로, 실은 이 정신층도 인간의 제약된 사고(생각)가 투영되어 형성된 것이다. 예언이란 인간의 예지 능력이 이곳을 향하여 장차 현실화될 정신파의 흐름을 감지하여 말하는 것이다. 그러나 이 정신층도 거짓 예언의 영역에 속한 것으로 전부 실현되지 않을 수도 있다. 성경은 하느님에게서 멀어지게 하는 거짓 예언자들에 관해서 경고하고 있다. 참된 예언이란 인간이 영의 차원으로 향하여, 우주의 흐름을 감지하여 나오는 것이다. 우주 법칙은 인간의 마음속에 있는 부정적인 것들을 즉시 무효로 만들 수 있다. 이것은 마치 빛에 의해 어둠이 소멸되는 것과 같다. 태양은 밤의 어둠을 없앤다. 단 하나의 촛불도 방 안의 어둠을 없앨 수 있다. 왜냐하면 크든 작든 빛이란 어둠을 소멸하는 힘이 있기 때문이다. 마찬가지로 우리가 자각한 조그만 깨달음이라도 우리가 가지고 있는 제약, 허망한 생각이나 예언들을 소멸할 수 있다. 제약, 허망한 생각, 거짓 예언 같은 것들은 아무런 힘도 가지고 있지 못한 허망한 그림자에 불과하다. 파멸이나 재난에 관한 예언을 쉽게 받아들이지 말라. 이런 것은 영적인 차원에서 보면 모두 소멸되고 말 것들이다.

✣ 여기에서는 예언이란 보통 정확하지 않다는 것을 입증하고 있다. 정신계에서 준비된 것은 영적인 권위가 개입하여 취소하지 않는 한 물질계에 그대로 나타난다. 참된 예언이란 영적인 법칙을 보고, 그것이 올바르게 작용함으로써 생기는 결과를 아는 것이다.

한때, 하와이에 일본 흑마술사들이 들어온 일이 있었다. 그들은 주술로써 사람을 죽일 수 있는 능력이 있었다. 그러나 그들은 더 이상 남아 있지 않다. 흑마술을 하려면, 즉 적그리스도가 되려면 먼저 그리스도 의식에 정통하지 않으면 안 된다. 결국 흑마술이란 그리스도 능력을 잘못된 방향으로 사용하는 셈이다. 그 결과는 자기 파멸이요, 자기 목숨까지도 해치게 된다.

✣ 영적인 능력을 잘못 사용한다는 것은 어리석은 짓이요, 자기 파멸에 이르게 된다는 것을 확실히 알아야 할 것이다. 수많은 형이

상학적인 모임에서 흔히 볼 수 있는 일이지만, 남에게 영향력을 행사하여 자기 뜻에 따르게 하는 행위는 흑마술의 초기 단계에 있는 일로서, 잘못되면 대단히 위험하며 피차에 혼란만 일어나게 할 뿐이다.

가장 안타까운 일은 이러한 영적인 능력을 악용한 결과 자기 자신부터 파멸된 사람의 경우를 볼 때이다. 인간은 이런 영적인 능력이 있으면 사람을 지배하고 싶고, 이익을 얻고 싶은 유혹을 받게 마련이다. 그러나 자기 자신의 생각과 입에서 나온 사념은 먼저 자신의 심신을 관통하고 자신의 심신에서부터 작용하는 것이어서, 다른 사람을 해치려고 마음먹었던 그대로 자기 자신부터 해치게 된다는 사실을 분명히 알아야 한다. "천국은 너희 속에 있다"는 말씀이 바로 이를 뜻하는 말이다. 우리 몸과 마음은 우리가 명령하는 대로 복종하는 왕국이다. 자신이 발하는 명령을 다른 사람들이 받아들이느냐의 여부와는 상관없이, 그 명령은 먼저 자신의 심신 속에 들어가 자신의 심신에서부터 작용하기 시작한다. 이렇게 하여 자신의 왕국에서부터 자신이 명령한 대로 결과가 나타나는 것이다. 대조화 속에서 작용하는 영의 명령을 받아, 인간 안에 있는 왕국에서 하늘의 뜻이 이루어질 때, 비로소 자신의 행복은 물론 지상의 모든 인간의 행복이 이루어지는 법이다. 선한 선물이든 악한 선물이든 "선물은 주는 자에게 되돌아오는 것이요", "주는 대로 받는 것이다".

인도에 있는 어느 종단의 리쉬들Rishis*은 장차 일어날 불상사를

---

* 대사, 현자들을 말한다.

미리 알고, 그 일이 일어나지 않도록 떠맡아 처리하기도 한다. 과거 헤브라이 민족도 이와 같은 방법으로 동족 간의 전쟁을 막은 일이 여러 번 있었다.

오늘날에도 이와 같은 능력으로 사고를 미연에 방지할 줄 아는 사람들이 있다. 단 한 번도 사고가 일어나지 않은 경우도 많이 있다. 우리도 미국에서 구성원이 700명이나 되는 어느 그룹에서 일한 적이 있었다. 그때 3년 6개월 동안 그 그룹에서는 아무런 사고도 일어나지 않았다. 그 그룹은 그 후 인원이 증가하여 지금은 약 4,000명에 이르게 되었지만, 은밀히 활동하기 때문에 외부에 알려져 있지 않다.

왜 사람들은 선한 목적을 위하는 일에 전심전력하지 못하는가? 영안(spiritual realm)에서는 모든 것이 선을 위하여 완전한 조화가 이루어지도록 작용한다는 사실을 깨닫기만 하면, 사람들의 마음속에도 동일하게 완전한 조화가 일어나게 될 것이다. 사람들은 선한 힘에 복종하는 본성을 가지고 있다. 또, 사람들은 자기에게 선함이 되지 않는 것에는 가까이 가지 않으려는 본성을 가지고 있다. 위대한 법칙(the Great Law)에 따른 삶을 살게 되면, 사람 사이의 갈등이란 있을 수 없게 된다. 또한 전쟁이나 사고, 그 밖에 사람을 불행하게 만드는 어떠한 것도 일어나지 않는다.

✣ 분명한 일이지만, 새로운 질서를 수립하는 데 참된 협력의 기반이 무엇인가를 보여주고 있다. 영적 향상을 원하는 자는 대사나 죄인, 부자나 가난한 자, 속박된 자나 자유로운 자 할 것 없이 똑같이 작용하는 우주 원동력과 일치해야 한다. 그렇게 되면 부조화나 갈등, 전쟁 따위는 있을 수 없게 된다. 우주는 하나요, 유유상종의 법칙은 우주 법칙에서 기초가 된다.

이러한 능력은 여러 가지로 응용되어 쓰인다. 한 예를 들면, 참전 용사였던 드종은 전쟁에서 부상을 당한 후 맹인이 되었다. 그러나 높은 차원의 빛을 받고 난 후, 샌프란시스코와 로스앤젤레스를 연결하는 도로에서 차를 운전할 수 있을 만큼 시력이 회복되었다. 이 특이한 젊은이는 이미 이러한 능력이 잠재되어 있었지만, 후에 와서 돌연히 눈뜬 것이다. 이는 종종 일어나는 일이다.

많은 사례에서 보듯, 이러한 능력만 깨어난다면 바로 지금 여기에서 쓸 수 있다. 이것은 본래 우리에게 갖추어진 것으로, 우리가 이를 잘 이해하고 잘 쓸 수만 있다면 이 능력은 깨어날 것이다. 우리가 대사들의 경지에 도달하고 싶다면, 이 일을 잘 깨닫고 내 속에 잠재되어 있던 능력이 깨어나도록 해야 한다. 이 일은 어느 누가 대신해줄 수 있는 일이 아니고 스스로 해내야 한다.

✣ 소위 보편적인 힘은 어느 누가 만들어낸 것이 아니고, 처음부터 인간 내부에 있었던 것이라는 사실을 분명히 가르친다. 자기 자신의 영혼의 깊이를 알고 싶으면 자신의 잠재력을 계발해야 할 것이다.

이 일을 위해서는 먼저 감각과 마음을 통제할 줄 알아야 한다. 즉 일심집중이 되지 않으면 안 된다. 힘이 집중되면 엄청나게 증폭되는 법이다. 예수는 "일심집중이 신이다"*라고 하였다.

✣ 본서 전편을 통하여 자기 통제가 얼마나 중요한 일인가를 설명해

---

* 비슷한 성경 구절로 "네 마음을 다하고 목숨을 다하고, 뜻을 다하여 주 너의 하느님을 사랑하라(마태복음 22:37)"가 있다.

왔다. 기계를 돌리는 데에도 어떤 에너지를 어떻게 쓸 것인가를 결정해야 하듯이, 자기 통제는 인간이 진보하는 데 필수적이다. 자기 통제 없이는 어떤 분야에서도 올바르게 일을 할 수 없다.

이러한 능력을 개발하여 사회를 재조직하는 데 지혜롭게 써야 한다. 결국 이 능력을 아는 것이 사회를 재조직하는 일에 밑바탕이 된다. 적절한 시기에 적절한 일을 할 줄 알고, 때와 장소에 따른 적절한 행동을 할 줄 아는 것, 이것이 장래 사회를 구성하는 데 밑바탕이 된다.

CHAPTER 5

POWER OF THE SPOKEN WORD

말의 힘

말은 위대한 힘을 가지고 있다. 그러하기 때문에 우리는 말을 잘 선택해서 해야 한다.

인간은 일단 선택한 말에 힘을 실어준다. 부정적인 말은 우리가 선택하지 않는 한, 우리가 힘을 실어주지 않는 한 본래 아무런 힘도 없다. 말에는 말하는 사람에 의해서 힘이 주어진다. 물론 동양 철학에서 말하듯이, 말에 앞서 생각이 더 중요하다는 사실은 두말할 필요도 없다. 생각은 말의 배후에 있는 원동력으로, 생각으로 말미암아 말에 힘이 실리게 된다. 대사들이 그러하듯, 말에 창조적인 힘이 실리면 그야말로 창조력을 가지게 되는 것이다.

✣ 태초에 인간에게 만물을 지배하는 권한이 주어지지 아니했던가? 그렇다면 그 권한은 아직도 인간에게 있는 것이다. 다른 무엇이 인간을 지배하는 듯이 보이는 것은 인간이 힘을 부여하기 때문이다. 비록 힘이 외부 환경이나 외부 사람에게 있는 듯이 보여도, 실제로는 자기 자신 안에 있는 것이다. 왜냐하면, 그 힘을 보고 느낄 수 있는 것도 자기 자신 안에 보고 느낄 수 있는 마음이 있기 때문이다. 그러므로 자기 자신의 마음 작용과 반작용을 지배할 수 있으면 그 힘을 지배할 수 있다. 자신의 마음을 지배하려면 마음을 신성 원리(Divine Ideal)에 완전히 합일시켜야 한다. 이것이 천지간에

있는 일체의 힘을 장악할 수 있는 비결이다.

생각의 힘이 실리지 않은 채 막연히 한 말은 현실화되지 않는다. 말 속에 생각을 통하여 힘이 부여될 때, 말한 그대로 이루어지는 것이다. 말하는 데 신중을 기해야 하고 말을 잘 가려서 해야만 하는 이유가 여기에 있다.

말의 배후에서 말이 현실화되도록 하는 힘이 바로 우리가 알고 있는 에너지이다. 대사들이 말하듯이, 이 에너지는 말할 때에 나오는 단순히 생리적인 에너지를 말하는 것이 아니라 말이 현실화되도록 하는 에너지이다.

예수는 이르기를, "내 말은 영이다. 생명이다. 말한 그대로 이루어진다"고 하였다. 영은 우주를 창조한 원인이다. 우리가 하는 말은 영이 배후에서 작용할 때 비로소 힘을 갖게 된다. 이것은 씨앗 자체에는 아무런 힘도 없으나 자연의 힘에 의하여 싹트고 자라날 수 있듯이, 말도 이와 같다는 뜻이다. 씨앗은 자연력의 그릇이요, 실행 수단이다. 말도 이와 같이 영의 힘을 담는 그릇이요, 실행 수단인 것이다. 성서에서는 "말씀이 씨앗이다"라고 하였다. 자연의 힘이 씨앗에 작용하듯 영의 힘이 말에 작용한다. 이러한 진리를 깨닫는다면, 말에 힘을 부여할 수 있는 가장 중요한 포인트를 아는 것이다. 의미 없이 하는 말은 인간을 최면 상태로 들어가게 할 수는 있어도, 본래 아무런 힘도 가지고 있지 못한 까닭에 아무런 창조력도 없다. 부정적인 말을 듣고 공포심을 느끼면, 최면적인 에너지가 더해져서 그 영향력이 더 커진다. 부정적인 말에 힘이 있다고 생각하는 것은, 마치 악마라는 낡은 관념을 현대화한 것과 같다. 이는 신의 힘만이 존재한다는 진리를 위반하는 것이다. 이 우주에서 궁극적인 선善에 반대되는 힘은 존재하지 않는다. 반대되는 듯이 보이는 것은 우리 마음속에 있는 거짓으로 우리 마음이 신의 목적에 거스르는 작용을 했기 때문이다. 우주의 창조적인 흐름, 즉 신의 목적, 신의 의지는 빛이 어둠을 사라지게 하듯 인간의 무지를 사라지게 한다.

✣ 자동차 실린더 자체는 힘이 없는 것과 마찬가지로, 인간이 하는 말 자체도 아무런 힘이 없다. 실린더는 에너지 전달 장치에 불과한 것으로, 실린더 속을 통과하는 에너지의 양과 종류에 따라 실린더 속의 힘이 결정된다. "내 말은 영이다"라고 예수가 말한 것은 신의 동력이 예수의 말을 통하여 전달된다는 뜻이다. 병을 고치는 것은 말을 중개로 한, 역사하는 에너지인 것이다. 진리가 아닌 것, 허망한 것을 앞에 두고 진리를 선언하면 허망함은 사라진다. 진리와 허망함, 빛과 어둠이 교차하는 이 세상에서는 항상 이 생각을 잊지 말고 살아가야 한다.

대사들이 말을 하면, 말 그대로 실현된다. 말이 실현되기까지 시간이 걸리지도 않는다. 사실 말 속에 에너지, 즉 영이 살아 있다면 시간이 걸리지 않고 즉각 실현된다. 대사들이 말하듯이, 말의 배후에 참된 생각만 있다면 그 참된 생각이 원동력이 되어 즉각 이루어진다. 그런데도 서구 사회에서는 말을 강력한 힘이 있는 것으로 보지 않는다. 따라서 무슨 말을 하더라도 그 배후에는 에너지가 따르지 않으므로 아무런 힘도 없게 된다. 이렇기 때문에 꼭 어린아이가 재잘대는 것과 같이 말하고 있다. 말의 가치도 모르고, 말 속에 힘을 부여할 줄 모르기 때문에 이러한 현상이 생기는 것이다.

✣ 여기서는 학생(수행자)들이 한가로이 잡담이나 하고 있는 것이 얼마나 중요한 기회를 놓치게 되는 일인가를 말해주고 있다. 이 사실을 잘 알고 지혜롭게 나아가는 사람은 평범한 경지를 벗어날 수 있는 길이 열린다.

적절한 선택을 거쳐 말하거나, 힘을 가진 상념이 말에 실려야 한다. 그러나 이것은 내 의지나 내 힘만으로 말하는 것이 아니라, 말 본래의 힘으로 하는 것이다. 말 본래의 힘이란 물론 영의 힘이다. 영의 힘이 들어 있는 말은 이미 고도로 선택된 우주 창조 목적에 상응한 상념이 들어 있다. 이처럼 우리의 의지로 말을 하지만, 말에 힘을 주는 것은 의지가 아니다. 우리의 의지로 무슨 말을 할까 하고 선택할 수는 있지만, 힘은 영에서 나온다. 말의 의미나 용도를 잘 생각해서 선택하면, 때와 장소에 알맞은 말을 할 수 있게 될 것이다.

✣ 주의 깊게 고려해야 할 사항이다. 실재를 받아들이기만 하면 자연히 실재 속에서 힘이 나오지만, 지금보다는 나을 것이라고 제멋대로 생각하고 무리하게 주장하는 것은 잘못된 것이다. 주어진 것을 받아들이는 것은 강제적인 의지와는 다르다. 주어진 선물을 받아들이는 것은 상대방이 줄 생각이 없는데도 억지로 달라고 해서 받는 것보다 훨씬 효과적이다. 올바른 진리를 받아들이는 것은 개인의 의지를 강화시키는 것이 아니다. 우리 자신이 완전하다는 관념을 갖는다고 완전해지는 것이 아니다. 완전은 이미 사물이 질서있게 수립되었다는 것을 자각하는 데서 생기는 것이다.

이 일을 안다면 부정적인 말에 대하여 품고 있는 공포심이 없어질 것이고, 말을 더 지혜롭게 선택하고 좀더 잘 사용할 수 있을 것이다. "하느님의 뜻대로 생각한다"는 영적인 힘의 진수를 말한 것이다. 하느님의 뜻대로 생각하여 나온 말은 그야말로 천지를 창조하신 힘이 들어 있다. 인간의 말이란 자신의 타고난 영적인 본성을 나타내는 출구인 것이며, 이 영적인 본성을 외부 세계에 실현하는 수단이 된다. 가장 높고 가장 건설적인 이상에 일치된 말을 하면, 불가능한 일도 가능한 일로 변할 수 있다. 다시 말하면, 상념이 신의식에 가까울수록 말 속에 들어 있는 힘이 커지며, 현실화도 그만큼 커지게 되는 것이다.

✣ 본 항에 의하여, 부정적인 말에 사람을 지배하는 힘이 있다는 관념에서 해방될 수 있다. 부정적인 말은 시간만 낭비할 뿐이요, 최면 상태를 더할 뿐이다. 이상이 높아지면 높아질수록 상념도 순수해지고 강력해진다. 최고로 빛나는 말은 최고로 깨달은 상태에서 나오는 것이다.

동양의 현인들이 말했듯이, 말을 잘 가려서 사용한다면 털끝만치도 원리에 어긋나지 않는 삶을 살 수 있을 것이다. 말을 잘 가려서 사용한다면 부정적인 상태에 힘을 실어주지 않게 되고, 단 하나의 궁극적인 목표에만 힘을 집중할 수 있게 된다.

인도 아리안 민족들은 이렇게 표현하고 있다. "인간은 말의 창조주이다. 따라서 인간은 말을 선택하는 자요, 말의 주권자이기도 하다." 이 사실을 올바르게 알고 있으면 부정적인 말에 힘을 실어주는 일은 하지 않을 것이다. 좋은 일이 이루어지길 바라면서 부정적인 생각이나 부정적인 말은 할 수 없을 것이다. 실현하고 싶은 대상의 형태를 명확히 생각하는 것이 창조를 가능하게 하는 첫째 조건이 된다. 이렇게 해서 인간은 입 밖으로 낸 말을 지배하게 되어 말의 주권자가 되는 것이다.

✣ 인간이 만물을 지배할 수 있는 권한을 얻으려면 먼저 자기 자신부터 지배할 수 있어야 한다. 또한 인간은 자신을 지배할 수 있는 주권도 가지고 있다. 인간이란 존재를 하늘의 왕국에다 비유한다면, 자신의 왕국에서 영토를 지배할 수 있는 지배권을 가진 왕이라 할 수 있다. 오직 무한한 우주를 지배하는 법칙이 인간을 지배한다. 인간 스스로 지배할 수 있는 지배권이 원리의 실재에 따라 행사될 때 비로소 인간세계는 천국이 된다.

그러면, 긍정적(적극적)인 말은 무엇이냐고 물을 것이다. 이것은 실재가 적극적으로 선언된 말이다. 물론 실재의 어느 면을 선언하는가 하는 것은 사람에 따라 다르다. 가장 강력한 말은 처음의 말, 즉 신이다. 이 원리로 복귀하고, 이 원리를 기반으로 해서 말을 하는 것이 필요하며, 말을 할 때는 적극적으로 표현해야 한다. 이때 말에 큰 힘이 실리게 된다. 항상 최고의 말인 신이 키워드가 되어야만 한다. 그러면 말을 할 때 항상 적극적인 말을 선택할 수 있게 된다.

마치 수학에서 계산 단위가 1에서 시작되듯, 모든 말은 단 하나의 원리에서 시작된다. 신은 존재 그 자체요, 신이 그러한 고로 나도 존재 그 자체이다. 신이 생명이기 때문에 내가 생명이고, 신이 지혜이기 때문에 내가 지혜이고, 신이 능력 있기 때문에 내가 능력 있고, 신이 본질 그 자체이기 때문에 나도 본질 그 자체이다. 산스크리트에서 아버지라는 말은 최초로 움직이는 자라는 뜻이 있는데, 이와 같이 인간의 마음속에서 첫째로 움직이는 것은 항상 유일 근원에서 나온 것이고, 이것이 인간의 의식 속으로 들어간다. 신의 실재에서 유래하지 않는 것을 인간의 의식 속에다 집어넣는 것은 내부 생명에 불순물을 섞는 짓이 되어 자신 속에 있는 신성의 충만함을 보지 못하게 한다. 완전한 생명의 실재에 자기 자신을 의탁하고 예루살렘(Jerusalem-his contact with The All)에 머무르면 완전한 신의 영, 즉 성령이 자신의 생각과 말과 행동을 주관하는 동기 에너지가 된다.

인간은 자기 능력 이상의 것을 실현시킬 수 있는 힘을 가진 생각이나 말을 할 수 없다. 왜냐하면 인간은 생각하고 말하는 대로 행동범위가 결정되기 때문이다. 따라서 인간은 자기가 생각하는 대로 자기 한계가 결정된다.

보통 사람들은 말의 참뜻을 모르면서 말을 하고 있다. 말이란 마음의 어떤 과정을 전달하고 확장하는 데 사용되는 수단에 불과한 것이다. 마음에 없는 것을 말로 전달할 수는 없다. 웹스터 사전에는 "이름"은 사물의 "본질적인 것"을 나타낸다고 쓰여 있다. "나는 행복하다"라고 단순히 말한다면, 다른 사람들은 별다른 반응을 보이지 않을 것이다. 마음이 약간 기쁜 상태에서 말했을지라도 다른 사람들이 큰 반응을 보이지는 않을 것이다. 그러나 마음에 기쁨이 넘쳐 얼굴이 빛난다면, 주위 사람들은 완전히 수긍하고 인정할 것이다. 이와 같이 말이라는 것은 의식의 어떤 특정한 상태를 나타낸 것에 불과하다. 아무런 뜻도 없이 하는 말은 의식이 들어가 있지 않은 말이요, 영적인 실재를 실현시킬 힘이 없는 말이다. 우리가 하는 말은 그야말로 말하는 사람 수준 그대로인 것으로, 말의 내용은 말하는 사람의 의식에 따라 결정되고, 말하는 사람의 의식은 그 사람의 지혜 수준에 따라 결정된다.

말의 효과를 얻으려고 꼭 반복할 필요는 없다. 참되기만 하면 처음 말로서 충분하며, 일단 말한 것을 충실히 지키는 일밖에는 따로 할 것이 없다. 다만 반복해서 말하는 것은 말 속에 있는 가능성에 일치하게 하는 효과적인 수단이 되기도 한다. 한 문장을 계속 되풀이하면 그 의미가 분명히 드러나기도 한다. 그러나 내부의 실재를 향한 마음이 없고서는 최면적인 효과에 그칠 뿐이다.

말을 되풀이해도 자신에게 최면만 걸지 않는다면, 이 되풀이는 말의 배후에 있는 실재에 동조하게 하여 실현할 수 있는 가능성을 높이기도 한다. 그러므로 어느 시점까지는 되풀이할 필요가 있으나 말이 자신 속에서 확립되었을 때에는 되풀이할 필요가 없다. 다시 말하면, 말이 분명히 확립되었다는 것을 알게 될 때, 되풀이는 필요 없게 된다. 그러나 진실로 보면, 말은 처음부터 확립되어 있는 것이므로 꼭 되풀이할 필요조차 없는 것이다.

말한 효과가 분명히 드러나지 않았다고 해서 그 말의 효과가 전혀 없다고 단정 지어서는 안 된다. 이러한 경우, 가장 좋은 방법은 효과가 이미 실현되었다고 보고 감사하는 일이다. 이렇게 함으로써 의혹으로부터 벗어날 수 있는 계기가 되기도 한다. 효과가 지금 나타나지 않았다고 해서 말을 계속하여 되풀이하면 오히려 의혹만 생기게 된다. 그러나 감사하면 실현되었다는 기분도 생기고, 그 말대로 된다는 확신도 갖게 된다.

✣ 말을 한다는 것은 지금까지 없던 것을 새로 창조하는 것이 아니다. 이는 인간의 마음을 확장시켜 태초로부터 존재해왔던 것을

깨닫는 것이다. "아브라함이 있기 전부터 내가 있었다"는 그리스도의 말씀은 영적인 실재를 말한 것이다.

말을 단순히 반복한다고 해서 현실화가 확실해지는 것은 아니다. 말이 현실화되는 것은 존재 그 자체(IS)와 일치할 때 이루어진다. 따라서 지금 여기에서 이미 실현되었다고 감사하면, 조화로운 관계 속으로 좀더 들어가게 되어 실현 가능성도 좀더 높아진다.

어떤 것이 명확한 형태로 나타나는 것은 지금까지 없었던 것이 새로 나타난 것이 아니라, 실재 속에 이미 있는 것을 마음의 눈을 떠 본 것뿐이다. 이렇다면 일은 극히 간단하다. "네가 보고 있는 땅을 너에게 유산으로 주겠다." 이 성경 구절에 모든 신비가 들어 있다. 신비라 함은 영 안에서 실재이며, 모든 곳에서 모든 계층에서 실재이다. 계층이라 함도 영적인 한 계층만 있을 따름이다. 마음이 확장되어 영적인 실재를 깨닫게 되면, 영적인 실재가 현상계에서 구체화되는 것은 확실하다. 만약 그것이 신 안에서 실현된다면, 신은 전체이므로 전체가 다 그렇게 된다. 결국 이것은 우리가 자각을 하느냐 못하느냐에 달려 있다. 이러한 자각도 영적인 실재를 깨닫는 데까지 나아가야 한다.

이것이 예수가 일하시는 방법이다. 예수에게는 모든 말이 확고했다. 그는 말씀이 이미 이루어져 있음을 알고 있었으므로, 그 높은 자각력에 의하여 말의 힘과 권위도 높아진 것이다. 인도인들의 경우도 이와 같다. 인도인들은 일을 할 적에 "그 일은 이미 완결되었다"고 말한다. 이미 완결되었다고 생각하고, 완결된 태도를 취한다. 이렇게 하면 일을 반복하지 않고도 훨씬 더 많은 일을 성취할 수 있고, 더욱더 강력하게 일을 추진할 수 있게 된다.

✣ 최면 상태의 베일, 종교의 베일, 사원의 베일*을 꿰뚫고 볼 수 있도록 하고, 이미 완전하고 분명히 드러난 만물에 눈뜨도록 마음을 훈련하는 것, 이것이 마음을 훈련하여 볼 수 있도록 하는 일이다.

병을 치료할 때 보통 의사들은 처음부터 병과 건강을 대립시킨다. 즉 병과 건강의 두 가지 상태를 인정하는 잘못을 범하는 것이다. 그러나 동양에서는 이처럼 생각하지 않는다. 건강하기를 바란다면 이미 건강해졌음을 믿고 건강함만 생각하라. 완전함을 바란다면 이미 완전함을 믿고 완전함만 생각하라. 완전함은 질병과 건강의 상대적인 개념이 아니다. 완전함은 영원히 이루어진 실재요, 모든 계층에서 그 자체로서 완전한 것이다. 동양 철학에 의하면, 건강과 질병이라는 상대적인 생각은 인간의 관념에서 나온 망상일 뿐이다. 지금 건강에 관한 생각과 5년 후 건강에 관한 생각이 똑같지는 않을 것이다. 이는 건강에 관한 생각이 상대적인 관념에서 나온 것이기 때문이다. 존재 그 자체 속에 상대적인 것은 없다. 모든 것이 완전하고, 이미 이루어져 있다. 따라서 참된 의사는 상대방을 실재(reality)로 볼 뿐 병든 사람으로 보지 않는다. 즉, 상대적인 것을 보지 않고 완전함을 본다. 예수 또한 상대적인 것을 보지 않고 언제나 완전함만 보았다. 그는 항상 완전함 속에 거하였고, 완전한 말씀만 하였다.

2 더하기 2를 3이라 하거나, 5라 한다면 올바른 답이라 할 수 있겠는가? 2 더하기 2는 4인 것으로, 정답이 나오면 틀린 답은 사라진

---

* 눈에 보이는 종교 사원이나 형식적, 의례적인 종교의식, 교리, 도그마에 빠져 진리를 보지 못하는 것이라 할 수 있다.

다. 정답보다 많거나 적은 것은 정답이 아닌 것처럼, 완전한 원리가 적용되면 정답이 나오게 마련이다. 건강과 질병이라는 상대적인 관념이 있는 것도 우주에 확립되어 있는 완전한 질서에 다다르지 못했기 때문이다. 완전함에 미치지 못하는 것은 완전함이 아니다. 완전함에 미치지 못하는 양극단에 얽매이지 말아야 할 것이다. "하늘에 계신 아버지가 완전하심같이 너희도 완전하여라.(마태복음 5:48)"

✣ 정신치료가뿐만 아니라, 불행에 빠진 친구를 도우려는 사람에게 좋은 충고가 될 것이다. 이제까지의 정신 훈련이란 대부분 최면술적이어서, 암시라는 방법을 사용하여 지금의 상태보다는 좀더 나은 상태로 대치하는 것에 불과했다. 신은 인간이 자신의 완전함을 인식하기를 기다리고 있는데, 무엇 때문에 한 인간의 불완전한 관념을 다른 사람에게 주입하려 드는가?

대부분의 사람들은 입으로는 완전한 상태를 말하지만, 그 순간 반대되는 상태를 생각하기에 완전한 상태가 나타나질 않는다. "너희 눈이 하나가 되면, 너희 몸은 빛으로 충만할 것이다"라고 한 말씀 그대로이다. 롯의 아내는 두 마음을 가지고 뒤를 돌아보았기에 소금 기둥이 되었다(창세기 19:26). "그러므로 이후로는 영원히 완전함만을 보라"고 예수는 말하였다. 우리가 완전함만을 보면 그리스도 의식이 나타난다. 한쪽이 확립되면 다른 쪽도 확립되는 것처럼, 내부의 그리스도 의식이 나타나면 외부에도 그리스도 의식이 나타난다.

✣ 좋게 될지 나쁘게 될지 결과를 전혀 생각하지 않고 실재를 추구하면, 잃는 것은 미망이요, 얻는 것은 진리이다. 그런데 왜 주저하는가?

참된 영적 치료는 치료받는 사람의 영적 발달 수준에 따라 다르게 나타나는 것이 아니다. 따라서 치료받는 사람의 의식 수준을 걱정할 필요는 없다. 질병이란 서로 대립되는 것을 기반으로 하는 것으로 대립이 사라지면 질병 또한 사라진다. 오직 영적인 실재만이 존재하는 것이기 때문에, 우리가 완전한 상태에 들어가면 우리의 의식도 완전해진다.

말씀은 창조 행위의 본질이요 핵심이기 때문에, 말씀하는 것은 결코 최면술이 아니다. 말씀으로 치료하는 것은 병을 없애고 건강이라는 관념을 심어주는 것이 아니다. 관념을 심어주는 행위는 최면술에 불과하다. 말씀하는 것은 진리를 말함이요, 진리는 과거, 현재, 미래를 통하여 언제나 진리인 것이며, 누구에게라도 어떠한 곳에서도 항상 진리인 것이다. 최면이란 불완전한 관념을 가진 인간이 불완전한 의식으로 하는 것이다.

돌이켜보면 다 자기 안에 있는데, 자기 스스로 구할 생각은 하지 않고 남의 도움만 요청하는 것이 문제이다. 도와준 사람도 도와주었다는 의식을 가지면 안 될 것이다. 도와주는 사람이 그리스도의 바른 빛(the Christ Right Ray)을 보내면, 도움을 받는 사람의 내적인 실재를 일깨우게 된다. 이것은 도움을 주는 자, 받는 자를 동시에 해방시키기도 한다. 왜냐하면 처음부터 있었던 실재만을 취급했기 때문에 실재만이 실현되기 때문이다. 완전함 속에서 일을 한다고 해서 개인 의지에 반하여 일을 하는 것이 아니다. 오히려 잘못된 습관과 관념에 얽매인 개인 의지를 구해주는 일이 된다. 인간의 의지 또한 완전함을 지향한다. 결국 누가 누구에게 영향을 끼치는 것이 아니라, 상대방 속에 있는 완전한 실상을 불러일으켜 본인의 주의를 그곳으로 이끄는 것뿐이다.

우리가 말을 항상 영으로 본다면 그 말에 항상 힘이 있게 된다. 말이 곧 영이 된다. 그러면 우리 자신이 결정권을 갖게 된다. 우리는 힘 자체인 동시에 힘을 표현하는 자이고, 말에 힘을 갖게 하는 결정권자이기도 하다. 약의 힘도 똑같은 이치이다. 약은 환자의 마음을 확장시켜 우주의 창조적 권위가 들어오도록 하는 전달자 내지는 수단에 불과하다. 신이 의사 속에, 환자 속에, 약 속에 있다. 따라서 약을 먹고 나은 것은 본래의 완전한 모습이 나타난 것뿐이다. 우리가 항상 완전함만 생각하고 완전함이 나타난 것만을 마음속에 품는다면, 약 같은 것으로부터 해방될 것이며, 오직 진리의 말씀만으로도 치료될 수 있을 것이다.

고뇌에 허덕이는 인간을 구제하기 위해서는 어떠한 방법이 있겠는가? 여러 가지 수단과 방법이 있겠지만, 진실로 효과 있는 방법은 오직 하나뿐이다. 우리가 완전을 최고 이상으로 삼는다면 다른 어떠한 수단도 필요치 않을 것이다. 아무리 좋은 수단이라도 그 사람에게 맞아야 하며, 각 개인마다 맞는 수단이 다르다. 모든 수단과 방법도 결국은 완전을 향하여 나아가게 한다. 어떤 사람은 약이 아니면 안 된다고 생각하고, 또 어떤 사람은 믿음이 아니면 안 된다고 생각한다. 그러나 무슨 방법을 취하든 간에 나타나는 것은 완전이라는 원리이다. 최고의 이상만이 신성한 원리 속에 있는 힘을 온전히 받을 수 있다. 그릇이 크면 클수록 더 많이 담을 수 있다. 그릇과 그릇 속에 담은 것이 일체가 될 때, 즉 완전해질 때 모든 차원에서 또한 완전해진다.

✣ 치료하는 자와 치료받는 자의 정도의 차이가 어떠하냐에 따라 치료의 성공 여부가 결정된다. "살리는 것은 영이다." 치료 효과는 시술 중 들어 있는 영의 정도에 따라 결정된다.

먼 데 있는 환자를 치료하는 원격 치료가 가능한 것은 상념의 힘이 말보다도 더 빠르고 강력하기 때문이다. 말이나 소리는 물질 차원에 속하는 것으로, 목적지에 도달하기 위해서는 공간을 통과해야 하고 시간이 걸리지만, 상념은 시간과 공간에 구애받지 않는다. 상념은 태양이나 지구의 중심 속까지, 기타 어느 곳에라도 지체 없이 도달할 수 있다. 이것은 상념이 시공을 통과하여 도달하는 것이 아니고, 상념이 일어난 순간 이미 그곳에도 상념이 존재하기 때문이다. 영의 세계에서 실재는 무소부재한 것이다. 이 사실을 아는 사람은 고양되어 실재 차원에까지 높아진다. 우리가 낮은 차원에서 실재 차원까지 높아진다면, 만물을 실재 차원에서 만날 수 있다. 누군가를 완전한 경지까지 이끌어주는 것은 내 힘으로 되는 것이 아니다. 내 조그만 힘으로 누군가를 이끌려고 하는 것은 마치 곡괭이와 삽만 가지고 땅을 파서 지구 중심부까지 가려 하는 것과 같이 어리석은 짓이다.

우리가 알고 있는 어떤 인도 사람은 폭풍우 속을 걸어도 비에 젖지 않았다. 우리는 그가 불을 끄고 폭풍우도 멈추게 하는 것을 보았다. 인간이 말씀에 거한다면, 인간 자신이 신의 말씀이 된다. "만약 너희가 내 말씀 안에 거하고 내 말이 너희 안에 거한다면, 내가 너희 안에 있는 것 같이 너희도 내 안에 있으리라"라는 말씀은 바로 이를 가리킨다. 예수가 백부장의 하인을 고쳤을 때(마태복음 8:5), 3차원 세계에서 눈에 보이는 무엇을 보낸 것이 아니었다. 말씀으로 만물이 창조되었고, 그리스도 예수는 말씀 그 자체이다.(Jesus, or Christ, WAS the Word himself) 예수가 한 말씀은 시공을 지나서 백부장의 하인에게 도달한 것이 아니고, 말씀이 그리스도와 함께 있듯이 백부장의 하인에게 함께 있던 말씀이 그리스도의 말씀을 통하여 깨어난 것이다. 예수는 다만 우주적 진리, 영적 실재를 말했을 뿐이지만 이를 받아들인 사람은 진리에 눈뜨게 된 것이다.

✣ 병자가 면전에 없어도 치료할 수 있다는 것을 설명했다. 영은 없는 곳이 없다. 영이 시공에 두루 존재해 있는데도 우리가 인식하지 못할 뿐이다.

"우리가 하늘에 있다고 생각하는 약(remedies)도 실은 우리 자신 속에 있네." — 셰익스피어

CHAPTER 6

CONSCIOUSNESS

의식

의식이란 인간이 지각하고 있는 상태를 말한다. 의식이란 마음이 무엇을 아는 능력인데, 이 아는 능력이 인간의 이해력을 결정한다. 인간에게는 참된 것과 거짓인 것, 그리고 진짜인 듯하나 실제로는 가짜인 것을 구별할 수 있는 능력이 있다. 지금 나의 상태가 참인지 거짓인지는 자신의 지각 상태, 의식 상태가 참인가 거짓인가에 달려 있다.

의식은 최고의 속성을 나타내야 하고 최고의 속성에만 연결되어 있어야 한다. 우리의 의식을 신의식까지 높이면 자신을 포함하여 모든 것이 최고의 상태에 있게 된다. 이 상태에서는 모든 조건과 모든 상황을 꿰뚫어볼 수 있다. 이 상태에서는 대사들이 말하듯이, 이제까지의 육체적, 물질적인 것과 영적인 것 사이에 있는 것 같이 보이던 장벽이 사라진다. 여기에는 아무런 제약이 없다. 죽어야 할 것, 물질적인 것은 완전히 사라지고, 참된 것, 영적인 것만이 존재하게 된다.

✣ 자기 자신을 물질적 존재라고 생각하는 것에서 벗어나 영적인 존재임을 자각하는 것이 온전한 인간을 이루는 일이다. 이렇게 해야만 인간의 의식이 구조적으로 변할 수 있고, 인간의 의식이 변해야만 다른 모든 변화가 이루어진다. 이렇게 되면, 진리와 허위, 참지혜와 무지를 구별할 수 있는 능력이 생긴다. 자기 자신을 영적인 존재로 자각한다는 것은 자기 자신이 무한한 영의 소생이며, 영 안

에 있는 모든 힘과 권능과 일체라는 자각에 들어가는 것이다.

이 영적인 의식은 감각을 배제하지 않는다. 오히려 감각은 인간이 최상의 의식 상태에 있을 때 올바르게 발휘된다. 참된 영적 상태에서는 감각이 올바르게 활동하게 된다. 감각이 올바른 통제하에 있지 못할 때에는 그 활동이 제한되나, 영적인 실재에 의해서 통제될 때 감각은 올바르게 활동하게 된다. 그와 같은 상태를 일러 감각이 열렸다고 한다.

✣ 깨달았다고 해서 외부의 감각 활동이 없어지는 것이 아니다. 오히려 더 고양되며, 제약되고 잘못된 정보가 들어가는 입구가 되지 아니하고, 깨달은 지혜가 나오는 출구가 된다.

트랜스 상태가 어떠한 상태인가 하는 질문을 종종 받는다. 트랜스 상태는 감각이 부분적으로 발휘된 것에 불과하다. 의식을 트랜스 상태에 두지 말고 참된 상태, 완전한 상태에 두어야만 한다. 인간의 부분적이고 불완전한 의식이 완전한 의식과 하나가 될 때, 인간은 결코 트랜스 상태나 자기를 파괴할 수 있는 위험성이 있는 최면 상태에 들어가지 않는다.

✣ 외부의 제한된 힘이나 그릇된 지식에 속박당하지 않고, 자기를 잘 통제하는 것이 생명을 올바르게 표현할 수 있는 길이다.

사람들은 의식을 여러 단계로 나누기를 좋아한다. 그러나 의식은 나누어질 수 없는 것이기 때문에 의식을 여러 가지로 분류할 수는 없다. 의식은 하나요, 전일한 것이다. 억지로 의식을 분류하려는 짓은 망상에서 나온다. 의식을 여러 가지로 분류하면 언뜻 보아 대단히 정밀하게 보이므로, 고도의 통찰력이 없는 사람은 미혹되기 쉽다. 그러나 원래 의식이 하나이기 때문에, 의식을 하나로 보는 편이 훨씬 이해하기가 쉽다. 인간이 의식을 나누고, 그 나누어진 의식을 의식의 속성이라고 부르지만 사실은 결코 그렇지 않다.

교사라면 누구든지 학생들에게 가르침을 쉽고도 분명히 전달하려 할 것이다. 이럴 때는 한 가지만 가르치는 것이 여러 가지를 가르치는 것보다 훨씬 더 쉽다. 가장 단순한 것이 가장 분명한 것이다. 우리가 의식을 여러 가지로 나누면 그 나누어진 의식이 의식의 속성이려니 생각하게 된다. 그러나 인간은 한 가지만 생각할 수 있도록, 한 가지만 볼 수 있도록 되어 있다. 두 가지 이상을 동시에 본다는 것은 참으로 어렵게 되어 있다. 따라서 우리의 눈은 한 가지만 주시하는 것이 좋다. 지나치게 구분하다 보면 혼란이 일어나 부정적인 의식에 빠지기 쉽다. 지나치게 의식을 구분하는 것은 상징주의에서 비롯된 것으로, 상징주의로는 의식에 대해서 충분히 설명할 수가 없다. 더구나 상징주의는 지나가버린 과거의 사상이고, 지금의 인류의식은 상징주의를 졸업한 상태이다. 대사들은 말하기를, 인간의 의식은 대낮과 같이 순수한 빛의 상태에 있다고 한다. 이러한 완전한 빛 상태인 의식을 우리의 목표로 삼아 나아가야 하는데, 구태여 의식을 여러 가지로 나눌 필요가 있겠는가?

음식물을 먹고 소화시키고 흡수하는 일, 즉 음식물이 에너지로 변하여 몸을 구성하는 원리를 생각해보자. 이와 같은 작용을 따로따로 취급해서 어느 장기는 어떤 작용을 하니까 무슨 음식을 먹어야 하고, 또 어느 장기는 어떤 작용을 하니까 무슨 음식을 먹어야 한다며 식사 때마다 일일이 생각하고 먹는 사람이 과연 있겠는가? 음식물을 먹고 소화하여 몸에 필요한 에너지를 얻기까지는 여러 과정을 통과해야 한다. 그러나 이는 몸이라는 단일 조직체에서 생기는 단일 과정이요, 하나의 시스템 내에서 일어나는 자동 조절 과정일 뿐이다. 정상적인 육체 상태에서 홀로 독립하여 작용하는 기관은 없으며, 그러한 기능도 없다. 즉 전체 조직체 안에서 작용하는 하나의 기관이요, 기능일 뿐이다.

✣ 인간의 의식이 흐려진 것은 인간의 의식을 부분적으로 보고 있기 때문이다. 부분적으로 의식하는 것은 완전하게 의식하는 것이 아니다. 마음이란 단일한 것이며 단일한 기능을 하고 있고 단일한 과정을 거쳐서 작용하는 것이지, 여러 기능이 있고 여러 과정이 있는 것이 아니라는 사실을 새로 등장한 심리학은 밝히고 있다. 먹고 씹고 소화하는 것이 육체의 단일한 기능인 것과 같이 의식은 영적 인간의 기능이다. 물질적인 것은 영적인 것의 외부 복사품이다. 따라서 외부에 나타난 것은 영적인 것의 표상(symbol)에 불과하다.

육체란 육체 안에 있는 그 사람의 본질, 즉 영혼의 표상일 뿐이다. 다시 말하면 육체는 활동하는 의식의 표상이다. 의식은 전 과정이 단일하며, 자율적으로 움직인다. 현재의식, 잠재의식, 초의식이 개별적으로 존재하는 것이 아니다. 다만 실재라는 단 하나의 살아 있는 의식만 있을 뿐이다. 이를 확실히 알면 상징주의나 최면술로부터 벗어날 수 있다.

참된 의식이 무엇인지도 모르면서 의식의 낮은 단계인 심령술을 행하는 사람이 있다. 이것에서 벗어나는 길은 그냥 버리고 전체와 하나 되는 것뿐이다. 이것이 바울이 말한 "죄 속에서 죽고, 하느님 안에서 산다"는 뜻이다. 차이점이 있다면 본인이 자각을 했는가, 남이 가르쳐주어서 알았는가 하는 것뿐이다. 투시(clairvoyance)* 란 원래 분명히 본다는 뜻이었는데, 이제는 부분적으로 보는 것, 흐릿하게 보는 것으로 뜻이 변질되어버렸다.

투시나 투청(clairaudience)** 같은 감각이 발현된 초능력이 있으나, 이것은 결코 전체가 아니고 전체에 이르게 할 수도 없다. 이런 초능력이 생기면 잘못되거나 부정적인 관념에 빠지기 쉽다. 그러나 우리가 전체의 기반 위에 확고히 서면, 잘못될 염려도 없고, 부정적인 관념에도 빠지지 않는다. 우리는 진리를 명확히 알아야만 한다. 최면술의 또 다른 형태인 영매(mediumship)를 통해서도 진리에 도달할 수 없다. 이러한 것들은 오히려 영적 발전에 장애가 될 뿐이다.

✣ 순수한 지식은 순수한 비전에서 나온다. 비전이란 신의 원리 안에 있는 영적인 실재를 통하여 보는 것이다. "눈을 들어 하늘을 본다"는 말은 순수한 비전, 순수하게 보는 것을 말한다. 보통 투시나 천리안이라 하는 것은 인간의 감각을 정신적이고 심령적인 에테르 수준까지 확장하여 보는 것이다. 그러나 순수한 비전은 오직 진리의 빛에서만 가능하다.

높은 차원에서 보면 모든 감각기관은 하나요, 완전히 동등하다.

---

* 천안통, 통찰력이라는 뜻도 있다.

** 천이통天耳通이라는 뜻도 있다.

또한 육체라는 단일체 속에서 움직이는 지체나, 기관, 세포 하나하나도 똑같이 동등하다. 그런데 육체의 일부 기관이나 세포가 잘못된 파동을 갖는 경우가 있다. 새로 만들어진 세포들은 원래 속해 있던 기관에 부착되어야 하는데, 그렇지 못하는 경우가 생긴다. 그 소속된 파동장을 벗어나서 다른 기관에 부착되면 그 기관에 부조화가 일어난다.***

육체의 중추기관이나 어떤 특수한 기관에 특별한 정신 집중을 하여 그곳을 극단적으로 강화시키는 수행법이 있다. 이는 최면 상태를 더욱 강화시키는 방법으로, 잘못하면 부조화가 극단적으로 일어날 수 있는 대단히 위험한 수행법이다. 우선 최면의식이란 부분 의식에 불과한 것으로, 어떤 특정한 형태나 방향에만 의식을 집중하는 것이다. 의식은 나누어지면 나누어질수록, 분리되면 분리될수록, 더욱더 최면 상태가 강화된다. 이렇게 의식이 분리된 상태를 계속하면 최면 상태는 틀림없이 확고해질 것이다. 우리의 주의를 전체, 완전한 하나됨 속으로 향하게 하면 약동하는 에너지가 육체뿐만 아니라 의식 전체에 흐르게 된다. 그렇게 되면 전 기관에 완전한 조화 상태가 나타나게 된다.

✣ 최면술에서 흔히 볼 수 있는 일이지만, 인간에게 어떤 관념을 강제로 주입시키려는 행위나, 육체의 에너지 센터를 깨우기 위한 수행법이 있다. 일단 주입된 관념을 받아들이면 그 관념에 속박되어버린다. 이와는 달리, 기쁨에 가득 찬 사람은 온몸에 에너지가 생생히 살아 있다. 환희 상태에 들어가기 위하여 신체의 특정

*** 암을 말하는 것 같다.

부분이나 에너지 센터를 자극할 필요는 없다. 환희 상태에 들어가기 위하여 신체의 에너지 센터에 집중하는 수행은 얼마나 오랜 시간이 걸릴지, 또 될지 안 될지도 알 수 없다. 정신 집중만으로는 영적인 상태에 들어가기 힘들고 육체의 에너지 센터를 깨우기도 힘들다. 오직 영적인 각성(Spiritual awakening)만이 존재의 중심에 이를 수 있는 길이다. 유일자(the I)가 들어올려질 때, 인간이라는 존재도 들어올려진다.

내부의식, 외부의식이라는 개념도 주입된 사고에서 나온 것이다. 이와 같은 이론은 분리감만 더할 뿐이다. 내부의식, 외부의식이 따로 있는 것이 아니다. 또한 개인의식, 우주의식이 따로 있는 것도 아니다. 참나가 외부로 나타나 인식하고 있는 것을 의식이라고 한다. 이것은 모든 면에서 완전하고 우주의식 속에서 하나요, 우주의식과 함께 존재한다. "나와 아버지는 하나이다."

그렇다고 우리는 특별히 내부만 내세우지는 않는다. 내부와 외부는 전체에서 보면 하나이다. 우리가 비전을 본다거나 이상을 따른다 하더라도 완전히 하나 됨을 위한 것이다. 대사들은 이를 건전한 마음, 온전한 의식이라고 말한다. 즉 의식이 건전하고 전체인 상태, 육체도 건강하고 전체적인 상태이다. 아는 자와 아는 대상이 하나이다. 사도 바울은 그의 서간에 이를 써놓았는데 번역하는 과정에서 그만 그 의미를 빠뜨렸다. 아는 자와 아는 대상이 합일되어 완전해진다면, 아는 자이면서 동시에 아는 대상도 된다. 문제는 실제로 있지도 않은 분리를 우리 스스로 만들고 있다는 사실이다.

완전한 상태 속으로 들어가기 위한 한 방법으로 부정법이 있다. 이 부정법은 마음속에 있는 참되지 못한 것, 완전한 상태에 위배된다고 생각하는 것들을 제거해버리는 것이다. 그러나 현재의 형이상학에서 사용하는 이 부정법이 과연 기대하는 만큼 효과가 있는가? 이러한 부정법을 써서 바람직한 결과를 가져온다면 좋겠지만 그렇지 못하고 있다. 차라리 그 배후에 있는 것이 무엇인지 알아보는 것이 어떻겠는가?

이번에는 부정법과 보통 유전의 법칙이라고 하는 것의 관계를 살펴보자. 어떤 점에서 보든지 부정법은 전혀 필요 없는 것이다. 부정법은 인간을 점점 미혹 속으로 빠지게 한다. 왜냐하면 부정법을 수행하면 부정적인 것만을 보게 되고 부정적인 것만을 생각하게 되므로, 부정적인 상태가 더욱더 강화되어 결국은 부정적인 상태가 현실화된다. 인간의 마음은 주의를 기울이는 쪽으로 강화되게 마련이다. 부정법을 사용하는 목적은 부정적인 것을 완전히 제거하자는 것인데, 없어져야 할 부정적인 것들이 오히려 강화되는 일이 일어난다.

✣ 본래 부정한다는 것은 무엇을 취소하거나 부인하는 것이 아니고, 아예 무시하는 행위이다. 마음이란 본래 어떤 대상에 붙잡히기 쉬우며, 일단 대상에 붙잡히면 마음은 더욱더 증폭하여 활동한다. 마음의 본성이 이러하므로, 마음 안에 어떤 부정적인 것이 있으면 마음 밖으로 추방해야지 부정한다고 해서 없어지는 것이 아니다. "사탄아 물러가라"라는 말씀의 뜻은 부정적인 것을 마음 밖으로 추방한다는 말이다. 부정하는 대상은 그림자와도 같아서 아예 맞서 싸울 상대도 되지 않는다. 빛이 그림자를 추방하는 것처럼 올바른 지혜는 무지를 추방한다.

참으로 말하면, 유전의 법칙이란 실재하지 않는다. 이것은 다만 나타난 현상에 불과하다. 따라서 현상에 불과한 것을 구태여 실재하지 않는다고 부정할 필요조차 없다. 부정하는 데에 마음을 쏟지 말고, 완전에 마음을 쏟는다면 훨씬 더 긍정적이고, 건설적인 결과를 바라볼 수 있다. 부정하면 그것으로 그만이어서 쉽겠지만, 완전을 향한다면 결과가 훨씬 더 빠르게 분명히 실현된다. 눈앞에 있는 조건이니 주위 환경이니 하는 것도 중요한 것이 아니다. 수많은 예를 보면, 조건이나 주위 환경도 얼마든지 극복할 수 있음을 알 수 있다. 따라서 그와 같은 것에 마음을 빼앗길 필요가 없다. 예수는 말하였다. "마음에서 떨쳐버려라. 놓아버려라.(loose him and let him go)"

동일한 인종이나 동일한 민족 속에 유전이 존재한다는 것도 진리는 아니다. 같은 인종, 같은 민족 내에 비슷한 사람, 닮은 사람이 있는 것은 예전에 가까운 사이였든가, 과거에 경험했던 것이 비슷하거나 살아온 주위 환경에 공통점이 많기 때문이다. 동일한 진화가 있다는 것을 보여주는 염색체가 있으나, 이것을 보고 꼭 동일한 진화 과정이 있었다고 말할 수는 없다. 인간과 마찬가지로 동물 세계에도 동일한 법칙이 작용하지만 주파수(파동)가 다르다. 이미 잘 알고 있는 사실이지만, 인간의 주파수는 동물의 주파수보다 높다. 후천적인 유전은 인간의 생각(사고)을 통하여 영향을 줄 수 있는 것으로, 생각을 바꿈으로써 유전되는 것을 바꿀 수 있다.

마음 상태가 비슷하면 외형의 특징도 비슷하게 나타나는 법이다. 어느 집단 내의 구성원이 동일한 생각을 하고 동일한 감정을 공유하고 있다면 외모도 비슷하게 닮아간다. 처음에는 그다지 비슷한 점이 없었더라도, 서로 오랫동안 접촉하면서 공통적인 생각과 감정을 갖게 되면 비슷한 특징이 나타난다. 예를 들면, 한 남자와 한 여자가 서로 관심을 가지고 감정을 교류하면서 오랫동안 같이 살다보면 비슷하게 닮아간다. 이는 정신 상태가 비슷해지기 때문이며, 결혼하여 오랫동안 같이 산 부부에게서 흔히 볼 수 있는 현상이다.

현대의학은 유전병에 대하여 예전과는 다르게 보고 있다. 예수가 간질병 환자를 고쳤을 때, 제자들은 물었다. "그가 간질병에 걸린 것은 누구의 죄입니까, 그 자신의 죄입니까, 그 부모의 죄입니까?" 예수의 대답은 이러하였다. "너희가 죄 있다고 인정치만 않는다면, 이 사람이나 그 부모가 죄 있는 것이 아니니다." 죄란 오직 본인이나 주위 사람들이 죄 있다고 인정하기 때문에 존재하는 것이다. 진실로 죄란 잘못된 생각에서 나온 것이다.

✣ 물질의 법칙은 물질세계 내에서만 변하는 법칙이라고 한다. 그러나 물질은 물질 법칙 내에만 묶여 있지 않고, 물질의 한계에서 벗어나 보다 높은 법칙을 따르고 있다. 우주의 모든 것은 영적인 것으로 이루어져 있기 때문에, 결국 물질을 지배하는 법칙도 영이다. 소위 유전의 법칙도 허구의 마음 상태를 생명 속에다 집어넣어 생긴 것이다. 말하자면 참된 법칙이 아닌 것이다. 진실로 우주를 지배하는 것은 영적인 생명의 법칙뿐이다.

소위 카르마(인과응보) 법칙 또한 같은 범주에 들어간다. 카르마 법칙에서 말하는 빚을 진다는 것도 실재하는 것이 아니다. 영혼의 차원에서 보면 카르마란 없다. 영적으로 크게 깨달으면, 카르마라든가 어떤 불완전한 조건도 문제시되지 않는다. 카르마나 어떤 불완전한 조건을 고치려는 것은 수학을 공부해보지도 않은 사람이 수학 문제를 풀려고 하는 것과 같이 어리석은 일이다. 수학을 공부해보면 수학 문제를 풀 수 있고, 수학의 법칙이 맞는지 틀리는지도 알 수 있다. 잘못된 것이 있으면 먼저 법칙을 아는 것이 필요하고, 법칙을 알면 자연히 잘못된 것이 무엇인지 알 수 있다.

✣ 카르마(業) 법칙은 영적인 생명의 법칙에 위배된다. 영적인 생명의 법칙이 열매 맺으면 구원, 깨달음, 완전함이 된다. 인간의 마음속에 카르마 법칙이 존재하지 않는다면, 과연 카르마 법칙이 존재할 수 있겠는가? 카르마 법칙이 있다고 생각하면서 카르마 법칙을 극복하려 들지 말고 우리의 생각만 바꾸면 된다. 이것은 진리의 법칙을 깨닫고 따르는 데서 올 수 있다.

인도의 지도적 대학인 캘커타 대학교 보스Bose 박사는 "만약 사람들이 유전이라는 것을 전혀 생각하지 않는다면, 결코 유전되지 않는다"고 말하였다. 식물이 유전되는 것도, 그 주위 사람들이 생각을 바꾸면 얼마든지 유전되는 것을 교정할 수 있다.

사람들이 유전된다고 생각하는 정신병도 주위 사람들이 정신병이 유전된다고 생각하기 때문에 생기는 것이다. 그렇기 때문에 정신병이 유전된다고 말하는 사람들 또한 정신병자와 같은 부류이다. 정신병은 병이라는 것을 끌어당긴 것이지, 유전이 아니다. 우리는 병이 유전된다는 학설을 받아들일 것이 아니라 바울과 같이 변하지 않고, 변할 수 없는 하느님의 계승자라는 생각을 가져야 한다. 이것만이 병이 유전된다는 사고방식에 대한 효과적인 치유책이 될 것이고, 잘못된 관념을 버릴 수 있는 유일한 길이 될 것이다. 귀신들린 병이라는 것도 하느님과는 전혀 관계없는 일이다. 인간은 하느님의 아들로서 그와 같은 것은 존재하지 않는다.

예수는 말하기를, "하늘에 계신 아버지만이 참아버지이기 때문에 땅 위의 어떤 사람에게도 아버지라 부르지 말라"고 하였다. 이것이야말로 인간의 참유전이요, 아버지와 아들 사이에 낀 장애물로부터 벗어나서 존재의 근본으로 돌아갈 수 있는 진리이다. 하느님이 만물을 창조하셨기 때문에 모든 창조물의 기원은 하느님에게 있다. 나와 내 근원 사이에 잘못된 생각이 들어 있지 않다면, 또 다른 유전 같은 것은 있을 수 없다. 완전한 하느님에게 다른 어떤 것이 끼어들 수 없다. 인간은 어떻게 생각하느냐에 따라 그 앞길이 결정된다. 인간은 자신의 근원인 신에 복귀함으로써 태초부터 가지고 있던 완전한 유산을 상속받을 수 있다.

✣ 시냇물도 샘이라는 한 근원에서 흘러나온 것과 같이 인간의 본성은 한 근원에서 나온 것이지 여러 가지 근원에서 나온 것이 아니다. 샘에서는 물이 흘러나오지만 시냇가 양 언덕에는 흙이 쌓여 있을 뿐이다.

창세기 제3장에 잘못된 번역이 하나 있기 때문에, 사람들은 죄와 죄의 유전에 대하여 잘못된 생각을 가지게 되었다. 인간이 죄를 범했기 때문에 죽음을 면치 못하게 된 운명이 인간에게 유전되고 있다는 내용인데, 본래 그러한 내용이 아니다. 인간에게 죄가 들어와 인간의 완전한 본성을 뒤집었다는 뜻이 아니고, 죄 자체가 뒤집어질 수 있다는 뜻으로 고쳐야 한다. 그 당시에 죄란 단순히 고칠 수 있는 잘못에 불과했다. 예수는 죄와 죄의 결과가 영원히 계속된다고 가르치지 않았다. 죄의 용서를 가르쳤다. 즉 잘못은 돌이킬 수 있다고 가르친 것이다.

흔히 말하는 인간의 법칙, 마음의 법칙도 이 범주에 들어간다. 이 법칙들은 만물의 근원인 우주 법칙을 제대로 깨닫지 못했기 때문에 생긴 것이다. 참법칙을 세우면 잘못된 법칙은 사라진다. 보스 박사는 이를 결정적으로 입증했다. 이른바 유전의 법칙이란 전부 인간의 상념에서 나온 것으로 언제나 무효화될 수 있는 것이라고 말했다.

그렇게 되기 위해서는 먼저 그리스도 자아와 일체가 되어야 한다. 잘못된 믿음을 버리고 참된 진리를 깨달으면 유전의 법칙이 무효화될 수 있는 것처럼, 그리스도 의식은 잘못된 믿음을 고치고 진리를 깨닫게 해준다. 그리스도 의식에 들어가면 모든 것이 온전해진다.

✣ 영의 법칙은 죄를 벌하자는 것이 아니고, 죄의 결과로부터 인간을 해방시키는 것이다. 잘못된 결과를 겪지 않기 위해서는 잘못된 과정을 고치면 된다. 인간의 본질이 영적 존재라는 것은 뒤집을 수 없는 사실이다. 다만 인간이 물질적 존재라는 관념은 얼마든지 뒤집을 수 있다. 인간은 하느님의 형상과 모양대로 창조된 영적인 존재인 것이다.

최면은 의식이 제약된 상태이거나 거짓된 상태에서 일어난다. 의식이 제약된 상태란, 자기 능력이 그 정도밖에 안 된다고 단념해버리는 상태를 말한다. 즉 자신을 스스로 제한하는 생각이나, 성공이 불가능하다고 느끼는 감정 등은 의식이 제약된 상태이다. 의식이 거짓된 상태란 진실이 아닌 것을 진실이라고 생각하는 상태이다. 이것은 실재에 대하여 완전히 무지한 상태이다. 즉, 거짓된 인상에 근거한 정신 상태, 전혀 존재하지도 않는 것에 세워진 가짜 상태, 진리를 허위라고 잘못 본 상태를 말한다.

한때 인류는 지구가 평평하다고 생각했다. 지구가 둥글다는 것을 알고 있는 우리가 생각하기에는 어리석은 웃음거리에 불과하지만, 그 최면적인 관념은 인간을 제한된 영역으로 가두어놓아, 지구 끝으로 가면 떨어진다고 생각할 정도였다. 지구는 본래부터 둥글다. 그런데도 옛날 사람들은 지구가 평평하고 지구 끝에는 구덩이가 있어 그 끝에 가면 떨어진다는 제약된 생각을 갖고 있었다. 그러나 이와는 다르게 생각한 탐험가들이 이 제약을 넘어 용감하게 도전했다. 당시의 사람들은 탐험가들이 지구 끝으로 가면 구덩이에 떨어질 것이라고 생각했었다. 그러나 탐험가들에게 구덩이 같은 것은 존재하지도 않았다. 이들은 구덩이를 뛰어넘은 것이 아니고 구덩이가 존재한다는 잘못된 관념, 관념의 제약을 뛰어넘은 것이다. 대사들 또한 모든 상황에 대처하는 방법이 이와 같다. 그들은 말하기를, "진실이 아닌데도 진실같이 보이는 것은 전혀 사실이 아닌 것이다"라고 하였다. 대사들은 인간을 붙잡고 있는 잘못된 관념이나 그럴듯하게 보이는 가짜에 최면되지 않는다. 그들은 실재를 잘 알고 있으며 진실된 세계에서 사물을 본다. 마치 콜럼버스가 지구에 끝을 넘어서 항해한 것과 같이 시공의 제약을 넘어선다. 본래 지구에는 끝이란 없다. 대사들에게 시간, 공간이란 존재하지 않는다. 지구에 끝이 있다고 믿는 것이 망상인 것과 같이 시간, 공간 또한 망상이다.

✣ 한정된 의식은 한정된 만큼 최면에 걸린다. 인간은 태초부터 만물에 대한 지배권과 권능을 가진 자유롭고도 전능한 존재이다. 인간을 스스로 제약하는 것은 인간의 의식이다. 그러므로 한정된 의식에서 해방되는 것이 인간이 해방되는 일이다.

예수가 "사탄아 물러가라"라고 한 것은 "제약아 물러가라"라는 뜻이었다. 사탄이란 실재하지 않는다. 예수와 같이 자각한 사람에게 제약 같은 것은 존재하지 않는다. 예수는 최면 상태를 넘어 사원의 베일을 꿰뚫어보았고 완전한 실재 안에서 살았다.

✣ 잠잘 때나 깨어 있을 때나 인간의 제한된 의식과 완전의식을 연결하는 다리를 놓는 것이 중요하다. 우리 마음에 틈이 생겨, 지고의 본성이 아닌 것이 들어오면, 그 정도에 따라 우리의 천성이 발현하는 데 제약을 받게 된다. 우리는 근원이 아닌 것으로부터 부분적인 지식을 받지 말고 직접 근원으로부터 순수의식을 받아들여야 한다. 큰 것을 얻을 수 있는데 왜 그보다 못한 것을 구하려 드는가? 실재의 완전한 지식을 배울 수 있는데 왜 세상의 부분적이고 제한된 지식을 배우려 드는가?

잠잘 때 의식은 완전히 우주적, 보편적이 되어 의식의 속성들이 깨어나 모든 것을 지각하고 있는 상태가 된다. 보통 때 알지 못하는 것도 수면 중에 알게 되는 수가 많은 것은 이 때문이다. 낮 동안에는 외부의 번잡한 활동을 하느라 표면의식을 제외한 대부분의 의식은 표면의식 밑으로 가라앉는다. 밤이 되어 번잡한 활동이 그치면, 의식은 지각하는 상태로 되돌아온다. 즉, 수면 중에는 완전의식이 활동하여 알게 되는 것이다. 이때 일어나고 있는 일을 표면의식이 지각하지 못하고 있을 뿐이다. 우리는 잠잘 때 생기는 이러한 의식 상태가 평시에도 유지되는 상태, 즉 각성 상태를 이룩하도록 해야 한다.

이러한 이유 때문에, 정신분석가들은 잠자는 상태가 보통 깨어 있는 상태보다 더 우월하다고 강조한다. 그러나 이 두 상태는 똑같은 수준이다. 만약 우리의 의식이 높은 경지에 있으면, 모든 것을 아는 상태가 된다. 이 경지가 아닌 한, 일상적인 꿈은 낮은 단계에서 일어나는 투시에 불과하다. 즉, 꿈이란 우리가 잠자고 있을 때 그날그날의 일이 결산되어 나타나는 것이며, 이 지상의 체험과 이 지상보다 높은 차원의 체험이 뒤섞인 것이다. 우리의 상념이 항상 높은 차원에 있다면 우리의 꿈도 그와 상응하게 된다. 그렇게 되면, 꿈을 꾸더라도 정몽正夢이 되고 난잡해지지 않는다.

우리가 해결하기 어려운 문제를 놓고 너무나도 고민한 나머지 지쳐 포기했을 때, 문득 해결책이 떠오르는 수가 있다. 이는 외부의 번잡한 삶 때문에 자기 존재의 중심을 인식하지 못하던 의식이 존재의 중심점과 갑자기 연결되기 때문이다. 고민하다가 지친 나머지 잠자고 있을 때 해결책이 떠오르는 것도 같은 이치이다.

대사들이 말하는 문제 해결을 위한 휴식법도 이와 같아서, 외부 상태를 완전히 포기하고 상념을 완전한 상태에 집중하는 것이다. 이렇게 되면 육체, 정신, 감정 등의 인간적인 상태가 보다 높은 차원에 집중됨으로써 완전히 가라앉고 존재의 중심에 이르게 된다.

보통 악몽이란 심령 현상이나 최면의 경우와 같이 외부의 것이 우리 속으로 들어온 것이다. 최면에 걸린 사람은 완전히 딴사람이 되어, 개같이 짖거나 원숭이 흉내를 내기도 한다. 이것이 악몽과 비슷한 경우이다.

악몽을 꾸고 있을 때라도 깨어 있는 상태를 생각하면 악몽에서 빠져나올 수 있다. 악몽을 꾸고 있을 때, "내가 깨어 있는 상태면 어떻게 하지?"라고 생각하여 극단적인 악몽에서 자신을 치료한 사람도 있다. 만약 그 사람이 한 걸음 더 나아가, "영적으로 완전한 상태가 되면 어떻게 하지?"라고 생각했다면 그에 상응하는 상태에 도달했을 것이다. 그가 영적인 상태를 통찰할 수 있다면 좀더 쉽게 도달했을 것이다. 자기 자신이 완전과 일체라고 선언하고 잠자리에 들면 악몽을 꾸지 않는다. 완전한 상태에 들어가면 악몽은 끼어들 여지가 없게 된다.

이 방법은 보통 깨어 있는 의식 상태에서도 적용할 수 있다. 이 방법을 쓰면 부정적인 상태라든가 어려운 문제를 해결할 수 있는 길이 열린다. 부정적인 상태에 있을 때나 어려운 문제에 직면했을 때, "내가 영적 의식 상태에 있다면 어떻게 할 것인가?" 하고 자문하는 것도 해결책이 나올 수 있는 방법이다. 이런 방법으로 세상을 살아가면서 일어날 수 있는 번잡한 문제들을 해결할 수 있다. 어렵지 않은 아주 간단한 방법이다.

"잠잠하여라, 내가 하느님임을 알라." 이 말씀이 이러한 경우에 해당되는 것이다. 또한 이 말씀은 모든 것을 온전하게 한다. 또 다른 말씀에, "하느님이 성소에 거하시니 온 땅의 만물은 그 앞에서 잠잠하고 기뻐할지어다"라는 말과 "영원한 기쁨에 거하라, 만물이 거기서 출생하느니라"라는 말도 같은 뜻이다.

기쁨이 바로 최고의 상태이다. 육신의 기쁨이 육신을 고양시키는 것처럼 영혼의 기쁨은 영혼을 고양시킨다. 영혼의 기쁨이야말로 존재의 실상에서 나오는 인간의 참된 정서이다. 그런데, 인간은 지고자(the Highest)로부터 단절되면서 큰 기쁨과 조화로부터 단절되었다. 이 진리를 가르치는 사람이 있기는 하지만, 언젠가는 이 세상에 있는 모든 학교에서 이 진리를 가르치게 될 것이다. 어린이를 가르치는 데도 이 진리를 응용할 수 있다. 아이들의 소란스러움을 진정시킬 수 있고, 진실로 아이들을 조화롭게 할 수 있는 진리이기도 하다.

아이들이 건설적인 생각에 반응하도록 만들고, 서로 단결하여 조화를 이루도록 하면 비참함, 빈곤, 전쟁 등 이 세상의 모든 불행을 뿌리 뽑을 수 있는 초석이 될 것이다. 이제까지 우리 인류는 투쟁심만 북돋우는 교육만 받아왔다. 어떤 사람이 주위 사람에게 피해를 끼쳤을 때나 주위 사람들의 분노를 일으키는 행위를 했을 때, 주위 사람들도 똑같이 분노하여 저항해야 한다고 가르쳐왔다. 이러한 가르침이나 선동으로부터 거슬러 올라가 진리에 복귀해야만, 비로소 온전한 사회를 조직할 수 있는 기반이 마련될 것이다.

CHAPTER 7

GOD

신

사람들은 보통, 신에 대한 대사들의 생각은 어떠한지, 신이 어디에 있는지 궁금해한다. 그래서 이 장에서는 이 문제에 관하여 생각해 보고자 한다. 대사들에 의하면, 신과 인간은 분리할 수 없기 때문에 인간을 빼놓고 신만 논할 수는 없다고 말한다.

대사들이 신에 관하여 늘 말하는 바이지만, 그들은 신을 존재의 단일한 속성, 단일한 속성으로서의 존재, 보이는 우주와 보이지 않는 우주의 전 우주 시스템을 포함하는 전일체(a single entity)라고 말한다. 오랫동안 인간은 눈에 보이는 우상을 신으로 여기는 잘못된 생각을 가지고 있었다. 이제 인간은 자기 자신이 바로 신이라는 진리를 깨달아야 한다. 인간과 우주 사이에 분리란 없으며, 인간은 전체의 완전한 부분이고 본질적으로 전체와 똑같은 것이다.

✣ 보통 사람들은 아마도 신이 만물을 창조한 거대한 우주 계획(the great Universal Scheme)임을 이해하기 어려울 것이다. 이 점을 교사들은 강조해서 가르쳐, 학생들이 제대로 배워 생명의 실재가 실현되도록 해야 한다. 인간은 각기 따로 떨어져 살며 각기 개성도 다른 존재지만 신은 우주적(보편적)인 존재자요, 의식, 힘, 사랑, 생명, 질료의 총합인 단일 의식이다.

대사들은 예수가 말한 것처럼, "신은 언제나 인간 안에 있다"고 가르친다. 이것이 바로 깨달은 사람들의 태도요 사고방식이다. 인간은 신이다. "나는 신이다"라는 말은 인간이 할 수 있는 가장 명확한 선언이다. 대사들은 글을 남겨놓지 않는다. 말로써 가르치기는 하나 그것을 가르침이라고 주장하지도 않는다. 그들은 명백한 사실을 말할 뿐이고, 이 명백한 사실은 누구나 알아야 한다고 말한다. 이는 대사들이 어느 누구를 특별히 가르치려고 말한 것이 아니고, 다만 인간이 본능적으로 알고 있는 보편적인 진리를 말한 것이다.

✣ 인간은 우주 시스템의 일부이기 때문에 우주와 하나라는 사실에서 벗어날 수 없다. 따라서 인간은 우주라는 이름은 물론, 우주가 가지고 있는 본질까지도 똑같이 가진다. 빛 한 줄기는 빛 전체와 똑같은 빛인 것이다.

대사들은 인간 진보를 위한 안내서로서 베다, 우파니샤드, 마하바라타, 바가바드기타*를 읽어보라고 권한다. 이 책들은 특히 영적인 일이나 정신 수행을 하는 사람들에게 권할 만한 아주 좋은 책이다. 읽는 방법은 한 번에 몇 구절씩 읽는 것이 좋다. 대사들은 책 한 권을 한꺼번에 통독하는 방법을 권하지 않는다. 하루에 한 구절만 읽어도

---

* 베다: 인도 최고最古의 성전. 내용은 신에 대한 찬가와 제사의식이 주를 이룬다. 인도철학, 사상, 종교의 원천이 되고 있다.

우파니샤드: 베다의 끝부분이라고 해서 베단타라고도 한다. 종교적 · 철학적으로 심오한 내용을 다룸.

마하바라타: 고대 인도의 대서사시. 18편 10만 송의 시구와 부록 만 6,000송으로 되어 있다. 기원전부터 전해 내려오는 이야기를 수정, 증보, 정리하면서 4세기 무렵 지금과 같은 형태를 갖춘 것으로 보인다. 내용은 바라타 족에 속하는 쿠루, 판두의 두 왕족이 왕위 계승 문제로 전쟁이 일어나 18일간의 대전투 결과 판두 왕족이 승리한다는 이야기이다.

바가바드기타: 힌두교의 대표적인 경전으로 마하바라타 가운데 제6권에 있는 종교적 · 철학적인 700구의 시를 말한다.

좋다. 바가바드기타에서는 신이 진실로 무엇인지 깨달을 수 있는 길과, 인간을 신의식으로 인도하는 길을 가르치고 있다.

자기 안에 있는 신을 알지 못하고는 참으로 신을 안다고 할 수 없다. "내 속에 있는 신의 영이 보여주지 않으면, 어느 누구도 신을 알 수 없다." 이것은 전적으로 내적인 가르침이요, 내적인 일이기 때문에 이 진리를 깨닫기 위해서는 마음을 철저히 수련하는 것이 필요하다. 이 일은 마치 수학 공부를 하는 것과 같다. 바가바드기타나 성경, 그 밖의 다른 경전의 의미를 깨달으려고 애쓰는 사람은 이미 마음 수련을 하고 있는 것이요, 언젠가는 진리를 깨달을 수 있을 것이다. 인간은 육체적인 조직체가 아니고 육체적인 조직체 속에 살고 있는 내적인 나이다. 신아(God-Self)인 참나(Self)를 발견하는 것이 바로 내적인 마음 수련이다.

✣ 깨닫기 위한 비결은 무엇을 공부하느냐보다는 어떻게 공부하느냐에 달려 있고, 무엇에 대하여 아느냐보다는 무엇을 아는가에 달려 있다. 신에 대한 설명만 듣고 신을 안다고 하는 것은 마치 씨앗의 겉모양만 보고 씨앗을 안다고 하는 것과 같다. 씨앗의 성장성, 생명력 등 씨앗의 전체적인 것을 알아야 씨앗을 안다고 할 수 있다. 우리는 이처럼 신을 알아야 한다. 신에 대한 묘사나 해설은 그만하고 신의 현존을 직접 느껴야 한다. 이렇게 하는 것이 인간 속에 있는 신의 능력, 신의 지혜, 신의 본질을 알 수 있는 비결이다.

인간이 신의 형상과 모양대로 창조된 것이 아니라, 신이 인간의 형상과 모양대로 창조되었다고 주장하는 사람들이 있다. 이들은 인간을 육체의 배후에 있는 내적인 자아로 보지 않고, 육체적인 존재로만 보고 있다. 인간은 진실로 신의 형상과 모양인 것이다.

신이 유형, 무형을 포함한 일체이며 전부인 이상, 무한자(the Infinite One) 신의 형상에는 시간과 공간이 포함되어 있다. 인간은 신의 형상에 따라 창조된 존재이다. 마치 생각이 마음속에 있듯이 인간은 신의 형상 속에 존재한다. 인간은 신의 형상에 따라 창조되었기 때문에 신의 전체성과 신의 본질 그 자체를 가지고 있다. 원인이 신이면 결과도 신이다. 원인과 결과는 같지 않으면 안 된다. 마음 없는 생각이나 생각 없는 마음이 과연 있을 수 있겠는가?

조건만 갖추어지면 인간은 신으로 돌아간다. 도달하려고 노력할 필요도 없다. 본래부터 신이기 때문이다. 이것이 근본 원리이다. 인간은 불행, 질병, 죄악, 빈곤 등에 빠져 고통을 당하고 있고 이를 극복하려고 노력한다. 그러나 인간 속에서 원리가 완전히 지배하고 통일하게 되면, 위와 같은 불행도 실은 자기 상념이 객관화되어 나타난 것임을 알게 되고, 이러한 불행이 실제로 존재한다는 미망에서 벗어나게 된다. 물질적이고 제한된 구체화가 아닌 신의 순수한 구체화가 있다. 이것은 원리가 의식화되어 나타난 것으로 거기에는 분리라든가 한계가 조금도 없다. 이것은 마치 무한한 빛 중의 한 줄기 광선과도 같다. 한 줄기 광선이 모여서 무한한 빛을 만들지만, 동시에 한 줄기 광선 또한 빛 그 자체인 것이다.

진실로 "나는 신이다"라는 것을 깨달으면, 어떠한 고통스러운 상황이라도 즉시 변한다. 우리가 진리를 깨닫고 진리만을 본다면, 진리가 실현된다. 자신에 관한 일이든 다른 사람에 관한 일이든 신과 영원한 하나임을 선언하라. 그러면 진리의 빛은 하나이기 때문에 즉시 하나인 상태를 실현해준다. 이것이 다 이루어진 것이다. 이것이 그리스도의 빛이요, 그리스도의 원리이다.

이렇게 되면, 병을 치료하기 위하여 인체의 내분비선, 에너지 센터 등에 정신을 집중하거나, 어떤 특수한 요법을 써야 한다는 학설은 필요 없게 된다. 인간이 신과 근본적인 하나임을 깨닫기만 하면 육체는 따르게 되어 있다. 따라서 진리를 깨닫기만 하면 인체의 모든 기관과 내분비선은 조화롭게 작동하기 시작하며, 모든 세포는 영과 완전히 조화하게 된다. 인간의 마음으로는 영과 조화하여 육체를 고양시키지 못한다. 이는 마치 하늘이 땅보다 높은 것처럼 영이 마음보다 높기 때문이다. 따라서 낮은 단계인 마음으로는 높은 단계인 영을 조절하지 못하는 것이다.

✣ 신은 전부이며, 인간은 신의 형상과 모양대로 창조되었다고 하는 그 창조된 상태의 완전함을 깨달은 사람은 엄청난 의식의 폭발을 체험할 것이다. 인간은 부족하기 때문에 무엇을 얻어야 하는 존재가 아니고, 자기 속에 이미 완전함을 가지고 있는 존재이다. 다만 이러한 사실을 발견했는가, 발견하지 못했는가의 차이가 있을 뿐이다. 이 진리에는 조금씩 이해하는 길과 한꺼번에 깨닫는 길, 두 가지가 있다. 후자야말로 옳은 길이라고 모든 현인들은 말한다. "우리가 신이고 지극히 높은 이의 아들임을 너희는 모르느냐?"라는 성경 말씀은 태초부터 인간은 하느님 안에서, 하느님과 함께 완전한 존재임을 선언한 것이다.

지금 우리가 알고 있는 구약의 십계는 신의 법칙을 정확히 표현한 것이 아니다. 모세는 정신적이고 도덕적인 행위에 대한 율법을 세웠고, 백성들에게 영의 법칙이 유일한 지배 법칙이며, 율법을 지키면 영의 법칙을 벗어난 행위를 하지 않게 될 것이라고 가르쳤다. 십계의 본뜻은 "너희가 율법(Law)을 지키면, …은 하지 않을 것이다(you will not)"라는 것인데, 이것을 사람들이 "…을 하지 말라(Thou shalt not)"[*]로 번역해버렸다. 조화의 법칙 속에 있으면 부조화가 생길 리 없다. 그러나 부조화를 배제하고 금지한다고 해서 조화의 법칙이 실현되지는 않는다. 이는 마치 음악가가 음악을 작곡할 때, 음을 조화롭게 써야 좋은 음악이 나오는 것이지, 다만 불협화음을 쓰지 않는다고 해서 좋은 음악이 나오지는 않는 것과 같다. 조화로운 법칙을 적극적으로 행하면 그 법칙에 상응한 결과를 얻을 수 있다. 생명은 생생히 살아서 활동하는 것이지 가만히 있는 것이 아니다. 생명은 진리를 행함이지, 단순히 진리가 아닌 것을 금지함이 아니다.

법칙 자체를 따르면, 그 법칙의 자연스러운 작용에 포함되지 않는 것은 자동적으로 하지 않게 된다. 그러나 단순히 하지 않는다고 해서 그 법칙이 실현되는 것은 아니다. 모세의 율법은 세피로스Sephiroth[**], 즉 생명나무에서 나온 것이다. 그런데 모세는 이 사실을 일반 대중들에게는 비밀로 하였고, 제사장들에게만 탈무드의 참의미를 밝혀주었다.

✣ 우리가 어떤 한 가지 생각을 하고 있으면, 반대되는 다른 생각이

* 현대영어로 쓰면 You shall not.

** 유대 신비주의인 카발라에서는 신이 우주와 인간을 창조한 원리를 생명나무로 표현하였다. 생명나무는 열 개의 세피로스와 22자의 헤브라이 알파벳이 모여 32개의 신성한 지혜를 구성하는데, 열 개의 빛과 22개의 길로 이루어져 있다.

자동적으로 정지된다. 인간이 어떤 행위를 그만두었다고 해서 그 반대되는 행위가 금방 나오지는 않는다. 행위가 있으면 결과가 생긴다. 행위가 없으면 결과도 생기지 않는다. 잘못된 것이 있으면 그 잘못에서 벗어나는 것은 좋은 일이나, 단순히 잘못을 벗어났다고 해서 진리를 안다고는 볼 수 없다. 불행에 처한 사람이 단순히 불행을 거부한다고 해서 금방 행복해지지는 않는다. 진실로 행복하다면 불행하게 보이지 않고, 불행한 행위를 하지도 않는다.

성서에 의하면 하느님이 모세에게 '큰 소리'로 말했다고 하는데, 이것은 정말로 하느님이 큰 소리로 말했다는 뜻이 아니다. 하느님의 말씀은 '건전한 소리'이다. 이 건전한 소리로 빛이 나타나는 것이다. 건전한 소리라고 해서 음성이 건전하다는 것이 아니다. 여기에 중요한 차이점이 있다. 우리가 건전한 소리를 가지게 되면 그 소리는 하나요, 빛을 가져오고, 우리에게 힘을 준다. 건전한 소리는 소음을 벗어난 소리요, 소리 없는 소리이다. 이렇게 되면, 소음을 완전히 초월하여 소음에 더 이상 구애받지 않게 된다. 왜냐하면 우리 자신이 건전한 소리요, 명백한 원리이기 때문이다.

건전함이란 전체적인 것을 말한다. 신이 건전한 소리로 말한다는 것은 신 스스로의 완전함에서 말한다는 뜻이다. 우리가 어떤 사람을 가리켜, "저 사람은 자신의 전부를 다해 말했다"고 하는 것과 같다. 우리가 건전하게 말하면, 우리의 본성 전체가 각성하여 활동하게 된다. 그때 우리는 부분적으로 말하거나 분리되어 말하지 않고, 완전히 하나 된 상태에서 말하는 것이다. 하느님이 모세에게 "나는 스스로 있는 자이며, 나 이외에는 아무도 없다(I am that I am and beside me there is no other)"고 말했다는 것은 건전한 소리로 말한 것이다. 신의 말씀에는 예외가 없으며 완전한 하나로서 작용한다. 이것은 마음을 부분적인 것으로, 또는 여러 갈래로 분리된 것으로만 생각해왔던 사람들에게 빛을 비추어줄 것이다. 마음을 부분적인 것으로, 또는 여러 갈래로 분리된 것으로 생각하는 일은 최면에 걸린 것과 같이 불건전한 일이다. 마음을 구분하면 구분할수록 더욱더 불건전해진다. 마음이 구분되어 마음이 움직이는 데에만 집착하는 사람은 마음이 움직이는 데에 따라 방황하게 될 뿐이다. 그러한 사람들은 결국 자기 자신 안에 참평화가 있음을 알지 못하고 더욱더 혼란에 빠져든다. 이렇게 정신적으로 방황하는 사람들은 의지할 곳을 찾아다닌다. 이러한 사람들을 모아 조직화하는 일은 쉬운 일이기 때문에 이와 같은 단체를 조직하여 대중을 기만하는 사람들을 종종 우리 주위에서 볼 수 있다. 그러나 조직체에 예속되어버리면 또 다른 속박을 당할 뿐이다. 건전함이란 전체요, 하나인 것이다(Soundness is wholeness-Oneness). "나는 신이다"라는 선언은 전체와 합일된 경지에서 말한 것이며, 전체가 내 안에 있고 내가 전체 안에 있는, 전체와 함께 움직이며 전체와 함께 작용하는 경지를 말한다. 이 선언은 참으로 완전하고 건전한 것이다. 만약 어느 건물이 전체로서 하나 되어 있지 못하다면, 그 건물은 불안정한 건물이라 할 수 있다. 마찬가지로 어느 누구라도 원리와 하나 되어 있지 못하다면 평안의 경지에 다다르지 못한 사람이다.

✣ 건전함이란 완전한 상태, 완전한 단일성을 말한다. 건전함에는 분리가 없다. 건물이나 다리가 건전하다는 것은 하나하나 단위가 모여 전체적으로 조화되어 있고 단일하며 견고하다는 뜻이지, 각 부분이 서로 연결되지 못하고 나누어졌다는 것은 생각할 수도 없

는 일이다. 따라서 건전하다는 것은 전체적이라고 할 수 있다. 건전한 소리는 건전한 마음에서 나오는 것으로, 건전한 마음이 없으면 건전한 소리가 나올 수 없다. 자기 자신을 분리된 존재로 보고 있는 한 건전한 것이 아니다. 마음이 부분적으로 작용할 때도 건전한 것이 아니며, 반쪽의 진리도 건전한 것이 아니다. 진리는 신에 속한 것이다. 왜냐하면 신은 전부요, 하나이기 때문이다.

정통파이건 비정통파이건, 어떠한 단체나 조직체에 소속되어 있는 사람은 조직체에 예속되어, 결국은 더 이상의 진보를 이루지 못하는 경우가 많다. 왜냐하면 인간이 만든 단체나 조직체는 부분적이고, 종파적인 데에 빠져 참진리에서 분리된 이념을 가르치기 때문이다. 이러한 단체나 조직체에 소속되어 배우는 것은 참나를 발견하는 과정 중의 한 단계에서 필요한 일일 뿐이다. 정통파가 되어 전통과 인습에 빠져 있으면 진보는 멈춰버린다. 그곳을 빠져나오지 않는 한 그 이상의 진보는 기대할 수 없게 된다.

✣ 어떤 그룹이나 민족, 국가만이 특별히 신에 의하여 선택되었고 특별히 신의 사랑을 받는다고 생각하는 선민사상은 결코 건전한 주장이 아니며, 건전한 생각에서 나온 것이 아니다. 만물은 신에 의해 창조되었으며, 만물은 신 안에서 평등하다. 신은 인간을 차별하지 않는다. 인간 또한 신 안에서 평등하다. 그런데도 어떤 사람들은 선택되었고, 어떤 사람들은 선택되지 않았다는 것은 있을 수 없다. 오히려 신이 모든 사람을 창조하였기 때문에 모든 사람 또한 신에 의해 선택된 것이요, 신의 선민인 것이다. 이 사실이야말로 본질적인 평등이다. 이 사실을 깨닫고 외부에 나타내는 정

도에 따라 평등이 결정된다.

수많은 부정법이 난무하여 혼란해져 있다. 개인이든 단체든 부정하는 순간 혼란에 빠지기 시작한다. 본래 실재하지도 않는 것을 부정함으로써 존재함을 인정하게 되고, 존재를 인정함으로써 본래 있지도 않던 힘을 실어준다. 마음 또한 그에 따라 반응하여 그 가짜의 힘을 느끼게 된다. 이것을 사악한 동물자기(malicious animal magnetism)*라고도 한다. 이것은 부정을 반복함으로써 점점 더 얽매이게 되고, 게다가 심령적인 영향까지 받게 된 상태를 말한다.

부정법은 좋은 방법이 아니다. 부정하는 일은 인간을 영으로부터 분리시켜 영 아닌 것이 있다고 인정하는 결과를 가져온다. 영 안에 분리란 없다. 이는 인간이 스스로 분리하는 것으로, 그 때문에 인간은 심령 현상이나 이상한 상태에 끌려들어간다. 모세는 말하기를, 심령 현상이나 이상한 현상에 빠지는 것은 영과 분리되어 있기 때문이라고 하였다. 정통파 교회는 신과 분리된 까닭에 혼란에 빠져 있다. 그들은 하늘에 커다란 우상을 만들어놓고 그것을 하느님이라 부른다. 그들이 부르는 하느님은 심령적인 결정체에 불과한 것인데도, 그것에 말을 걸고 대화를 한다. 그리고 신의 계시를 받았다고 믿어버린다. 그러나 참다운 신의 계시란 예수가 말한 바와 같이, 인간 속에 있는 아버지가 말한 것이다.

---

* 최면술을 실시할 때 최면을 거는 사람으로부터 최면을 당하는 사람에게 흐른다고 생각되는 힘이나 에너지를 말한다. 오스트리아 의사인 메스머Mesmer는 최면을 환자 치료에 응용하여 큰 성과를 거두었는데, 그에 의하면 인간의 몸에는 자력이 있어서 이것이 시술자로부터 환자에게 전달되어 병이 치료된다고 하였다. 이것을 동물자기라고 이름하였다.

그리스도가 제약, 즉 사탄Satan을 부정한 것은 정말로 제약(사탄)을 부정한 것이 아니고, 전적으로 가짜 관념인 제약(사탄)에서 인간을 해방시킨 선언이다. 그리스도의 심중에 그와 같은 가짜는 전혀 존재하지 않는다.

모세가 하늘과 땅을 구분하여 말했을 때, 땅은 하늘의 바깥이라는 뜻이었다. 산스크리트에서는 땅을 외부 상태라고 정의내리고 있다. 그러나 이렇게 구분한 것은 인간의 편의상 나눈 것이고, 인간의 관념에서 나온 것이라 인간의 관념만 바뀌면 얼마든지 극복할 수 있다. 요컨대, 모세는 하늘과 땅이 하나임을 말하였다. 땅이 하늘과 분리된 것이 아니고 유일 원리가 땅으로 나타난 것이다. 형태로 나타난 모든 것은 생명인 영이 완전히 구현된 것에 불과하다는 것을 모세는 잘 알고 있었다.

✣ 진보는 부정한다고 해서 되는 것이 아니고 근원과 합일된 상태에서 되는 것이다. 합일되면 근원과 비슷하게 닮아가기 시작한다. 이때 근원과 부조화한 것은 빛이 나타나면 어둠이 사라지듯이, 참된 지혜가 나타나면 무지가 사라지듯이 사라진다. 사실을 알면 환상은 사라진다. 환상은 허망한 것으로, 환상 속에 빠져 있으면 아무것도 이루지 못한다. 실제의 일은 허망한 것으로 이루어질 수 없기 때문이다.

"오히려 내 육 안에서 하느님을 보리라(욥기)"고 욥이 말한 것도 같은 뜻이다. 우파니샤드에도 같은 내용이 있다. 즉, 모든 것에 그리스도 의식이 깃들어 있음을 보고, 각기 다른 육신 속에도 진리가 깃들어 있음을 본다는 것이다. 육신은 빛나는 순수한 영질이다. 육신이 물질이라는 그릇된 생각이 사라지고, 육신의 참상태는 빛이며, 육신을 통하여 신의 완전한 영성이 나타난다는 진리를 깨달을 때 비로소 육신의 참상태가 실현된다.

그렇다고 특별히 육신을 영화하려고 할 필요는 없다. 육은 이미 물질화된 영이다. 이는 마치 눈에 보이지 않는 수소와 산소가 결합하여 눈에 보이는 물로 나타난 것과 같다. 물은 수소와 산소가 완전히 하나가 된 것으로 수소와 산소를 분리하면 물 자체가 없어진다. 이것이 "너희 몸은 살아 계신 하느님의 성전이다"라는 말씀의 뜻이다. 몸이 근원과 재결합하면, 몸은 빛처럼 순수해지고 완전해진다. 그 빛은 태초로부터 있었던 빛이요, 만물을 창조한 빛이다. 그런데도 육신과 참근원 사이에 인간의 마음이 끼어들었다. 그 결과 하느님의 성전인 육신은 도둑의 소굴이 되어, 육신이 가지고 있던 참된 생명력마저 빼앗겨버렸다.

✣ 어떤 사람의 얼굴이 기쁨으로 빛날 때가 있고, 슬픔으로 어두울 때도 있다. 이것은 마음 상태가 다르게 나타난 것뿐이지 한 사람의 얼굴이다. 건강한 자이든 병든 자이든 육신은 영적인 질료가 나타난 것이다. 의식이 분리되지 않고 그 본래의 상태인 신의 전체성과 일치하면 육체는 자동적으로 그와 같은 상태를 나타낸다. 이렇게 되면 육신은 신의 말씀, 신의 빛나는 원질로써 이루어진 본래의 상태로 되돌아간다.

'하늘에 계신 아버지'로 시작되는 주기도문에서 말하는 하늘이란, 하늘이라는 특별한 공간을 말하는 것이 아니다. 산스크리트 경전에 의하면, 하늘이란 모든 곳에 임재한 평안과 조화라는 뜻이다. 예수도 바로 이러한 뜻으로 말하였으며, 이것이 바로 참의미의 하늘이다. "천국은 너희 안에 있다.(누가복음 17:21)" 주기도문은 깊은 뜻이 있어 개인적으로 구전받지 않고서는 그 의미를 올바르게 알기 어렵다. 만약 깊은 뜻을 이해한 사람이라면 천국에 들어가게 된다. 이것은 소아를 완전히 포기하고 유일 실재하며 영적인 자아인 참나를 받아들인다는 뜻이다. 참나 이외에 또 다른 나는 없다. 진리를 깨달은 사람은 이 길을 따라 모든 것이 승화된 영적인 상태에 들어간다. 이런 사람들이 자기 자신을 신으로 자각한 사람들이다.

이 일을 이해하기는 쉽지 않을 것이다. 왜냐하면 사람들은 보통 표면적인 의식으로 자기 자신을 생각하기 때문이다. 이러한 사고방식을 버려야 한다. 자아실현이란 그리스도 의식이 완전히 인간의 의식이 되는 것을 말하며, 그렇게 되면 인간의 표면의식도 그리스도 의식이 된다. 우리가 가지고 있는 생각 중에서 진리에 맞지 않는 것이 있다면 과감히 버려야 한다. 그리스도가 "너 자신을 부정하라"고 한 것은 이러한 의미이다. 자기는 이 정도밖에 되지 않는다고 생각하는 자기 판단이나 자기 한정을 버리고 전체와 완전히 연결되어 있음을 받아들여야 한다. 말하자면, 자기 내부에 있는 설계자에 의지해야지 외부에 나타난 조건에 흔들려서는 안 된다. 그리스도 마음은 신의 마음이다.

✣ 실재의 왕국은 우리 자신 안에 있다. 이 왕국에 들어가기 위해서는 이 왕국이 우리 자신과 떨어져 있다는 생각을 버려야 한다. 신이라는 전체성은 모든 인간 속에 있고, 모든 인간을 관통하며, 모든 인간 주위에 실존한다. 따라서 인간은 신의 전체성 안에 포함되어 있다. 인간은 이 진리를 받아들이는 수밖에 없다. 이 진리를

받아들이고, 이 진리와 조화를 이루어 살아감으로써 이 진리를 깨닫게 된다.

우리가 신의 참지혜에 통달하면 하는 일마다 다 이루어질 것이다. 다시 말하면 인간이 신과 완전히 하나인 상태가 되면, 하는 일마다 모두 이루어진다. 예수가 "다 이루었다"고 선언한 후부터 다른 일도 모두 이루어졌다. 우리 스스로 우리 자신의 완전함을 인정한다면 그대로 완전해진다. 우리가 그와 같이 인식한다면 바로 신이 된 것이다. 그 외의 다른 것은 필요 없다.

이 진리를 이해하지 못했기 때문에 그 당시 사람들이 그리스도를 박해하고 십자가에 못박은 것이다. 예수가 "나는 신이다"라고 선언한 것을 저들은 신성모독이라 생각했다. 인간은 결코 신이 아니며, 신이 될 수 없다고 굳게 믿는 최면에 빠진 저들로서는 예수의 깊은 진리를 도저히 이해할 수 없었다. 지금도 이 진리를 이해하지 못하는 사람들 앞에서 같은 말을 한다면 똑같이 신성모독이라고 비난받을 것이다. 그렇다고 우리가 세상 사람들의 비난이 두려워 보통 사람들이 생각하는 것과 똑같이 생각하고 산다면, 우리도 똑같이 최면 상태 속에서 사는 것이다. 이와 같이 세상 사람들은 최면 상태 속에서 살기 때문에, 깨달은 사람은 세상 사람들에게 진리를 함부로 발설하지 않는다. 그런 의미에서 "나는 신이다"란 "나는 침묵한다"라는 뜻이기도 하다.*

---

* 거룩한 것을 개에게 주지 말며 너희 진주를 돼지 앞에 던지지 말라. 저희가 그것을 발로 밟고 돌이켜 너희를 찢어 상할까 염려하라(마태복음 7:6).

✣ 원인이 있으면 그에 따른 결과가 생기기 때문에 원인과 결과는 하나이다. 진리를 알게 되면 자유를 얻는다. 신이 건강 자체라는 것을 알게 되면 건강을 얻고, 신이 공급 자체라는 것을 알면 즉시 공급이 이루어진다. 여기에서 어긋남이란 없다.

신을 삼위일체로 보는 것은 유일자를 나누는 생각에서 나왔다. 모든 요소가 유일 요소로 귀속하게 되면 하나 속의 셋, 즉 모든 존재의 속성인 참삼위일체(Trinity or Triad)에 곧장 이르게 된다. 이것이 성령이요, 전체의 나요, 완전한 행위를 하는 창조의 영이다. 우리가 성령을 생각하면 완전한 창조의 영이 활동하기 시작한다. 이것이 단일한 전체 그대로 운동하는 것이다. 성령이 임하시면, 우리가 행하는 모든 행위는 전체성 속에서 원리가 완전히 행해지는 것이 된다. 즉, 조금도 분리감이 없는 전일한 행위가 된다.

✣ 우리 인류는 아버지의 집으로 갈 뿐이지, 어디 멀리 떨어져 헤매는 존재들이 아니다. 우리 인간은 신과의 합일 상태를 향하여 갈 뿐이지, 계속 분리된 상태로 가는 것이 아니다. "보라, 하느님은 한 분이시다"라는 말은 되돌아가고 있는 영혼의 노래이다.

죄란 없다. 원전에서는 속죄贖罪란 말을 찾아볼 수 없었다. 인간 스스로 죄라고 부르는 것을 범하고, 인간 스스로 용서하고 있다. 따라서 인자(사람의 아들)에게 죄를 용서하는 권세가 있는 것이다. 성령을 거스르는 죄란 있을 수 없다. 왜냐하면, 죄란 나눌 수 없는 것을 인간이 나누려는 행위, 즉 유일자의 전일한 행위를 분리하는 일이기 때문이다. 그런데도 인간은 계속 나누면서(죄지으면서) 살아왔다. 왕권신수설도 여기에서 유래한다. 만약 왕의 권위를 신으로부터 받았다면, 왕이 실수를 한다거나 잘못을 범하지 말아야 한다. 그런데 그렇지 못했다. 참된 의미의 왕권신수는 왕이나 왕족만 신의 권위를 받았다는 것이 아니고, 인간이 스스로 자기 자신을 지배하고 통제할 수 있는 권리를 가지고 있다는 뜻이다. 자기 자신을 스스로 다스릴 줄 알 때 자기 자신을 지배하는 왕이 되며, 모든 인간이 스스로 다스릴 줄 알 때 모든 인간 또한 왕이 된다. 마찬가지로 인간이 스스로 자신을 신으로 자각하면, 신의 권위를 가지고 신의 이념을 행사할 수 있는 왕이 되는 것이다.

✣ 인간을 분리감으로 몰아넣은, 인간 스스로 만든 생각에서 벗어나서 인간은 보편적인 전체와 하나요, 전체와 닮은 무한한 공간에 존재하는 만상과 합일할 수 있는 존재라는 것을 알아야 한다.

신이 어떤 특정한 사람이나 그룹에게만 계시하고, 그 밖의 다른 사람이나 그룹에게 계시하지 않는다는 주장은 잘못된 것이다. 모두가 신의 창조물이기 때문에 신은 어떤 사람, 어떤 단체도 차별하지 않는다. 그러나 인간이 스스로 잘못된 견해를 가져 부족의 신, 민족의 신, 종교의 신이라는 관념을 만들어놓았다. 그 결과 부족, 민족, 종교 등 여러 갈래로 나뉘어 서로 싸우게 되었다. 애보트(Lyman Abbot) 박사는, 정통파 교회가 여러 교파로 갈라져서 싸우고 미워하고 있기 때문에 오히려 문명이 퇴보하고 있다고 말했다. 신은 차별 없이 모든 존재에게 자신을 드러낸다. 모든 인간은 하나인 존재에서 나오는 동일한 빛이요, 이 빛을 보면 이름 그대로 신의식 상태에 들어가게 된다. 신의식 상태 속에서는 분리란 있을 수 없고, 분리가 없으니 싸움이나 갈등도 있을 수 없다.

이 책의 첫머리에는, 에밀 대사가 동물의 시체를 놓고 서로 싸우고 있는 들개들을 떼어놓는 이야기가 있다.* 이때 에밀 대사는 이렇게 말했다. "당신들이 본 이 일은 나라고 하는 소아가 한 것이 아니라, 내 속에 있는 신아가 한 것입니다." 에밀 대사의 말은, 신아가 나타나면 동물에 대한 공포심이 없어지고 평화와 조화가 일어난다는 뜻이다. 그러므로 들개들은 서로 싸우지 않고도 먹이를 사이좋게 나누어 먹을 수 있었다.

또한 불 속을 걸어 나간 이야기도 같은 진리를 말하고 있다.** 나중에 대사들이 우리에게 말하기를, 우리와 불 사이에 아무런 갈등이 없을 정도로 우리의 파동을 높였다고 한다. 말하자면, 사람과 불 사이에 완전한 조화가 일어난 것이다. 우리도 분명히 주위에 불이 이글거리며 타오르는 것을 보았지만, 전혀 뜨거움이나 불안함을 느끼지 않았고 심지어는 옷조차 그을리지 않았다. 최근에 이와 비슷한 일이 또 하나 있었다. 런던에서 있었던 일인데, 어느 인도인 요가수행자가 과학적으로 엄격한 테스트를 받았다. 이 실험에서 찍은 사진이 미국에서 뉴스로 방송되었는데, 그 내용은 유명한 뉴스 해설자인 에드윈 힐Edwin C. Hill이 상세히 해설하였다. 이 내용의 복사본은 이 교과를 가르치는 교사 백 명에게 송달된 바 있다.

대사들은 단순히 신의 삶을 살 뿐이다. 대사들은 항상 "생명은 빛이다"라고 말한다. 우리가 빛을 발하면 생명이 나온다. 우리가 생명

---

* 본서 1권 제1부 제1장 참조.

** 본서 1권 제1부 제13장 참조.

의 삶을 살면 완전한 전지를 얻게 된다. 그렇다고 금욕생활이나 은둔생활을 해야 한다는 것은 아니다. 다만 생명과 빛이 전체 안에서 하나 된 삶을 말하는 것이다.

신의 삶을 살지 못하고 속박된 삶을 사는 사람들도 그 속박된 삶만 버리면 얼마든지 신의 삶을 살 수 있다. 우리는 이를 어린아이 때부터 수련할 수 있다. 대사들은 수백 일 동안 전혀 먹지 않고 지내기도 한다. 그들은 먹는다는 일에 구속당하지 않는다. 그러나 보기에 먹지 않고 있는 것 같으나, 사실은 주위에 무한히 퍼져 있는 프라나prana, 즉 영기靈氣를 흡수한다. 이 프라나를 몸에 필요한 완전한 영양분으로 흡수하는 것이다. 식물도 역시 프라나를 흡수한다. 따라서 인간이 식물을 먹을 때 프라나를 흡수하는 셈이 된다. 그러나 인간은 식물이나 음식물을 먹지 않고도 얼마든지 직접 프라나를 흡수할 수 있다.

서양인들이 인제 와서 새삼스럽게 성서를 버리고 바가바드기타를 받아들일 필요는 없다. 서양인들에게 바가바드기타는 생소하고 쉽게 이해하기 어려운 책이다. 그러나 인도인들에게는 최상의 경전이라 할 수 있다. 서양인들도 바가바드기타를 읽으면 큰 도움을 받을 수 있다. 기타는 성서에서 볼 수 있는 것과 같이 이해하기 어려운 설화나 비유, 잘못된 번역 없이 쓰인 책이기 때문에, 기타를 읽으면 성서에 나오는 전승설화라든가 비유, 몇몇 오역된 구절을 올바르게 이해할 수 있는 기회를 얻기도 한다. 베단타철학*** 또한 대사들의 가르침을 나타낸 최상의 책이다. 그러나 먼저 베다부터 배우고 난 후, 베

*** 베다의 심오한 진리를 뜻하는 말로, 우파니샤드를 체계적으로 해석하는 철학의 명칭이 되었다. 학설의 근간은 절대자 브라만을 인식함으로써 해탈에 이른다는 것이다.

단타를 공부하는 것이 좋을 것이다.

서양인들이 영적인 것을 이해하기 어려운 이유는, 오랫동안 영적인 것이 무엇인지 모르는 환경에서 자라왔기 때문이다. 심지어 원리란 알 수 없는 것이라고 가르치는 철학자들도 있다.* 대사들에 의하면 원리란 우리가 받아들이기만 하면 알 수 있는 것이다. 우리는 이 진리를 받아들여야만 한다. 그렇지 못하면 한 발자국도 나아가지 못할 것이다.

자기 본위, 이기주의의 마음을 가진 채 인도로 가는 것은 오히려 성서나 이 책에서 말하는 가르침, 그리고 진리에 관한 책들을 읽는 것보다도 훨씬 못한 것이다. 진리는 이기적인 마음과 함께하지 못한다. 그러므로 인도로 가는 것이 중요한 일이 아니라 진리를 받아들이는 마음 상태가 중요하다.

이미 말한 바와 같이, 진리를 공부하기 위하여 꼭 인도로 가는 것이 중요한 일은 아니다. 오히려 마음속의 들끓는 혼란 상태로부터 벗어나는 것이 중요하다. 이후에 성서나 진리에 관한 책을 읽어야 제대로 이해할 수 있으며, 이때야 비로소 성서에 쓰여 있는 의미를 제대로 파악할 수 있게 된다. 바가바드기타, 마하바라타, 베다를 읽으면 성서를 이해하기가 훨씬 쉬워진다. 이들은 성서에 쓰여 있는 모든 내용의 근원이기 때문이다.

---

* 절대적인 진리나 가치가 존재하지 않는다는 회의주의, 초경험적인 존재나 본질을 인식한다는 것은 불가능하다고 보는 불가지론이 대표적이다.

CHAPTER 8

MAN

인간

앞장에서 인간을 빼놓고 신을 알기는 불가능하다고 말한 것처럼, 이번 장에서는 신을 모르면서 인간을 알려고 하는 것 또한 불가능한 일이라고 말하겠다. 한쪽은 다른 한쪽을 전제로 하고 둘은 분리될 수 없다. 왕국도 없이 왕만이 홀로 존재할 수 없으며, 왕 없는 왕국 역시 있을 수 없다. 피조물 없이 창조주만 생각할 수 없고, 창조주 없는 피조물도 있을 수 없다. 즉 하나인 것에서 나타난 두 가지 표현이므로, 한쪽은 다른 한쪽 없이 존재할 수 없다. 그러므로 인간은 우주 전체와 분리할 수 없는 한 부분인 것이다.

대사들은 말하기를, 인간이란 항상 본래의 상태에 있고, 항상 생명력이 살아 있고, 원리가 작용하고 원리가 나타난 존재라고 한다. 대사들은 또한 "인간은 신이 투사된 것으로, 신이 되어가는 존재, 신의 완전한 이상을 닮아가는 존재이다. 신은 우주적, 보편적이다"라고 말한다. 인간은 선택하길 좋아한다. 인간은 신도 선택하기를 좋아한다고 생각한다. 그러나 신이 누구를 선택한다는 것은 지극히 인간적인 생각에서 나온 발상이다. 인간은 선택하지 않는 삶을 살 수 없다. 그러나 인간이 선택은 한다고 하더라도 전체, 즉 완전 원리인 신의 손에서는 한 발자국도 벗어날 수 없다. 이는 인간이 참된 기원, 참된 존재로부터 분리된 존재가 아니라는 것이다. 인간은 자신의 일을 스스로 결정한다고 생각하지만, 그 결정도 절대적인 원리에서 한 발자국도 벗어나지 못하고 있다.

✣ 만물이 영원히 하나라는 점과, 신과 인간은 분리할 수 없다는 진리를 말하고 있다. 이 점은 아무리 강조해도 지나치지 않는다. 깨달은 사람들은 신과 인간을 구별하지 않는다. 오직 신만이 존재한다고 가르친다. 인간은 무한자 속에서 무한자와 함께 있는 한 단위이다. 이와 같이 무한자의 한 단위로서 무한한 능력을 가지고 있으며, 무한한 능력을 쓸 수 있다. 인간은 우주 속에서 우주와 함께 하나이다.

인간은 한 개인으로서 따로 떨어져 독립된 존재가 아니고, 전체와 분리할 수 없도록 결합된 존재이다. 어떻게 무한한 우주에서 인간만을 따로 떼어놓고 생각할 수 있겠는가? 그런데도 인간은 스스로 분리되었다고 생각한다. 그런데 실은 그 분리되었다는 생각이 인간을 스스로 분리시키고 있다. 인간의 자유 의지, 즉 내가 내 마음대로 선택한다는 자유도 자기 생각의 범위를 벗어나지 못한다. 왜냐하면, 인간은 언제나 근원과 함께 있고 근원과 결합되어 있는 존재이기 때문이다. 이제 인간은 스스로 분리되어 있다는 쓸데없는 생각으로부터 벗어나 필연적인 진리를 받아들여야 한다. 그래야만 인간은 우주 안에서 올바른 위치를 깨닫게 된다. 비유하자면 인간은 법을 시행하는 권력을 가진 왕이라 할 수 있다. 법을 무시하는 왕은 더 이상 왕이라 할 수 없듯이, 왕도 백성과 똑같이 법의 지배를 받아야 한다. 그래서 왕과 백성들은 똑같이 법의 지배를 받는 왕국의 일원이 되고, 왕국이라는 단일체를 이룰 수 있는 것이다.

인간은 삼위일체(triune)이다. 이 삼위일체(trinity)는 결코 분리될 수 없으며, 항상 일체이다. 인간이 무엇인지 알게 되면 인간의 속성도 알게 된다. 고대 그리스인들은 이를 이렇게 표현하였다. "인간이여, 너 자신을 알라." 우리 인간은 우리 자신을, 우리의 중요성을, 우리 자신의 신성을 모르고 있다. 여기서 말하는 신성은 인간이란 전체의 한 부분이요, 전지(know all)요, 전체 그 자체(IS the All)가 나타난 존재라는 것이다.

세 개의 선으로 세 변을 만들어 단일체를 이루지 못하면 삼각형이라 할 수 없는 것처럼, 셋이 서로 연결되어 하나를 이루지 못하면 그냥 셋일 뿐이지 삼위일체라고 할 수 없다. 따라서 삼위일체는 한 단일체요, 단일체이면서 셋으로 이루어졌다. 우리가 할 일은 인간이 삼위일체로 이루어져 있다는 사실을 분석하고 연구하는 데 있지 않다. 모든 인간은 아버지의 집(Father's house)으로 돌아가는 도중에 있다. 우리는 이 사실을 알아야 하고, 또한 아버지의 집으로 돌아가고 있다는 우주 계획 중에 자신의 위치는 다른 사람과 조금도 차이가 없음을 알아야 한다.

✣ 인간이란 존재는 그의 근원에 의지하기 때문에, 인간은 우주 속에서 홀로 떨어져 있는 유기체가 아니다. 대사들도 우주 속에 있는 자신의 자리로 돌아온 사람, 자신의 위치를 깨달은 사람이라 할 수 있다. 이것이 성경에 나오는 아버지의 집으로 돌아온 탕자에 관한 비유이다. 진실로 인간이란 근원과 함께 살아왔고, 근원 속에서 살고 있는 존재이다. 인간은 근원과 떨어져 있으면 아무것도 아니다.

인간이 자신의 의식 수준을 높여 신과 같이 되는 일은 언제나 가능한 일이다. 왕권신수설도 본래 이러한 사상에서 발생한 것이다. 이는 왕만이 유일 신성한 지배자라는 것이 아니라, 모든 인간이 유일 신성한 지배자가 되어야 한다는 뜻이다. 다만 왕의 다스림은 사랑으로써 봉사하는 것이어야 하듯이, 모든 인간 또한 신성과 일치하고 사랑의 봉사자가 되어야 한다. 이러한 사람은 자신이 남보다 높다고 교만해하지 않는다. 만약 교만한 사람이거나 이기주의자라면 오래가지 못한다. 백성들과 일체감을 느끼고, 백성들을 사랑과 봉사로 다스릴 수 있는 능력이 있는 사람이라야 왕이라 할 수 있는 자격이 있겠지만, 이기주의자는 사랑과 봉사의 마음이 없고, 전체와 일체감을 느끼지 못하며, 전체와의 분리 의식에서 벗어나지 못한다. 그러므로 이기주의자는 자연 법칙을 어기게 되고, 결국은 자기 자신까지 망치게 된다.

✣ 참된 의미에서 왕권신수설이란 인간이 우주로부터 부여받은 능력으로 스스로 자기 자신을 지배하는 것이지 남을 지배하는 데 있지 않다. "한 도시를 정복하는 것보다 자신의 마음을 정복하는 것이 더 낫다." 대사들은 자신을 지배한다고 떠들어대지 않는다. 그리스도도 자신을 과시하지 않았으며, 다만 모든 사람들에게 자신의 신성이 있음을 알려주었다.

"인간은 하느님의 형상대로 창조되었다(Man was created in the image of God)"는 성서의 구절은 번역이 잘못되었다. 원전에는 in이 없다. in을 넣었기 때문에 '형상대로, 형상과 같이'라는 뜻이 생겼다. in을 빼고 "인간은 신의 형상이다"라고 해야 한다. 여기에서 정통적인 기독교와 차이가 크게 생긴다. 정통파는 인간의 관념대로 신을 만들려고 한다.

그래서 인간이 이해할 수 없는 것을 만들어냈다. 인간이 신을 자기보다 더 큰 존재라고 생각하고, 인간은 보잘것없는 존재라고만 생각한다면 인간과 신의 관계를 제대로 알지 못하고 있는 것이다. 그러나 인간은 보편적인 것이 개별화된 것, 즉 신이 인간화된 것이라고 생각한다면 제대로 아는 것이다. 인간은 신의 형상 그대로이다. "나는 신이다"라는 말은 인간으로서 할 수 있는 가장 위대한 선언이다. 이것은 전적으로 인간에게만 해당되는 것이요, 인간만이 할 수 있는 선언이다. 고대 산스크리트 문헌을 보면 형상(image)이나 모양(likeness)은 정확함(exactness)이라는 뜻이 있다. 이와 같이 "인간이 신의 형상이나 모양대로 창조되었다"는 말은 인간이 신 그대로 정확히 창조되었다는 뜻이다. 원인과 결과라는 이름은 서로 쌍을 이루는 대응 관계라고 할 수 있다. 원인(신)이 움직여 생명이 있는 형태(인간)를 만들어냈다.

✣ 인간은 신성 원리가 인격화된 존재요, 우주가 개개인으로 인간화된 존재이다. 즉, 인간은 인격적인 신이요, 비인격적인 우주가 구체화된 존재이다.

이것이 진실이라면, 예수는 왜 "나는 신이다"라고 하지 않고 "나는 신의 아들이다"라고 했을까? 이는 예수가 자기 자신을 가리킬 때 여러 가지로 표현한 것 중의 하나일 뿐이다. 그 예로 예수가 말한, "나와 아버지는 하나이다"라는 표현이 있다. 그런데 번역자들은 다음 문장을 이해하지 못해서 아예 빼버렸다. "너희는 신이 나타난 것으로 너희는 신이다. 그러므로 나도 너희에게 신을 나타낸다(You are God as you present God, therefore I present God to you)"라고 예수는 말씀하셨다. "나를 보는 자는 아버지를 보는 것이다.(He that hath seen me hath seen the

Father-God)"

옛사람들에게 "나는 신이다"라는 말은 함부로 입 밖으로 낼 수 없는 말이었다. 결코 소리를 내 말해서는 안 되고 심중에 고요히 말해야만 하는 것이었고, 내적인 비밀을 깨달은 사람이 스스로 우러나오는 권위와 완전함으로 해야 하는 말이었다. "은밀히 보시는 아버지가 드러나게 갚으신다"라는 표현도 이것을 의미하는 말이다. 이는 모든 창조물의 보편적인 진실인 신의 은밀한 임재, 은밀한 이름이기도 하다. 우리는 앞서 "나는 신이다"라는 말은 "나는 침묵이다"라는 의미를 가지고 있다고 말한 바 있다. "나는 신이다"라는 말은 인간의 본성에 내재되어 있는 진리의 목격자, 증언자이다. 또한 이것은 예수 그리스도라는 이름에 숨겨진 이름이기도 하며, 모든 인간에게 숨겨진 이름이기도 하다. 그 이름은 숨(Breath)이다.

예수가 하느님의 거룩한 이름을 함부로 부르고 자기 자신을 하느님이라 했다 하여, 신성 모독이라고 생각한 그 당시 사람들은 예수를 단죄하였다. 그러나 예수는 신비주의자들의 법에 충실한 것뿐이었다. 예수는 "내가 말한 바와 같이", "나를 본 자는 아버지를 본 것이다"라고 했지, "나는 하느님이다"라고 공공연히 말하지는 않았다. 이는 인간은 그 자체가 말씀이며, 인간이 우주에 이렇게 존재한다는 사실이 명백한 증거이므로 더 이상의 설명이 필요 없다는 뜻이다. 태초에 말씀이 있어 말씀이 육신이 되었다. 태초에 인간이 창조되었을 때, 인간은 말이나 소리로는 발음할 수 없는 말씀 그 자체였다. 만약 내가 살아 있는 화신이라면, 이것은 더 이상의 설명이 필요 없을 만큼 분명할 것이다. 이와 같은 상태에 있는 사람이 말을 하는 것은, 천지간의 모든 능력을 가진 우주의 권능이 말을 하는 것이다.

✣ "나는 신이다"란 인간이 감각으로 선언한 것이 아니고, 인간은 초월자의 이상적인 인간이라는 뜻이다. 그렇다고 현자들은 이 사실을 함부로 발설하지 않는다. 그들은 다만 마음속으로 깨닫고 인식할 뿐이다. 다른 사람들도 깨달으면 자연히 알게 되는 것이다. '언약의 궤(the ark of the covenant)'*란 이를 말한다. 즉, 창조주와 창조물 사이에 있는 비밀의 관계를 말한다.

이것이 바로 "아브라함이 나기 전에 내가 있었다"는 말의 의미이다. 이는 인간은 보편적인 신이 구체화된 존재로 과거, 현재, 미래에 걸쳐 항상 신이기 때문이다. 예수는 옛 산스크리트에서 나온 아브라함의 유래에 관하여 말했다. 아브라함Abraham은 빛 또는 신이라는 뜻인 A-Brahm이다. 이 A-Brahm은, 인간은 신이라는 그리스도의 이념을 세상에 나타내기 위하여 모든 힘이 합한 그리스도의 아들이라는 의미이다. 그 후에 빛을 가진 자, 빛을 드는 자라는 뜻인 다윗David, 창조의 원리를 가르치는 교사, 스승이라는 뜻의 마리아Mary도 아브라함에서 유래한 것이다.

보편적인 인간과 개인적인 인간은 구별할 수 없다. 이는 마치 공에 특정한 중심이 없는 것과 같다. 즉 공은 모든 곳이 중심인 이치와 같다. 이를 억지로 구별하려들면 혼란과 갈등이 일어난다. 인간은 본래 나눌 수 없는 존재이다. 인간은 신과 하나요 일체이다. "나와 아버지는 하나이다"라는 예수의 말씀 그대로이다. 예수는 말하였다. "너

---

* 구약성서에서 언급되어 있는 고대 이스라엘에 있던 궤. 자귀나무로 만들어진 직사각형의 상자로 그 속에는 십계명을 새긴 두 장의 석판이 있었다고 한다. 이스라엘 민족의 지성소로 섬겨졌다.

희가 기도할 때는 너 자신이 그리스도로서 신이신 그리스도에게 기도하라."

대사들은 신과 인간을 구별하지 않는다. 신과 인간을 하나로 생각하기 때문이다. 둘 사이에는 어떠한 구분도 없다. 성직자나 평신도 또한 마찬가지이다. 모두가 하나이다.

✣ 브람Brahm은 신의 이름 중 하나로 신을 뜻한다. 인간은 개별화되기 이전에 우주적, 보편적인 존재였다. 개별화된 신인 인간은 우주적, 보편적인 신에서 나온 것이다. 이 사실은 과거, 현재, 미래에도 달라지지 않는다. "내가 항상 너희와 함께 있겠다."

헉슬리나 다윈 같은 몇몇 과학자들은, 인간은 동물로부터 기원되었다는 진화론을 주장하였다. 그들은 여러 가지 증거를 들었으나, 그 증거도 첫 근원이 무엇인가 하는 것은 말하지 못했다. 결국 다윈은 다음과 같이 말할 수밖에 없었다. "우리가 세운 학설에는 근본 원리가 있어야 하는데, 그것은 우리에게 신비로 남아 있다." 원인 없는 결과는 없다. 원인을 규명하지도 못했으면서 결과를 안다는 것은 불가능한 일이다.

✣ 인간을 물질적인 입장에서 설명하려는 것은 불가능한 일이다. 물질은 지성을 산출하지 못하며, 영에는 이르지도 못한다. 영이 원인자요, 원인자 스스로의 상념이 표현되어 창조가 일어나는 것이다. 영의 표현, 즉 원인자의 표현이 없으면 창조는 일어날 수 없다.

에밀 대사도 "이와 같은 일을 여러분도 우리와 똑같이 할 수 있습니다"라고 어린아이와 같이 단순히 말했다. 자기라는 에고를 버리고 큰 업적을 이루신 예수도 말씀하셨다. "너희는 이보다 더 큰 일도 할 수 있다."

분리된 존재로서 인간은 아무것도 할 수 없다. "나 자신만으로는 아무것도 할 수 없다"라고 예수는 말씀하셨다. 분리된 존재로서 인간은 전기가 끊어진 전차와도 같이 원동력과 연결이 끊어진 존재일 수밖에 없다. 원인이 되는 원동력이 결과를 만들어낸다. 인간이 계속 존재하기 위해서는 신이라는 원동력과 계속 연결되어야 한다. "내 안에 있는 아버지가 일을 하신다." 원인이 있어야 결과가 생기는 것이지 결과만 따로 존재할 수 없다.

✦ 다른 사람들은 여러 가지 능력이 있지만, 자신은 능력 없는 존재라고 단정해버리면 언제까지나 능력을 갖지 못하게 된다. "저 사람이 할 수 있다면, 나도 할 수 있다. 한 사람에게 가능한 일은 모든 사람에게도 가능하다"라는 태도를 가져야 한다. 한 인간이 최고의 성취를 이루었다면 나도 성취할 수 있는 것이다. "나는 실재(I AM)"라는 생각을 늘 가져야 한다.

이 탐사 여행을 하면서 우리는 용모와 풍습이 서로 다른 종족을 많이 만났다. 대사들은 이들을 한 가지로 똑같이 보고 있었다. 만약 우리가 저들의 용모나 풍습이 서로 다르다고 해서 제각각 다르게 본다면 그야말로 유일자로부터 분리된 존재로 보는 잘못을 범하는 것이다. 다른 것은 외형뿐이고 모두가 동일한 이상을 지닌 그리스의 신아이다. 이러한 외형에 사로잡히지 않고 인간을 보아야 한다. 내부가 외부로 되었을 때, 즉 내부와 외부가 하나로 되었을 때, 차이점은 존재할 수 없다. 이렇게 되면, 모든 갈등이 사라지고, 투쟁도 사라진다.

씨앗도 제각각이고 모양도 제각각인 식물이 어우러져 숲을 이룬다. 그야말로 대자연인 것이다.

✣ 모든 사람들이 똑같은 가능성을 가지고 있고, 모든 사람들이 그리스도라고 보게 되면, 일체의 차별감은 사라질 것이다. 이것이야말로 평화와 선의를 이 지상에 실현시키는 비결이다. 차별의식에서 탐욕이 생기고, 탐욕이 생기니 투쟁이 일어난다.

대사들은 이러한 관점에서 환생이란 불필요한 일이라고 말한다. 방 안에 등불이 하나 켜져 있다면, 그 빛에 다가가는 가장 좋은 방법은 곧장 가는 것이다. 무엇 때문에 시간을 지체하면서 주위를 빙빙 돌고 있는가? 그 빛에 다가가서 그 빛과 하나가 되면 환생은 끝난다. 인간을 윤회의 수레바퀴 속으로 얽매어놓는 것은 이 핵심 진리, 즉 생명의 실재에 직접 뛰어들어가지 못했기 때문이다. 인간이 이 핵심 진리인 만상을 비추는 빛에 뛰어들어간다면 주변을 배회하는 일이 없어지고, 궁극점에 도달할 것이다.

우리가 대사들과 같은 삶, 즉 내적인 자아가 주(master)가 되는 인생을 살면, 우리 마음을 괴롭히는 문제들을 전부 극복할 수 있다. "진리가 너희를 자유롭게 하리라"라고 말씀하셨다. 부정적인 관념, 부정적인 사상을 받아들이지 말아야 한다. "내가 신이다"라는 사실을 마음속 깊이 간직하면, 부정적인 관념을 물리칠 수 있다. 비진리보다 진리를 말하는 것이 언제나 좋은 일이다.

✣ 이 세상에서 일어나는 모든 혼란은 이 근본 문제에서 벗어나 있기 때문이다. 이 생명의 중심을 받아들이면, 그 이하의 일이나 인간을 제약하는 모든 관념으로부터 자유로워진다. 이미 도달한 사

람에게는 과정이 문제시되지 않는다. 인간은 근본 원인, 즉 신으로부터 시작해야 한다.

우리가 '참된 실재'라는 진리를 이해한다는 것조차 우리 안에 신성이 있기 때문이다. 만일 우리 안에 신성이 없다면 참된 실재를 이해하지 못할 것이요, 이해하려는 생각조차 일어나지 않을 것이다. 부정적인 말이나, 부정적인 생각에 방해받지 않고 신성을 있는 그대로 받아들이는 일이 필요하다. 분석하는 일, 형식적 행위에 치우친 노력은 오히려 여기서 더욱 멀어지게 한다. 기술자들이 새로운 기계를 만드는 예를 보더라도, 기계를 만들어내는 것이 우선이지 기계에 대한 설명은 나중에 해도 된다. 만들지도 않은 기계에 대해서 설명하고 분석하는 것은 불가능한 일이다. 물질적인 것도 이러한데 하물며 인간의 이성을 초월한 영적인 것은 더욱 그러하지 않겠는가? 비행기가 나는 것도 처음부터 가능한 일이라고 생각한 사람은 거의 없었을 것이다. 아무리 연구해보고 분석해보아도 비행기가 날 수 있는 방법은 있을 것 같지 않았다. 그러나 지금은 비행기가 날고 있으며, 비행기가 날 수 있는 방법과 그 이유에 대한 수많은 설명이 있다. 먼저 사실이 선행되고 설명은 나중에 하는 것이 일의 순서이다.

✣ "마음속에 품은 생각은 언젠가는 이루어진다"는 오래된 격언이 있는데, 이 격언은 그 이상의 깊은 뜻을 가지고 있다. 이것은 진실로 "인간은 자기가 마음속에 품고 있는 생각 그대로라는 것"이다. 만약 공기라는 대상이 없으면 숨 쉬는 일이 불가능한 것과 마찬가지로, 이 세상에 존재하지도 않는 대상을 생각하는 것은 불가능하다. 인간은 여러 가지 본성을 가지고 있는데, 이 여러 본성

이 있다는 것은 본성의 대상이 되는 사실이 존재하기 때문이다. 예컨대, 인간에게 욕구라는 본성이 있다. 이 욕구라는 본성이 있는 것은 욕구를 충족시켜줄 수 있는 공급이 있기 때문이다. 욕구를 충족시켜주는 공급이 없는데 욕구만 홀로 존재할 수 있겠는가? 사실이 욕구보다 먼저 존재한다. 인간에게 욕구가 있는 것은 사실이 먼저 존재하기 때문이다.

만약 어떤 사람이 충분히 자각하지도 못한 상태에서 맹목적인 믿음만 갖고 신성을 파악하려 든다면, 이것 또한 신으로부터 분리시키는 일일 뿐만 아니라 불가능한 일이다. 이보다는 "나는 할 수 있다"고 결심하고 참된 실재로 들어가는 것이 훨씬 낫다. "나는 할 수 있다"는 말은 가능하다는 의미이며, "나는 …이다"라는 말은 마음속에 이룬 것이다. 예수는 "나는 길이요, 진리요, 생명이다"라고 말씀하셨다. 뿌린 대로 거두는 법이다. 어떤 것이 된다면 본래 어떤 것이었기 때문에 되는 것이다. 진실로 말하면 되는 것이 아니라, 이미 있는 것이다. "나는 할 수 없다"고 생각하면 이미 신으로부터 분리된 것이다. 예수는 말하기를 "죄악과 타협하지 말라"고 했다. 있는 사실과 어긋나면서도 사실을 그대로 나타낸다는 것은 불가능한 일이다.

✣ 일을 할 때 너무 세밀하게 주의를 기울이다보면 일이 지지부진해지는 경우가 있다. 일을 추진하는 데는 대담함도 필요하다. 여기에서 말하는 대담함이란 다른 사람이 입증한 일을 나도 할 수 있다고 받아들이는 것을 말한다.

예수가 "이 돌을 빵이 되게 하라(마태복음 4:3)"라는 시험을 받을 때,

생각해보니 손바닥만 펴면 빵이 생길 것이므로 구태여 돌을 빵으로 변화시킬 필요가 없었다. 대사들은 "마땅히 있어야 할 것이 있는 것이다"라고 말한다. 빵에 대해서 염려할 필요는 없다. 빵은 이미 있으므로 다만 감사하기만 하면 된다는 것을 예수는 잘 알고 있었다.

✣ 구태여 하나의 형태에서 다른 형태로 변화시키려고 할 필요는 없다. 왜냐하면 다른 형태 또한 이미 존재하기 때문이다. 이 진리를 알면 실재세계에서 일할 수 있으며, 한 형태에서 다른 형태로 변화시키려는 시도가 얼마나 무익한지, 그 사실을 알게 된다. 2 더하기 2는 4요, 3 더하기 3은 6이다. 이들은 이미 확정된 사실이기 때문에 변화시킬 필요가 없다.

존재하지도 않는 물건이면 그 물건이 필요하다는 생각이 들지도 않는다. 만약 공기가 존재하지도 않는데 공기를 필요로 하는 일이 있겠는가? 필요하다는 것은 그 대상이 이미 있기 때문에 생긴다. 즉 필요하다는 것은 이미 그 대상이 존재한다는 뜻이다. 따라서 우리가 할 일이라고는, 이미 존재하고 있는 것을 받아들이기만 하면 된다. 마땅히 있어야 할 것이 있는 것이다. 이것은 우리 육신의 경우에도 마찬가지이다. 실제로는 아무런 근거가 없는데도 육체적인 제약이 있는 것은, 인간이 물질주의라는 최면에 걸려 있기 때문이다. 이 죽을 운명의 육체는 최면에 걸려 있으나, 우리가 일단 그 최면 상태에서 눈을 뜨기만 하면 하룻밤의 악몽에 불과했다는 것을 깨닫게 된다. 이렇게 되면 두 번 다시 꿈꾸지 않는다. 만약 어떤 사람이 영광에 빛나는 영적인 몸을 갖고 싶은 필요성을 느꼈다면, 그 사람 속에 있는 완전한 상태가 그의 마음을 비추었기 때문이다. 무엇을 생각한다든가, 무엇을 필요로 하는 것은 이미 그것이 존재하기 때문에 가능한 것이다. 우리가 할 일은 이미 있다는 것을 알고 받아들이는 일뿐이다.

그렇기 때문에 이 육체를 다시 영화시킬 필요가 없다. 육체는 이미 영화되어 있는데, 인간의 잘못된 믿음이 제약된 것으로 보는 것이다. 영은 언제나 영인데 인간이 제멋대로 물질적인 것으로 만들어놓았다. 영적인 몸, 오직 하나의 몸만 있을 뿐이다. 육신은 하느님의 성전이며, 하느님이 거하시는 곳이다. "이 땅의 만물들아, 하느님 앞에서 기뻐하라." 만약, 육신을 물질이라고 생각하고 있다면, 이는 신을 부정하는 것이요, 신이 계신 성전을 모독하는 것이다. 즉, 신을 숭배하는 것이 아니라 물질을 숭배하는 것이다. 신을 부정하는 순간, 육신을 물질적인 것으로 보는 순간 최면에 빠진다.

육신은 하느님을 표현하는 도구이며, 영을 표현하는 도구로서 가장 훌륭한 것이다. 육신은 순간순간 하느님을 표현하기 위해 있는 것이지, 물질적인 것을 나타내고 최면이나 심령 현상의 도구로 쓰이라고 있는 것이 아니다. 우리는 신이다. 우리가 신에게서 분리되었다는 생각을 버리면, 물질적인 제약 상태나 심령 현상에서 벗어날 수 있다. 이렇게 해서 인간은 유일하게 현존하는 것이 무엇인지, 유일한 힘이 무엇인지 알 수 있게 된다. 모든 것이 이 하나의 힘, 하나의 존재, 하나의 법칙에 의하여 작동한다. 그것은 인간의 관념에 오염되는 일 없이 완전한 그대로 작용한다.

✣ 육신은 살아 계신 하느님의 성전이다. 그러므로 돈 버는 것, 장사하는 것, 이득을 따지는 것에서 자유로울 필요가 있다. 그리고 만

군의 주, 왕 중의 왕을 모시고, 이 육신을 통하여 마땅히 나타내야 할 것이다.

개인령과 우주 보편령, 즉 초월자 사이에는 어떠한 차별도 있을 수 없고, 또한 분리할 수도 없다. 만약 차별하고 분리한다면 예수의 말대로 "신의 원리를 갈라놓는 일"이 된다. 인간은 각기 독자적인 존재이면서도 우주적인 단일체(Universal Units) 중 하나이다. 그래서 인류라고 부르는 것이다. 인류는 모두 동일한 하나이며, 아무런 구별도 차별도 분리감도 없는 조화로운 집합체이다.

신인은 천재이고 그리스도가 나타난 것이며, 아무런 거리낌이나 제약 없이 신성이 표현된 것이다. 아이들 가운데 종종 비상한 천재성을 나타내는 경우가 있는데, 이는 아이들이 아직 어른들의 제약된 관념에 물들지 않았기 때문이다. 이 아이들이 계속 그 상태로 살아간다면 그야말로 천재로서 삶을 살게 될 것이고, 신성을 나타내는 삶을 살게 될 것이다. 다시 말하면, 세속의 삶을 사는 것이 아니라 그리스도 자아(Christ Self)가 나타난 삶을 살게 된다.

✣ 대사, 천재, 신인神人이란 인간의 미혹된 관념을 벗어난 참된 인간, 참나의 인간을 말한다.

대사가 되는 것, 참나가 되는 것이 우리가 해야 할 일이다. 대사들은 말하기를, 미국에는 1억 3천만*의 대사들이 있다고 한다. 이는 미

---

* 이 책의 원서 제1권은 1924년 출간되었다. 20세기 초 어느 시점의 미국의 인구인 것 같다.

국 사람 개개인이 모두 대사라는 뜻이다. 물론 다른 나라에도 똑같이 적용되는 말이다. 모든 사람은 대사이다. 인간 속의 제약된 것조차 대사임을 증거한다. 왜냐하면 대사만이 제약된 것을 알아보고 벗어날 수 있기 때문이다.

✣ 인간으로서 해야 할 일은 참나가 되는 것뿐이다. 참나가 되면 완전한 세계로 들어간다. 이러한 사람은 영원히 바쁘게 된다. 왜냐하면 이때부터 참된 일을 시작할 수 있기 때문이다.

세상 사람들이 말하는 화신(Avatar), 구세주(Savior)란 원리가 나타난 권화權化이다. "보라, 왕을", 이 환호 소리는 어떤 위대한 인물이 오셨다는 뜻이 아니고, 원리에 의해 오신 사람, 원리에 따라 사는 사람을 말한다. 이렇게 사는 사람을 화신 혹은 천재라고 한다. 이러한 화신이나 천재는 인간이 왕이 될 수 있는 가능성을 전부 실현한 사람들이다. 이들은 자기 자신을 실재 그 자체라고 생각한다. "왕은 잘못을 할 수 없다." 어떤 잘못된 생각을 한다는 것은 인간이 신성이라는 것, 자기 왕국을 지배하는 지배자(왕)라는 사실을 격하시키는 일이다. 누구나 자신의 왕국에서 왕이기 때문에 왕이 자신의 참된 본성을 온전히 나타낼 수 있다면 대사요, 천재라고 할 수 있다. 이러한 사람은 온전히 자기 자신을 지배하고 있다. 이러한 사람이 온전한 왕이 됨은 모든 사람들도 또한 온전한 왕이 될 수 있다는 가능성을 보여주는 것이다. 그들만이 아니라 모든 사람들은 자신과 주위 환경을 지배하는 왕이다. 천재나 화신은 이와 같이 사람들에게 길을 보여주고 있다. 이들의 삶은 모든 인류를 위한 삶이 되고 있다.

✣ 인간 개개인 속에 있는 신아가 화신이요, 구세주이다. 자신의 구

세주를 받아들이고 참나가 되어야 한다.

화신이나 천재는 자신의 영적인 진보를 이루기 위해 지구상에 태어나지 않는다. 왜냐하면 그들은 이미 완성된 존재이기 때문이다. 그들은 영적인 발전 단계를 모두 지나 항상 영과 하나가 되어 있다. 진보, 발전이라는 개념도 인간의 생각이고, 인간의 이론일 뿐이다. 대사들은 자기 자신을 태초부터 신의 형상과 모양을 닮은 무한자, 신성이 구현된 자로 보고 있다.

이러한 빛의 영혼들인 대사나 화신들은 책을 쓰지 않는다. 그들은 다른 사람들의 증언이나 도움을 필요로 하지 않으며 삶을 있는 그대로 보여주고 있기 때문에, 말하자면 그들의 삶 자체가 책인 셈이다. 그들의 가르침은 너무나도 단순하다. 그들은 실재에 대해서 구태여 말하지 않는다. 왜냐하면 실재는 그 자체로서 완전하기 때문이다. 꼭대기에 도달하면 이제 사다리는 필요 없게 된다. 사다리는 오르기 위한 가르침에 불과하다. 꼭대기에서는 생명의 실재만 있을 뿐이요, 생명의 진리만이 드러날 뿐이다. 이 생명의 진리는 과거, 현재, 미래에 걸쳐서 항상 그러하다. 인간이 무엇을 가르치고 쓰는 것은 아직도 불완전한 단계에 있기 때문이다. 대사들은 말하고 있다. "거기 있다고 생각하라. 그러면 거기 있게 된다."

✣ 인간이 신성한 영역에 도달하면, 생명책을 보게 된다. 생명책은 봉인이 벗겨지고, 실상이 있는 그대로 드러난다.

CHAPTER 9

LIFE

생명

대사들의 삶은 생명 그대로이고, 길 그대로이다. 그들은 생명의 실상 그대로 살아간다. 그들은, 생명이란 유일 원리가 작용하는 것이요, 근원으로부터 결코 분리될 수 없는 것으로 보고 있다. 그들은 이 원리에 따라 살고 있으며, 이 원리에 따르는 삶을 보여주고 있다. 그들에게서 생명이란 이론이 아니고 생생한 것이며, 처음도 끝도 없는 사실이다. 우리도 이와 같은 순일한 생각을 가져야만 한다. 그들은, 생명이란 인간 개개인을 통하여 표현된 신이며, 인간은 생명이 고도로 정화되고 최고로 선택된 통로라고 말한다. 이렇게 해서 생명은 인간 개개인을 통해 정선되고 완전한 형태로 나타난다.

✣ 깨달은 사람들은 생명이 보편적이고 영원하다고 말한다. 우리는 이 진리를 전 인류에 밝혀야 한다. 무릇 형태 있는 생명은 무한한 공간에 충만히 있는 생명의 본질이 나타난 결과물일 뿐이다. 그렇다고 생명은 형태 있는 기간만의 존재가 아니다. 형태를 만들어내는 창조력은 지금도 활동하고 있으며 앞으로도 영원히 활동할 것이다. 형태 있는 생명은 본원의 생명이 여러 가지로 표현된 것에 불과하다. 생명이 자신 속에 있으며, 자신 속에서 언제나 충만하게 흐르고 있다는 진리를 모르는 사람은 참생명의 삶을 살지 못하고 있는 것이다.

대사들은 유일 생명이 만물 속에서 만물을 통해서 빛나고 있음을 알고 있다. 사실상, 존재하는 것은 모두 이 한 생명의 정수로서 이루어져 있다. 인간은 생명이 시작이 있는 것이라고 생각한다. 인간은 생명이 형태를 띠게 되는 때를 시작으로 보기 때문에 생명에 시작이 있다고 생각한다. 그러나 생명은 시작도 없고 끝도 없다. 생명은 형태를 이루기 전에 이미 존재하고 있었고, 또 언제나 존재할 것이다. 인간은 어떤 생명을 선택하여 특정한 형태로 나타나게 할 수 있을지도 모른다. 인간은 생명을 타락되게 사용할 수도 있다. 그러나 이것은 인간의 잘못이지 생명의 잘못은 아니다. 그렇더라도, 생명은 중단되는 일도 없고, 제한되는 일도 없이 자유롭게 흘러간다. 생명의 본질은 모든 것을 보고, 모든 것을 알고, 모든 것에 존재하는 원리이다. 이 생명을 우리 속에 흐르도록 한다면 우리의 삶은 생명의 본질이 완전히 발현되는 삶이 될 것이다.

생명을 있는 그대로 받아들이게 되면, 육신은 살아 있는 단위체가 되어 생명을 최대한도로 표현할 수 있게 된다. 그런데 그렇게 되지 못하는 것은 인간이 생명에 여러 가지 제약을 가하기 때문이다. 인간은 여러 가지 방법으로 생명을 이것저것 제한한다. 그러나 참길은 오직 하나, 생명을 최대한도로 표현하는 것뿐이다.

✣ 생명은 보편적이므로, 언제 어디서나 여러 가지 형태로 나타날 수 있다. 인간의 마음속에서 생명과의 분리감이 없어진다면 완전한 생명의 삶을 살 수 있다. 생명과 마음은 뗄 수 없도록 결합되어 있으므로, 생명을 파악하기 위해서는 먼저 마음을 확장하여 생명의 본래상을 보아야만 한다. 잡념, 망상은 인간의 마음속에서만 일어난다. 이것은 외부로 나타난 현상에 마음이 반응하기

때문에 일어나는 것이다.

인도인들이 인간의 수명을 70세로 보고 있는 것은, 인간이 이 연령까지 최대한도로 업적을 이룰 수 있다고 보기 때문이다. 70세는 완숙한 시기요, 생명의 참뜻을 최대한도로 실현할 수 있는 시기이다. 그들은 말하기를, 인간은 이 완숙 기간의 다섯 배를 살 수 있다고 한다. 그러나 서양에서는 이 진리를 전혀 모르고 있다.

그렇다고 우리가 이러한 시간의 길이에 얽매여서는 안 된다. 시간이 인간을 한정하는 것은 아니다. 70세까지 살았다면, 인생의 모든 단계를 경험했을 것이나, 그렇다고 생명이 70세로 한정된 것은 아니다. 다섯 배라는 것도 확정적인 것이 아니다. 원하기만 하면 5,000배라도 살 수 있다. 그렇더라도 인간은 70세가 되면 영적인 면으로 사물을 더욱더 깊게 볼 수 있게 된다. 이러한 경향은 40세부터 나타나기 시작한다.

"너희는 살아 있으면서 죽어 있다"라고 하신 예수의 말씀이 있다. 이는 인간이란 죽음을 앞둔 존재라는 것을 깨우치려는 말씀이 아니라, 인간이란 살아 있으면서 죽음의 상태에 있는 존재임을 보고 놀란 감정을 말로 표현한 것이다. 생명을 있는 그대로 보고, 있는 그대로 받아들이면 되는 것이지 생명을 물질적인 척도로 본다거나 나이, 숫자로 계산해서는 안 된다. 이 진리를 깨닫기만 하면 지금 바로 여기에서 영원한 생명을 얻게 된다. 생명은 어느 곳에서 오는 것이 아니요, 어느 곳으로 가는 것도 아니다. 생명은 우리가 살고 있는 바로 이 순간 여기에 존재한다. 사람들은 대부분 과거에 살고 있거나 미래에 살려고만 하고 있어 지금 여기에 있는 생명을 모르고 있다. 그러나 과거는 죽어버린 것이요, 미래는 현재가 영원히 계속되는 것뿐이다. 일체의 생명체가 생명 속에서 존재하며, 누구든지 원하기만 하면 생명수를 마실 수 있다. 영원히 살려고 하는 노력조차 필요 없다. 만약 현재를 온전히 살고 있다면 영원 속에서 사는 것이다. 과거를 잊어버려라. 미래에다 자신을 투영하지 말라. 지금만이 살 수 있는 유일한 시간이다. 우리는 영원한 지금 속에서 살고 있다.

일설에 의하면, 대사들은 37세라는 인생의 청춘기에 대각(enlightenment)을 얻은 경우가 많다고 한다. 그렇다고 모든 사람들에게 똑같이 이러한 사실이 적용되는 것은 아니다. 산스크리트 문헌에 의하면, 37은 영원을 의미하며 7이 한 주기를 형성하기 때문에 7이나 37은 여러 번 되풀이될 수 있다고 한다. 이것은 꼭 나이만을 말하는 것이 아니고, 보편 생명, 즉 참된 영적인 상태 속으로 인간의 의식이 확장되는 시기를 말한다.

깨달음은 나이와 상관이 없다. 영혼이 성숙되는 것도 나이와 상관이 없다. 이 영혼의 성숙을 통하여 인간적인 관념이 떨어져나간다. 마치 부풀어오르는 꽃봉오리가 감싸고 있던 꽃 잎사귀를 제치고 꽃이 피어나듯, 잘못된 관념을 제치고 피어난다. 늙은이가 어린아이와 같이 된다는 뜻은 어린아이로 되돌아간다는 것이 아니고, 천국에 들어갈 수 있을 만큼 천진하게 된다는 뜻이다. 이러한 사람은 물질세상에 마음을 빼앗기지 않고 오로지 자기 앞에 펼쳐진 생명 그대로 산다.

✣ 상념이 외부의 영향을 받으면, 즉 인간이 물질세계의 영향을 받으면 자신의 생명뿐만 아니라 잠재 능력까지도 제약당한다는 사실이 명백하게 밝혀졌다. 이렇게 되면 생명의 온전한 모습을 나타내는 삶이나 참으로 기쁘게 사는 삶이 불가능해진다. 천재란

이러한 잘못된 생각을 벗어난 사람, 즉 세상 사람들의 관념에 물들지 않고 자신의 길을 걷는 사람이라고 할 수 있다. 보통 사람들이라도 나이가 들면 영적인 삶에 관심을 기울이게 된다. 이것은 마치 시계태엽이 풀려버리듯 욕망의 삶이 풀려버리고 참다운 의식이 드러나기 때문이다. 이러한 참다운 의식이 계속 유지된다면 생명력이 고갈되지 않고, 생명력으로 충만한 삶이 무한히 펼쳐질 것이다.

과학자들은 인간의 육체 세포가 7년 이상은 가지 않는다고 말한다. 다시 말하면 인간의 세포는 7년마다 새로운 세포로 바뀐다는 것이다. 그렇다고 생명에 7년이라는 제한이 있는 것이 아니다. 생명은 7년으로 끝나는 것이 아니라 끊임없이 되풀이된다. 생명은 한 주기로 활동하며, 이 주기는 끝없이 되풀이된다. 진실로 생명은 시작과 끝이 없으며, 끊임없이 새로워지는 과정이며, 영원히 완성해가는 과정이다. 무릇 존재하고 있는 것 중에 생명이 없는 것은 없다. 만물은 생명을 가지고 있다. 바위도 별도….

✣ 인간은 흔히 육체적인 연령과 수명을 말하지만, 인간은 소위 수명이라고 부르는 시간에 한정된 존재가 아니다. 육체 세포와 조직은 끊임없이 대체되고 새로워지기 때문에 인간은 얼마든지 생생하게 살 수 있다. 그런데도 육체의 연령에 따라 모습이 다르게 나타나는 것은 인간 자신의 마음의 틀, 즉 마음가짐에 따라 세포와 조직이 다르게 형성되기 때문이다. 그러므로 우리는 생명의 진리에 따라 우리의 마음을 부단히 새롭게 해야만 한다. 이렇게 하면 육체를 새롭게 하는 세포가 형성되어 보다 완전하고 보다

생명력 있는 육체가 이루어진다.

우리가 생명을 참된 그대로 표현한다면, 생명은 우리의 스승이 되고 책이 될 수도 있다. 육체의 모든 세포가 7년마다 전부 새로워진다는 사실을 알면 우리의 육체 생명은 무한한 가능성이 있다는 것을 알 수 있다. 또한 우리의 육체 세포가 새로워지는 것과 같이 우리의 마음도 끊임없이 새로워진다면 생명은 주기와 주기를 넘어 끊임없이 계속된다는 것을 알 수 있다. 나무에서 새로 나온 싹은 그 나무가 어린 나무이든 오래된 나무이든 항상 새로운 것이 아니겠는가? 새싹은 자신 속에 완전한 나무의 형상을 가지고 있다. 이와 같이 나무도 끊임없이 새로워지고 있다. 이 세상에서 노화란 없다. 아무것도 늙지 않는다. 다만 늙는다고 생각하는 인간의 관념이 문제이다. "인간에게 만물을 지배하는 권한이 주어졌다"고 성서는 말하고 있다. 생명은 나이로 측정될 수 있는 것이 아니다. 생명은 생명에 의해서만 측정될 수 있다. 생명은 영원한 현재이며, 무한한 것이요, 보편자, 신이라 하는 전체의식의 살아 있는 움직임이다. 인간은 자기 편의대로 시간을 만들어놓고 시간의 제약을 받고 있다. 그러나 생명은 시간의 제약을 받지 않는다.

✣ 인간은 신의 법칙이 나타난 생명책이다. 따라서 생명의 지배 원리가 인체 각 부에 기록되어 있다. 인간이 살고 있는 동안은 참나를 발견하고 참나를 실현해가는 과정이어야만 한다. 자신의 본성을 실현해가는 과정 속에서 인간의 비밀을 알게 된다. 자신을 직접 탐구하여 자신의 가장 깊숙한 염원이 무엇인지를 알아야 한다. 그로 말미암아 인간의 본질을 깨달을 수 있다.

죽음도 표면적으로 나타난 것에 불과하다. "죽은 자로 하여금 죽은 자를 장사지내게 하라"고 예수는 말하였다. 죽을 사람만이 시간의 제약을 받는 것이지 참사람은 시간의 제약을 받지 않는다. 인간이 자기 편의대로 시간을 만들어놓았기 때문에, 죽을 수밖에 없는 운명인 육체 인간, 물질 인간이 된 것이다. 우리는 우리 자신과 자신의 참나 사이에 상상으로 장벽을 쌓아놓고, 그 장벽을 넘을 수 없다고 생각한다. 그 때문에 수많은 과학자, 철학자들이 생명은 알 수 없는 것, 해결할 수 없는 것이라고 말하고 있다. 물론 인간이 스스로 장벽을 만들고 그 장벽을 넘어서지 못하는 이상 해결할 수 없는 것은 당연하다.

✣ 성경에 의하면 죽음의 원인은 죄라고 했다. 죄란 생명의 목적에 부합하지 않는 상념과 감정을 말한다. 이것들이 생명이 육체를 통하여 나타나려는 것을 방해하고 있다. 따라서 이 방해하는 것을 제거하는 것이 치료책임은 말할 필요가 없다. 즉, 육체의 생명력을 빼앗고, 육체를 의식으로부터 분리시켜 죽음으로 이르게 하는 잘못된 상념과 감정을 소멸시켜야 한다. "지나간 일은 잊어버리고 앞으로 전진하라."

이 세상 사람들이 생활하는 것과는 달리 대사들은 돈벌이에 종사하지 않는다. 그들은 그러한 과정을 이미 통과하였다. 그들의 삶은 봉사에 있을 뿐으로, 오로지 남을 도와주는 삶을 살고 있다. 그럼에도 불구하고 그들은 대가를 받지 않는다. 우리는 그들이 어느 누구에게도 대가를 받는 것을 본 적이 없다. 오히려 그들이 사람들에게 옷이나 먹을 것 등을 주는 것을 보았다. 참으로 대사들은 봉사자이다. 대사들은 분명히 세상보다 위에 있어 세상에 주고 있으나, 세상은 그들에게 아무것도 주지 못하고 있다.

대사들은 봉사를 한다고 해서 특별히 사람들을 찾아나서지는 않는다. 그렇다고 도움을 필요로 하는 사람들이 대사들을 찾아가는 것 같지도 않다. 대사들은 도움을 필요로 하는 사람들을 자연스럽게 만난다. 그들은 상념의 방사를 통하여 도와주기도 하고, 보통 사람들이 하는 것과 똑같은 방법으로 도와주기도 한다. 물론 한두 사람이 도움을 받기도 하고 집단적으로 도움을 받기도 한다. 이러한 일을 하고 있으면서도 그들은 전 세계에 완전한 상념을 방사하고 있다. 이렇게 하는 것이 이 세상의 상태를 치유하는 일이 된다고 한다. 대사들은 말하기를, 사람들이 진리를 이해할 수 있도록 도와주는 것이 중요하지만, 대부분의 사람들은 먹을 것, 입을 것, 생필품 같은 눈에 보이는 물질을 받고서야 비로소 진리를 이해하고 받아들인다고 한다.

대사들이 설교한다거나 종교를 조직하지 않음에도 불구하고 사람들 속에 있는 대사를 알아본 사람들은 그들에게 도움을 요청한다. 사람들은 대사들의 도움을 받으면 즉시 상태가 좋아진다. 그런데도 대사들은, 도움을 받은 사람들이 스스로 자기 자신을 도운 것이지 자신(대사)들이 도와준 것이 아니라고 말한다. 아무리 도와준다 해도 도움을 받는 사람이 자신의 생각이나 삶의 태도를 고치지 않으면 소용이 없듯이, 대사들의 도움을 받은 사람들은 자기의 생각과 삶의 태도를 올바르게 고쳤기 때문에 좋은 결과가 나타난 것이다. 즉, 도움을 받은 사람이 속에 근본적으로 갖고 있던 것이 나타났을 뿐이다. 따라서 도움을 받기 위해서 꼭 외부에 호소해야만 하는 것도 아니다.

"종(servant)은 그만한 보수를 받는다"는 말이 있다. 이는 봉사하는 행위를 돈벌이에 사용해도 좋다는 말이 아니다. 봉사하는 행위는 더 높은 가치가 있어야 한다. 즉 종이 아니고 대사 수준으로 올라와야 한다. 물론 대사는 가장 큰 종이라 할 수 있다. 왜냐하면 그들의 삶은 전부 봉사하는 삶이기 때문이다. 봉사만이 그들의 삶이며, 하고 있는 일의 전부이다.

✣ 생명은 그저 끊임없이 진행하는 것이지 무슨 이익을 얻으려고 존재하는 것이 아니다. 이익은 생명의 진행 과정에서 생기는 부산물일 뿐이다. 생명은 생명이 진행하면서 생명을 어느 정도 표현했는가, 생명의 질이 어떠한가에 따라 다르게 나타난다. 생명을 표현한다는 것도 자기의 제한된 생각이 투영된 것이 아니고, 자신의 가장 깊숙한 곳에서 나오는 힘에 의해서 결정된다. 단순히 필요하다고 해서, 편리하다고 해서 그때그때의 상황과 타협해버리면 그 힘에 어긋나는 것이다.

대사들은 아주 소량의 식사를 한다. 우리는 그들이 하루에 쌀 세 톨밖에 먹지 않는 것도 보았다. 그런데도 육신이 필요한 생명력(prana)을 장시간 유지한다. 그들은 음식물을 철저히 씹는다. 하루 종일 쌀 세 톨을 씹기도 하는데, 쌀 세 톨로 육체가 유지하기에 충분한 생명력을 얻는다. 대사들은 정해진 시간에 맞추어 일하는 것이 아니고, 식사 시간이 따로 있는 것도 아니다. 먹고 싶으면 먹을 뿐이지, 보통 사람들과 같이 식사 시간에 대한 기대감을 가진 것을 한 번도 보지 못했다. 그들은 심지어 수백 일 동안 전혀 먹지 않고 지내는 일도 있다.

우리가 아는 바로는, 대사들은 잠을 지극히 적게 잔다. 하루에 두 시간 넘는 것을 보지 못했다. 그나마 잠자는 시간에도 의식은 깨어 있다. 인간은 자신의 에너지를 낭비하지 않고 살거나, 우주 에너지로부터 분리되지 않고 살아간다면 잠자지 않고도 살 수 있다. 서양에서는 보통 잠이란 의식이 혼수상태에 들어가 있는 것으로 보고 있다. 의식이 혼수상태에 있다 하더라도 깨어나면 곧 의식을 회복할 수 있지만, 문제는 인간이 잠잘 때 참된 의미의 수면 상태에 들어가지 못하고 혼수상태에 머물다가 깨어난다는 것이다. "잠자는 자여, 깨어나라"는 예수의 말씀은 혼수상태로부터 깨어나라는 뜻이다.

서양에서는 인체가 필요로 하는 음식보다 적어도 열 배는 더 섭취하며, 섭취한 음식물을 소화시키는 데 상당한 에너지를 낭비한다. 이 불필요하게 섭취한 음식물의 10분의 9를 소화하기 위해 쓰고 있는 에너지를 인체가 성장하는 데 필요한 에너지로 얼마든지 유효하게 쓸 수도 있다. 그런데도 서양인들은 건강에 필요한 식사량의 열 배는 섭취한다. 만약 이 에너지가 과다한 음식물을 소화하는 데 쓰이지 않고 필요한 다른 데로 쓰이거나, 인간이 에테르로부터 직접 생명력, 즉 에너지를 섭취할 수 있다면 이 에너지는 인체의 각 기관에 직접 들어가 세포를 재생시켜 인체를 새롭게 갱생하게 할 수 있다.

✣ "인간은 빵만으로 사는 것이 아니다." 인간의 육체가 필요로 하는 것만큼만 음식을 섭취하면 충분하다. 이보다 더 먹는 것은 육체에 과다한 부담만 줄 뿐이다. 인간은 창조 원리에서 나온 질료를 섭취해야 한다. 이렇게 되면 참된 영양소가 무엇인지 알게 된다. 밤에 잠을 자는 것이 낮에 소진된 에너지를 보충시켜주듯이 음식물은 육신을 유지시켜주는 재료가 된다.

대사들의 능력이나 생명이 어떠한지 알기 위하여 꼭 그들과 함께 있어야 할 필요는 없다. 생명은 어디에나 있다. 우리가 생명의 표현

수단에 불과한 외부의 형태에 마음을 빼앗기지 않고, 주의를 언제나 생명으로 향한다면, 생명과 함께 하는 것이요, 대사들과 만나고 있는 것이다.

내가 살고 있는 삶이 대생명(LIFE)이라는 자각을 한다면, 대사들과 함께 살고 있는 것과 마찬가지이다. 대사들의 삶이라고 해서 우리와 다른 무슨 특별한 것이 있는 것은 아니다. 사람들은 보통 대사들에게 특이한 기적을 기대한다. 그러나 우리가 참생명이 무엇인지 알고 있다면 참생명 그대로 살아가면 된다. 기적을 기대한다는 것은 참생명의 삶을 살지 못하고 있는 것이다. 생명이란 내부에 있는 힘이 외부로 나타나는 힘의 과정이다. 생명은 모든 공간과 모든 생명체에 생기를 불어넣는 우주의 활동 원리이다.

많은 사람들은, 대사들이 우리에게 어떤 규칙을 정해주고 우리가 수행해야 할 어떤 법칙 같은 것을 가르쳐준다고 생각하는데, 이는 대단히 잘못 생각된 것이다. 어떤 단체에서는 이와 같은 방법으로 사람들을 가르쳐, 수행자로 하여금 대사가 되었다고 착각하게 만드는 사례도 없지 않다. 대사를 만나는 길은 언제나 열려 있다. 대사를 만난 사람이라도 유일 참생명 이외에 다른 길을 생각한다면 올바른 길에서 벗어난 것이다. 문제는 항상 마음가짐에 있다. 원래 영적인 입장에서 보면, 인간은 타락하는 일도 죽는 일도 없다. 다만 인간 스스로가 생명과 조화하지 못하여 그러한 일이 일어난다. 산다는 것이 힘들어질 때는 이미 생명과 어긋난 것이다. 어떤 부조화가 생겼다는 것은 벌써 생명과 어긋난 것이다. 이러한 부조화가 발생했다면 빨리 참생명으로 돌아가라는 신호로 받아들여야 한다.

✣ 나 자신의 근원과 접촉하는 법을 배워야 한다. 우리가 추구해야

할 것은 어디 다른 곳에 있는 것이 아니다. 대사들이나 깨달은 스승들이 보여준 그대로 자신 속에서 구하는 삶을 살지 않는 한, 대사나 스승을 만나봐야 소용이 없다. "나더러 주여, 주여 하는 자마다 천국에 들어가는 것이 아니요, 내 아버지의 뜻대로 사는 자라야 들어가리라."

아이들은 생명을 풍성하게 누리며 살고 있으므로 행복하게 보인다. 아이들은 생명에 아무런 제한을 가하지 않고 생명 그대로 살고 있다. 우리가 생명에 제한을 가하는 순간 풍성한 삶은 그치게 된다. 생명에는 본래 제한 같은 것은 존재하지도 않고, 또 생명에 제한을 가할 수도 없다. 오직 생명에 대하여 갖는 우리의 태도에 문제가 있다. 생명에 대하여 누구나 똑같은 생각을 가질 수는 없을 것이다. "오직, 어린아이와 현자만이 행복하다"는 말이 있다. 어린아이는 아직 물질적인 가치를 모르고, 현자는 물질적인 가치의 허망함을 알고 있다. 따라서 둘 다 물질적인 외형에 마음을 빼앗기지 않고 생명 그대로 살 수 있는 것이다.

✣ 인생의 가치를 영혼(Soul), 참나(Real Self), 내 안의 스승(inner Master)에서 찾을 것이지, 이 세상에서 찾을 것이 아니다. 이 세상에는 참의식이 눈뜬 사람에 의해서 부여되고 있는 가치밖에 없다.

벽에 뚫어진 작은 구멍을 통하여 세상을 보고, 세상을 다 보았다고 할 수 있겠는가? 언덕을 보았다고 하자. 언덕 위에는 풀, 나무, 바위, 동물 등 여러 가지가 있을 것이다. 그런데 한두 가지만 보고 언덕에 대해서 다 알았다고 할 수 있겠는가? 이와 같이 광막한 우주를 조그만 구멍을 통하여 보고 우주를 다 보았다고 하는 것은 어리석은 일이다. 또 이와 같은 식으로 생명 전체를 알려고 하는 것도 어리석은 일이다. 우주는 유일 무한 생명이 구체화되어 나타난 것이다. 우리가 이렇게 깨닫게 되면 우리를 제한하는 것은 없어지고, 우리의 비전은 확장되어 모든 생명을 받아들이게 된다.

대사들은 의식 있는 생명체(동물성)를 먹지 않는다. 원래 인간은 모든 생명의 요소를 자신 속에 받아들여 동화시킬 수 있어, 그 생명체와 더불어 살아갈 수 있고 하나 될 수 있다. 대사들은 이미 생명체에 동화된 사람들이고 생명과 하나 된 사람들이다. 따라서 대사들은 의식 있는 생명체를 먹을 필요가 없고, 또 먹지도 않는다.

"동물이 인간보다 낮은 단계에 있는데도, 인도인들은 왜 동물을 숭배하는가?" 하고 질문하는 사람이 많이 있다. 오직 하나의 생명만이 있음을 배웠더라도 모두가 진리를 깨달은 것도 아니고, 모두가 대사는 아니다. 미국인들이 전부 진리를 깨닫지는 못하는 것과 같이 인도인들도 또한 그러하다. 인도인들은 동물을 숭배하도록 배웠기 때문에 그러한 사고방식에 묶여 있다. 물론, 인도인들 전부는 아니라 하더라도 그러한 사람들이 일부 있기는 하다.

✣ 자신의 가장 높은 이상과 마음속 깊숙한 소원을 이루는 생명을 추구하라. 제한된 관념으로 보면 생명 또한 제한된다. 필요로 하는 모든 것은 보편 생명에 이미 구비되어 있다.

그러면 대사들은 왜 그러한 사람들을 깨우쳐주지 못하는가? 그것은 바라지도 않고 받아들이지도 않는 사람에게는 어쩔 수 없다. 대사들이라 하더라도 대사들의 생각을 남에게 억지로 주입시킬 수는 없는 일이다. 대사들은 다만 자신들이 걷고 있는 길을 보여줄 뿐이다. 이렇게까지 하여도 깨닫지 못한다면, 때를 기다리며 각자 자신의 길을 걸을 수밖에 없다. 대사들뿐만 아니라 높은 깨달음을 얻은 다른 성취자들도 다른 사람을 대신하여 미망을 극복해줄 수는 없다. 이와 같은 노력은 본인 각자가 할 일이다.

✣ 생명이 표현되는 것을 방해해서는 안 된다. 인간이 향상되는 것은 자신의 노력에 의한 것이지 남이 나를 대신해주어서가 아니다. 스스로 노력은 하지도 않으면서 남의 도움으로만 살려고 하는 사람은 자신 속에 있는 힘을 스스로 막아버리는 일이 된다.

대사들이 엄격한 고행이나 금욕생활을 하고 있는 줄로 생각하는 사람이 많은데, 이것은 대단히 잘못 생각하고 있는 것이다. 우리는 대사들이 그러한 생활을 하는 것을 본 적이 없다. 대사들 중에는 최상위 계급 출신도 있고, 허리에 간단한 천만 두른 계급* 출신도 있지만 따로 떨어져서 혼자 사는 사람은 없다. 물론 세상에 도움을 주기 위한 특별한 목적을 가지고 은둔하는 사람들이 있기는 하나 그나마 이것도 극소수이다. 이렇게 은둔하는 사람들은 어떤 특별한 목적이 있는 그룹의 일원이다. 그렇다고 그들 역시 고행이나 금욕생활을 하는 것은 아니다.

어떤 목적이 있어서 일정한 기간 동안 고행을 하는 요가수행자들이 있다. 그러나 그들도 고행이나 금욕생활을 원칙으로 하지는 않는다. 요가수행자(yogi)란 '위대한 실험을 위한 삶을 사는 사람'이라는

---

* 사회적, 경제적으로 낮은 신분임을 나타낸다.

뜻이다. 인도에서 종종 있는 일이지만, 소위 대사나 위대한 스승이라고 하는 사람들이 엄격한 고행과 금욕생활을 하는 것을 볼 수 있다. 그러나 그들 대부분은 거지에 불과하지 대사나 스승은 아니다. 그들 대다수는 우리가 상상하지 못할 정도로 더럽고 불결하다. 말하자면 저들은 사람의 피를 빨아먹고 사는 거머리와 같은 존재들이다. 어떤 사람이 길가에 앉아 주문을 외우고 있거나, 삼매에 든 것처럼 앉아 있다고 해서 그것만으로 대사나 스승이라고 볼 수는 없다.

최상의 경지에 도달한 이들 대사들이 남에게 구걸하는 것을 본 적이 없다. 오히려 대사들은 인류를 보다 높은 단계로 끌어올리기 위하여 헌신한다. 대사들은 자신에게 필요한 것이나 남에게 주어야 할 것을 이미 넘치도록 가지고 있기 때문에, 남의 도움을 필요로 하지 않는다. 또한 대사들은 이곳저곳 다니면서 자선행위를 요청하지도 않으며, 자선단체를 조직하지도 않는다. 그러나 항상 남을 돕는 생활을 하기 때문에 일반 사람들과 쉽게 구별된다. 또한 단돈 1페니라도 취하는 것을 본 적이 없다. 거지에 불과하면서도 자칭 대사, 스승이라고 일컫는 자들은 참된 대사들과는 아무런 상관이 없는 존재들이다.

생명이란 언제나 주는 것이다. 무한한 공간을 자유자재로 흐르는 우주 생명을 갖는다는 것은 인간의 특권이기도 하다. 생명을 근원에서 받아들여 주위 사람에게 나누어주어 다른 사람들도 생명을 발현할 수 있도록 해야 한다. 이 일은 대사들만의 일이 아니고, 모든 사람들이 해야 할 일이다. 이것만이 참으로 사는 길이고 당연히 살아야 할 길이다. 주위 사람들에게 받기만 해서는 빚만 지게 될 뿐이고, 생명을 올바르게 살아간다고 볼 수 없다. 얻으려고만 하면 도리어 잃어버리는 것이 물질세계의 법칙이다.

✣ 생명이란 행동, 자기표현이며, 주는 것이다. 호흡하는 데 내뿜는 과정이 필요한 것처럼 살기 위해서는 주는 것이 필요하다. 근원에서 나온 것은 근원으로 돌아간다. 인간은 먼저 마음속으로 결정하고 나서 행동으로 들어간다. 생명의 진행 과정도 이와 똑같다. 주지 않고 받기만 하거나, 받지 않고 주기만 하면 지나치게 과잉되거나 부족해져 생명의 흐름이 막혀버린다. 자기의 근원에서 나온 것을 받고, 받은 것을 쓸 줄 아는 것이 생명에 맞는 삶이 된다.

CHAPTER 10

THE UNIVERSE

우주

우주는 인간의 눈으로 보이는 것, 보이지 않는 것을 포함하여 무한한 공간에 가득 차 있는 만물의 총합이다. 우주는 거대한 총합체이기는 하지만 각 부분으로 구성되어 있다. 우주는 신의 또 다른 이름이라 할 수 있다. 신은 스스로 이르기를, "나는 스스로 있는 자니라", "나 이외에 다른 신은 없다"고 하였다. 우주는 모든 생명, 모든 질료, 모든 지혜, 모든 능력의 총합이다. 우주 속에 모든 지식이 들어 있다. 우주는 전지(Omniscience)이기 때문이다. 우주 속에 모든 능력이 들어 있다. 우주는 전능(Omnipotence)이기 때문이다. 우주 속에 모든 질료가 들어 있다. 그 질료로부터 모든 형체 있는 것이 나왔다. 우주는 사랑이다. 사랑은 결합시키는 법칙이요, 전체성의 원리이다. 사랑은 우주를 하나로 유지되게 하고 완전한 조화 속으로 결합시키는 원리이다.

대사들은 우주를 만물이 두루 퍼져 있는 상태로 보고 있다. 소위 조건이나 환경은 만물이 두루 퍼지지 못한 상태, 우주의 일부만 있는 상태를 말한다. 원래 하나였던 인간과 우주는, 인간이 우주와 분리되었다고 생각하면서 분리되기 시작하였다. 그러나 인간은 진실로 우주와 분리되어 있지 않다. 분리되었다는 관념이 스스로 분리시키고 있는 것뿐이다. 인간은 우주의 일부분이다. 그런데도 인간은 우주로부터 분리되었다는 생각, 한정되었다는 생각에 사로잡혀 있다. 그 결과 인간의 능력이 위축되어버렸고, 진짜 분리된 것 같이 되어버렸다.

✣ 형체 있는 것으로 나타난 모든 것은 전체 안에 있으며, 전체와 분리될 수 없다. 각 인간은 무한한 우주의 축소판이다. 우리는, 무한한 우주를 움직이는 헤아릴 수 없는 힘과 능력이 자신 속에도 있으며, 이 힘과 능력을 얼마든지 쓸 수 있다는 사실을 깨달아야 한다.

물론, 인간이 우주 속의 존재이므로 인간이 우주로부터 분리된다는 것은 있을 수 없는 일이다. 그런데도 인간은 스스로 분리되어 있다고 생각한다. 인간이 보편 타당한 원리로 복귀한다면 인간은 우주와 일체가 된다. 이것이 성경에 나오는 탕자蕩子의 비유(누가복음 15장)이다. 이 탕자는 여러 나라를 돌아다니면서 가진 재산을 모두 탕진한다. 결국 거지가 되어 집으로 돌아왔을 때 집에 있었던 형이 질투할 정도로 아버지는 아들을 기꺼이 맞이한다. 이와 같이 아버지는 언제나 받아들일 준비가 되어 있다. 물론 이는 하나의 비유이다. 인간이 우주로부터 분리되었다고 제멋대로 생각하고 탕자처럼 산다고 하더라도, 일단 아버지의 집으로 돌아가겠다고 결심만 한다면 아버지는 언제나 받아들일 준비가 되어 있다. 아버지의 집에는 모든 것이 풍족하게 구비되어 있다. 아들이 아무리 먼 곳에서 방황하고 있더라도 아버지의 마음은 언제나 아들을 떠나지 않고 있는 것이다.

마음속에 분리감, 고립감, 자기 한정이 있다는 것은 단지 마음속의 허구에 불과하다. 왜냐하면 이 우주에서 그와 같은 것은 있을 수 없기 때문이다. 만약 우주가 분리되어 있다면 우주는 완전한 것이 못된다. 다윗이 "내가 당신의 영을 피하여 어디로 도망치겠나이까?"라고 한 것은 우주에서 분리된다는 것은 있을 수 없음을 깨닫고 노래한 것이다. 아무리 하늘 끝까지 땅끝까지 지옥 끝까지 도망쳐서 숨는다고 하더라도 결국 이 우주 안에 있는 것이다. 본래 나눌 수 없는 것을 나눈다는 것은 있을 수 없는 일이다.

✣ 인간의 무지와 분리 관념 때문에 인간은 스스로를 고립시키고 있다. 신은 인간을 분리된 존재나 미천한 존재, 또는 허약한 존재로 만들지 않았다. 신은 인간이 본래 가지고 있는 지복을 깨닫기를 원하며, 인간을 통하여 당신 자신을 나타내고 싶어한다. 그런데도 인간은 이 신의 목적이 수행되는 것을 스스로 방해하고 있다. 인간은 이 방해되는 것을 치우기만 하면 된다.

죽음이라는 것도 또한 마찬가지이다. 사람들은 죽으면 살아 있는 사람과 이별한다고 생각하나 실제로는 그렇지 않다. 죽은 사람도 살아 있는 사람과 똑같이 우리 곁에 있다. 다만 우리가 의식하지 못하고 알아보지 못할 뿐이다. 그러나 이른바 초의식 상태에 들어가면 알아볼 수 있다. 초의식 상태에 들어가면 단절감이 없어진다. 단절감은 보통 의식에서만 존재하기 때문에, 우리가 단절되었다는 생각만 버리면 단절감은 존재하지 않는다. 더 확실히 말하면 단절감, 분리감이란 우리가 존재의 참된 실상을 알지 못하기 때문에 생기는 것이다.

✣ 죽음이란 없다! 죽음이 있는 것 같이 보이는 것은 존재의 신적인 실재가 더 이상 육체를 유지할 수 없게 되는 경우를 말한다. 영이 육체의 생명을 창조했다. 그러나 무지로 인하여 인간은 생명에 대하여 잘못된 관념을 갖게 되었다. 그 결과 육체는 생명력을 잃어버리고 더 이상 스스로를 유지할 수 없는 상태에 이르렀다. 이것이 죽음이라 불리는 것이다. 영적인 인간, 즉 신이 창조한 인간

은 신이 영원한 것 같이 영원히 살 수 있는 존재이다. 육체가 죽어도 자신이 가지고 있던 상념은 죽지 않고 산다. 마찬가지로 육체가 죽어도 내부에 있던 신의 이념은 죽지 않고 산다. 이 신의 이념은 육체 안에 있든 육체 밖에 있든 아버지 법칙과 하나이다. 인간의 무지가 제거되어 신과의 분리감이 없어진다면 모든 인간은 영원한 하나라는 사실을 알게 될 것이다.

단절이나 분리는 있는 듯이 보이지만 실제로는 없다. 우주가 단일체이고, 그 속에 들어 있는 만물이 한 시스템 속에서 영원히 결합되어 있는데, 어떻게 단절이 있을 수 있겠는가? 단절이나 분리는 인간의 생각으로 만들어낸 것이다. 진실을 알면 단절감이 사라지고 진실을 알지 못하면 단절감이 생긴다. "보라, 하느님은 한 분이시다"라고 성경은 말했다. 참으로 신이 하나라면 신 속에 모든 것이 포함되어 있는 것이요, 모든 것은 신 안에서 신과 함께 일체인 것이다.

우리 각자는 하나의 완전한 우주이기 때문에 우리가 부조화나 분리라는 관념만 버리면 우주가 완전한 것처럼 완전하게 된다. 우리가 언제나 조화만 생각하면 원리에 복귀하게 되어 결국은 원리와 하나가 된다. 그런데도 우리는 우리 스스로 조화에서 떨어져 있다고 생각하여, 그 결과 질병이나 불행이 발생하는 것이다. 우리가 완전히 보편적인 조화 속에 있다고 생각한다면 부조화는 결코 일어나지 않는다. 우리가 보편 법칙과 조화로운 관계를 유지하면 부조화가 생겨날 이유가 없다.

✣ 무지가 인간의 유일한 적이다. 진리에 대한 올바른 지혜를 얻으면 무한한 공간에 충만해 있는 힘과 동조할 수 있다. 이 힘은 인

> 간에게 유익하게 작용한다. 본래 진리 입장에서 볼 때, 진리에 위배되는 것은 존재할 수 없다. 즉 존재하는 모든 것은 진리이다. 인간은 그 속에, 우주에 있는 모든 것이 있는 무한한 힘과 능력을 가진 존재이다. 인간의 육체는 그 수송수단에 불과하다.

우리는 부조화가 나타나도록, 우리 스스로 파동을 내리고 있다. 또한 우리는 불가능한 것이 일어나도록 허용하고 있다. 완전한 조화는 불가능한 일이라고 생각하고 있다면, 이는 부조화를 허용하고 부조화를 숭배하는 일이 되어버린다. 예수께서는, "너희 자신은 항상 조화로운 상태에 있다"고 하여 대조화의 원리를 말씀하셨다. 우리가 인간적이고 이기적인 욕망, 즉 남이 나에게 해주기만 바라는 마음을 버리면 대조화가 나타나게 된다. 대조화는 위에서 오는 것이지 이 세상에서 오는 것이 아니다. 우리가 할 일이란 대조화의 원리에 따라 받은 것을 이 세상에 그대로 주면 된다.

자기는 하지도 않으면서 남이 나에게 해주기만 바라는 마음이 조화의 원리를 어긋나게 하는 가장 큰 원인이 된다. 남이 나에게 봉사해주기를 요구하는 것은 전체성에 어긋나며, 내가 남에게 봉사하는 것은 전체성에 일치하는 일이다. 이는 본래 우리는 우주의 일원이요, 우주 보편적인 존재이기 때문이다.

남에게 봉사하고 사랑을 준다고 해서 우리 몸에서 에너지가 빠져나가는 것은 아니다. 오히려 그 반대가 된다. 부조화, 불일치, 부정적인 생각이나 말을 하면 우리 몸에서 에너지가 빠져나간다. 긍정적이고, 조화로운 생각이나 말을 하면 우리 몸에 에너지가 더해진다. 그뿐만 아니라 그와 같은 생각을 하고, 말을 할 적마다 좋은 에너지가 우리 자신에게 되돌아와 힘이 더해진다.

✣ 매사를 남에게 기대고, 스스로 할 수 있는 일조차 하지 않고 남이 해주기를 바라는 사람은 언제까지나 남에게 의지하는 삶만 살 것이다. 이미 자기 속에 있는 것을 구하려고 아무리 밖으로 돌아다녀도 소용이 없다. 이미 인간 속에 있다는 사실을 받아들이기를 거부하는 자에게는 진리를 깨우쳐줄 길이 없다. 진리는 이 세상에서 오는 것이 아니요, 이 세상 사람들이 가져다주는 것도 아니다. 모든 선한 선물, 완전한 선물은 위에서 온다. 우주 법칙은 대원리인 신으로부터 오는 것이며, 인간은 신 자신이 나타난 존재이고, 신의 본성을 부여받은 존재이다. 그런데도 남은 돌아보지 않고 자기만 행복해지려는 사람은 신의 법칙과 어긋난 것이어서 자기가 바라는 행복조차 실현되지 않는다. 신은 태초요, 인류를 위한 위대한 봉사자이다. 하느님의 성령을 받아들이는 것이 하느님의 아들이 되는 것이다. 이것이 우리가 세상에 줄 수 있는 큰 선물이요, 아름답고 풍성한 봉사이다.

꼭 대사들로부터 가르침을 받아야 하고, 꼭 책을 통하여 진리를 배워야 한다는 법은 없다. 음악을 전문적으로 공부한 사람이든 아니든 음악의 법칙에 어긋난 불협화음을 들으면 누구나 알 수 있듯이, 생명의 법칙에 어긋난 일은 누구라도 알 수 있다. 이와 같이 부조화가 일어나 불쾌함을 느끼면 존재의 법칙에 어긋났기 때문에 일어난 일이라는 것을 누구나 알 수 있다. 이렇게 부조화가 일어나면 자신의 육체에까지 부조화한 상태가 일어난다. 이것이 질병이다. 무릇 부조화한 생각이나 감정은 인간의 참본성에 어긋나는 것이다. 인간의 마음이 조화로운 상태에 있을 때 평화, 자유, 권능이 생명과 어울려 조화로운 결과가 나타난다.

✣ 인간의 본질이 생명책(the Book of Life)이다. 우리가 내면 깊숙이 있는 영원한 본성을 깨닫는다면, 자기를 알고 우주를 알고 우주의 법칙을 아는 자가 될 것이다. 이렇게 되면 따로 배워야 할 것이 없어지고 배워야 할 스승도 필요 없게 된다.

인간이란 마치 실험실에 있는 시험관과도 같다. 우리가 조화라는 용액을 넣으면 조화로운 결과를 얻고, 부조화라는 용액을 넣으면 부조화한 결과를 얻는다. 이와 같이 시험관 속에 어떤 용액을 넣느냐에 따라 결과가 다르게 나타난다. 인간도 이와 마찬가지이다. 우리가 조화로운 생각이나 감정을 갖고 있다면 결코 부조화한 일은 일어나지 않는다. 우리의 마음 상태가 조화로운데 부조화한 일이 일어난다는 것은 있을 수 없다. 왜냐하면 완전한 조화의 힘이 모든 것을 조화롭게 만들기 때문이다. 이것은 우리가 의식적으로 조절할 수 있다. 인간의 참본성이 본래 조화로운 상태이기 때문에 인간은 부조화한 상태보다도 조화로운 상태에 본능적으로 끌리는 마음이 있다. 조화로운 상태를 실현하려면 부조화에 결코 한눈팔지 말아야 한다.

✣ 자기 자신 속에 평화가 있고 혼란도 있다. 자신 속에 허망한 것이 들어오면 혼란이 발생하고, 조화로운 것이 들어오면 조화로움이 일어난다. 인간은 자기 자신이 화학자인지라 단 것, 쓴 것을 모두 자기가 만들고, 자기가 마시고 있다.

이상과 같이 인간 의식에 관한 설명이 너무 어렵다고 생각하는 사람은 사랑의 길만 알아도 된다. 인간이라면 누구든지 사랑할 줄 안다. 사랑을 하면 조화로운 상태가 실현된다. 예수는 다른 무엇보다도 사랑을 앞세웠다. 《사랑, 이 세상에서 가장 위대한 것》이라는 헨리 드럼먼드Henry Drummond의 저서가 있다. 이 책은 어느 때, 어느 곳에서도 조화로운 상태를 실현할 수 있는 열쇠를 제시하고 있다. 이 책은 아주 간단하고 작은 책이지만 널리 읽히고 있다. 이 책을 읽는 데는 불과 10분 정도면 족하겠지만 실천하는 데는 평생이 걸릴 것이다. 책 내용 그대로 살면 그야말로 완전한 조화가 이루어질 것이다.

영적인 것을 부정한다고 해서 영적인 것이 없어지거나 변질되지는 않는다. 영은 영원히 변하지 않는다. 그러나 잘못된 생각이 문제가 되어 앞길을 가로막는다. 하지만 누군가가 잘못된 생각을 하고 있더라도 내 생각을 강요해서는 안 된다. 그 사람도 언제 올바른 상태로 돌아올지 알 수 없기 때문이다. 예수도 "그를 그냥 두어라"라고 말씀하였다. 그를 그냥 두어 스스로 깨닫도록 하라는 말이다. 예수는 모든 사람을 그리스도로 보았다. "나는 모든 얼굴에서 그리스도를 본다." 이와 같이 예수는 모든 사람에게 그리스도가 들어 있는 것을 보았다.

세상의 겉만 보고 "세상은 이런 것이다" 하고 섣불리 결론짓지 말라. 세상은 겉보기와는 다르다. 겉보기에 세상은 유한한 것 같지만 그렇지 않다. 왜냐하면 세상은 무한한 우주로부터 나왔기 때문이다. 과학에서 말하기를, 세포 하나하나는 우주의 복사판이라고 한다. 먼저 우주가 무엇인가를 알면 세상을 알게 된다. 이때야 비로소 세상에 대하여 말할 수 있을 것이요, 또한 인간이 자유로워질 수 있는 길이기도 하다. 표면을 꿰뚫고 내부의 실재를 보라. 그러면 이 세상에서 고립된 것은 하나도 없고, 만물은 서로 연결되어 있음을 알게 될 것이다. 이렇게 해서 우리는 세상에 완전한 조화와 완전한 자유가 충만해 있음을 깨닫게 될 것이다.

✣ 자기 자신 속에 있는 신의 목적이 조화롭게 흐르는지 아닌지는 본인이 스스로 알 수 있다. 이는 마치 음악이 연주되는 것을 듣고, 화음인지 불협화음인지 구별할 수 있는 것과도 같다. 불협화음을 지적하는 일은 음악을 공부하지 않은 사람이라도 쉽게 할 수 있는 일이다. 마찬가지로 무지한 사람들도 부조화한 상태, 불행한 상태가 무엇인지는 쉽게 안다. 인간이 본래 완전하다는 진리에서 멀어지게 만드는 정신적, 감정적 요소들을 잘 분간하여 그런 미혹에서 헤매지 않도록 파악해야 할 것이다.

"첫 사람이 태어날 때 너의 그리스도도 태어났다." "아브라함이 있기 전에 내가 있었다." "태초에 천지가 창조되기 이전부터 나는 당신과 함께 영광을 누리고 있었다." 이 말씀에 사랑을 합하면, 그리스도가 가르친 것과 같이 그리스도 의식에 들어가 그리스도와 함께 하나가 될 수 있다. 우리가 사랑으로 가득 차서 흘러넘치면 우리 존재의 질은 일순간에 바뀐다. 사랑으로써 타인을 감싼다고 해서 그를 지배하는 것은 아니다. 그의 본질 또한 사랑이다. 사랑은 그를 제압하지 않고 그의 사랑을 부를 뿐이다. 이렇게 해서 그 또한 존재의 질이 변한다. 우리는 신이 인간을 보듯이 타인을 있는 그대로 보아야 한다. 이것은 그를 방해한다거나 해를 끼치자는 것이 아니고, 도리어 여러 장애와 악영향에서 해방시키는 일이다. 인간은 모두, 내부에 태초에 창조되었던 그 상태를 그대로 가지고 있다.

✣ 아담이 인간의 신성을 잃어버린 것이 아니다. 무지 때문에 인간이 신성을 잃어버렸다. 실제로는 속박이 없는데도 속박이 있다고 착각하게 만든 것도 무지 때문이다. 무한한 능력이 시공에 가득 차 있다. 이 무한한 능력을 끌어와 우리 자신 속에 흐르게 하는 것이 우리가 할 일이다. 이 무한한 능력이 흐르는 정도에 따라 인간 개개인에게 능력의 차이가 생긴다.

"너희 원수를 사랑하고, 너를 핍박하는 자를 위하여 기도하라." 이렇게 함으로써 당신 자신을 높이고 적대감에서 해방될 수 있다. 동시에 상대방 또한 적대감에서 해방될 수 있다. 이렇게 되면, 자신과 상대방에게 동시에 봉사하는 셈이 된다. 이뿐만 아니라, 서로 심중의 생각까지 말할 수 있는 친구가 될 수도 있다. 선물을 주는 자에게는 반드시 대가가 돌아오는 법이다.

지금까지 믿어왔던 친구가 당신에게 큰 해를 끼치고 큰 악을 행했다고 하자. 그런데도 상대방이 당신의 변함없는 사랑을 느끼게 되면 사태는 돌변한다. 그렇다고 이러한 사랑을 의무감에서 억지로 하면 안 되며, 오히려 이러한 사랑을 하는 것은 인간의 특권이라고 생각해야 한다. 왜냐하면 이러한 사랑을 하면 자기 자신부터 높아지기 때문이다. 자기의 원수를 용서하고 그 원수가 자기보다도 더 높은 경지에 올라가는 것을 보는 것이야말로 이 세상에서 맛볼 수 있는 가장 기쁜 일일 것이다.

이 사랑을 정성스럽게 실천하는 것이 중요하다. 정성에는 결함 없이 완전하다는 뜻이 들어 있다. 당신의 의식 속에서 상대방에 대한 좋지 않은 감정을 버리고 그를 한 차원 높이면 당신과 그 사람 사이에 얽힌 문제는 해결된다. 그런데 단순히 마음속에서 좋지 않은 감정만 제거하고 그 사람을 한 차원 높이지 않았다면 일이 다 끝난 것이 아니다. 왜냐하면 당신의 의식에는 아직도 그에 대한 잔재殘在가 남아 있기 때문이다. 그 이유는 다음과 같다. 처음부터 그가 당신의 의식 속에 있었던 것은 아니고, 문제가 발생했기 때문에 당신의 의식 속에 그 사람이 들어오게 되었다. 이제 당신과 그 사람 사이에 좋지 않은 감정이 생겨 해결해야 할 일이 있게 되었다. 이때 좋지 않은 감정을 버리고 그 사람을 한 차원 높인다면 문제는 해결된다. 이렇게 해서 그가 당신의 의식 속에 들어오기 전의 평화로운 상태로 돌아간다. 비로소 문제는 해결되어 당신은 의무를 다한 것이 된다. 그렇지 않고서는 마음속에 꺼림칙한 잔재가 남는다.

불완전은 우리의 마음속에서만 존재한다. 우리는 알지 못하는 사람을 두고 그 사람이 불완전하다고는 생각하지 않는다. 우리가 아는 사람의 결점을 봐야만 불완전하다는 생각이 떠오르는 법이다. 상대방의 불완전이 보이는 순간 우리의 마음속으로 불완전이 들어온다. 이 불완전이 의식의 본성인 조화로움을 제치고 그 자리를 차지해버린다. 이때, 우리의 마음속에 들어온 불완전을 빨리 제거해야 한다. 거기에는 사랑만이 유일한 치료제이다. 왜냐하면 사랑은 우주의 용화제이기 때문이다. 사랑은 상처를 본래대로 회복시켜준다. 이 방법에 의해서만이 스스로 자유로워질 수 있고, 상대방 또한 자유롭게 해줄 수 있다.

사랑이 아니고서는 나와 너를 해방시키는 것이 불가능하다. 그런데, 동정심으로는 해결할 수 없다. 동정심은 더욱더 불완전함 속으로 빠져버리게 한다. 자기 자신을 동정하면 스스로를 불완전에 묶어버리는 일이 되고, 어떤 사람을 동정하면 그 사람을 더욱더 불완전에 묶어버리는 일이 된다. 동정심은 상황을 낮은 단계로 전락시키지만, 사랑은 높은 단계로 끌어올린다. 사랑은 인간이 가질 수 있는 최상의 상념이다. 예수는 자신과 주위 사람을 사랑으로써 높이 끌어올렸다. 진실로 사랑은 우주의 본질이다. 완전한 사랑 속에서 만물은 우주와 합일된다.

✦ 그리스도의 가장 큰 가르침은 사랑이다. 사랑은 율법의 완성이다. 사랑은 우주 법칙이다. 사랑은 인생에서 일어나는 모든 문제를 해결해준다. 사랑이 우리를 지배하게 될 때, 우주의 모든 힘과 조화를 이루게 된다. 사랑 안에 있는 자는 신 안에 있는 자이다. 사랑은 무한자와 분리할 수 없는 것으로 인간에게서 맨 처음 개발된 것이다. 그렇다고, 인간이 무한자와 일체라고 해서 이웃이나 세상의 불완전함을 인정하라는 것은 아니다. 이것은 신을 아는 데 방해가 되는 이러한 외부에 나타난 불완전함을 넘어 배후에 있는 신성을 볼 줄 알아야 한다는 뜻이다.

각자의 의식에 따라 우주를 다르게 본다. 어떤 사람은 우주를 작은 것에서, 또 어떤 사람은 우주를 큰 것에서 본다. 어떤 사람은 단 하나의 원자에서, 어떤 사람은 자신의 육체에서, 또 어떤 사람은 신의 보편성에서 우주를 본다. 보편적이라는 말은 전체에서 단절되어 있지 않다는 뜻이다. 보편적이라 함은 빛이 공간을 가득 채우고 있듯이 일체를 포함하는 것이다. 마하바라타 중에 좋은 말이 있다. "빛을 보는 것은 보편성을 보는 것이다." 빛은 보편성을 완전히 나타내는 수단이다. 우리가 말을 고양시키는 순간 그 말은 빛이 된다. 우주는 무한하다. 다만 인간만이 유한하다는 관념을 가지고 있을 뿐이다. 동물은 결코 자기 자신을 제한하지 않는다. 오로지 인간만이 자기 자신을 제한한다.

우주 팽창설은 정확한 학설이 아니다. 인간이 우주는 팽창하고 있다고 생각할 뿐이다. 우주는 우리가 상상하고 있는 것보다도 훨씬 크다. 그런데도 인간은 우주가 팽창하거나 축소한다고 생각한다. 우주는 팽창되거나 축소되지 않는다. 왜냐하면 우주는 무한의 총합이기 때문이다. 또한 많은 사람들이 우주라면 태양계만을 생각하고 있다. 그러나 우주는 무수한 태양계로 이루어진 것으로, 태양계 하나는 인간의 육체에 비유하자면 세포 하나에 불과하다.

✣ 인간에게서 우주의 범위는 자기가 보고 있는 것만큼의 범위에서 결정된다. "네가 보고 있는 땅을 너에게 유업으로 주리라." 태초부터 빛이 있었기 때문에 만물의 배후에 빛이 있다. 그 빛이 인간에게는 생명이 되었다. 과학자들도 또한 빛이 형태를 가진 모든 것의 토대라고 말한다. 참인간의 몸도 물질이 아니라 빛으로 이루어졌다. 수소와 산소가 물을 구성하는 요소인 것처럼 빛은 몸을 구성하는 요소이다. 인간은 무지로 인하여 빛을 인식하지 못하지만 무지가 사라졌을 때는 빛을 인식할 수 있다.

우주는 하나이기 때문에 우주를 지배하는 법칙도 하나이다. 우리가 따라야 할 법칙은 오직 이 유일한 근본 법칙뿐이다. 중력의 법칙이나, 인간의 의식에 따라 얼마든지 변할 수 있는 여타 법칙을 따를 필요는 없다. 우리는 이러한 법칙을 모두 지배하는 법칙을 따라야 한다. 이러한 하위 법칙을 전혀 마음에 두지 않는다면 전체의 법칙, 보편적인 법칙을 알게 된다. 이렇게 되면 모든 법칙이 인간에게 복종하게 되어 인간은 완전한 권능을 갖게 되고 완전한 지배권을 행사할 수 있게 된다.

물질의 법칙 같은 하위 법칙이 존재한다고 생각하기 때문에 물질이 있다는 관념과 죽음이 있다는 관념이 생긴 것이다. 최초의 인간인 아담Adam에게는 없었던 일이었는데, 타락한 이후부터 생긴 일이었다. 인간의 생각은 의식이 나타난 것이다. 물질도 의식이 나타나 구체화된 것이다. 다시 말하면, 물질이란 마음의 습(habit)이 고체화된 것에 불과하다. 따라서 생각과 물질은 표현된 형태만 다를 뿐이다. 원래의 아담에게는 불멸의 의식이 있었다. 아담이라는 이름도 이를 의미한다.

✣ 미국인이 되어 미국 헌법을 준수할 것을 서약했다면, 헌법 이하의 다른 법도 자동적으로 준수해야 한다. 최고의 법을 준수하면 모든 다른 법도 자동적으로 준수해야 한다. 우주 법칙은 사랑이다. 우리가 최고의 법인 사랑, 신과의 합일 속에 거한다면 그 이하의 법은 자동적으로 지키게 되어 있어 법도에 어긋나는 일이 일어나지 않는다. 즉 일체와 조화된다. 이렇게 되면, 무한히 자유롭게 되어 무엇에도 제한받지 않는 생활을 할 수 있게 된다. 즉 하위 법칙에 의하여 구속당하지 않는 삶이 된다.

대사들은 우주를 물질로 이루어진 것이라 보지 않는다. 대사들은 눈에 보이는 우주를 영(Spirit)이 표현된 것으로 본다. 우주의 본질은 영적인 것으로, 영의 법칙의 지배를 받는다. 대사들이 큰 능력이 있는 것은 이 법칙을 알고 있기 때문이다. 우리도 이 법칙을 깨달으면 큰 능력을 갖출 수 있다. 우리가 영의 법칙을 알고, 그 법칙과 일치를 이루면 무한한 능력을 가질 수 있다. 영의 법칙은 사랑이다. 무한한 공간과 그 속에 투영된 만물을 지배하는 것은 사랑이다. 성경에 이르기를, "너희가 사랑 속에 있으면 하느님 안에 있는 것이고, 하느님은 너희 안에 있는 것이다"라고 하였다. 사랑은 조화이므로 만물을 조화롭게 유지한다. 우리는 사랑 속에 있을 때, 만물과 완전히 조화로운 상태에 있게 되며 그것과 하나가 된다. 사랑은 또한 결합력, 즉 만물을 근원과 결합시키는 힘이다. 사랑은 근원과 동조하여 근원에서 나온 일체 만물과 서로 조화하게 한다. 또한 사랑은 우주 질서에 조화되지 않는 것을 녹여버린다. 왜냐하면 사랑은 만물이 영의 원리에 일치하도록 작용하기 때문이다. 따라서 일치하지 않는 것이 있으면 일치하도록 녹여버린다. 즉, 영의 원리에 일치하지 않는 미움, 탐욕, 이기심 같은 에고를 녹여버린다.

인간은 우주의 완전한 복사품이다. 따라서 인간이 우주 속에 자신을 던져넣으면 그 자신도 우주가 되는 것이다. 일체의 신조나 독단, 도그마, 미신을 버리면 우주와 합일할 수 있다. 우리 몸에서 빛이 나온다는 사실을 우리가 스스로 부정하지만 않는다면 우리 몸에서도 빛이 나온다. 이를 사진을 통하여 증명할 수도 있다. 그뿐만 아니라 우주의 각 세포에서도 빛이 나온다. 이 빛의 근원이 바로 중심 태양(the Great Central Sun)이며, 이 중심 태양이 대우주와 소우주인 인체에 생명력을 불어넣는다. 우주는 '크다, 전체이다'라는 뜻으로 인간은 우주의 한 부분이다.

✣ 우주 만물은 하나의 단일체이며, 이를 깨닫는 것이 우리의 할 일이다. 문제는 인간은 제각기 달리 보고 있다는 것이다. 사실을 있는 그대로 볼 줄 아는 데서 인간 해방이 시작된다.

CHAPTER 11

YOUR SELF

자아

예수 그리스도는 "너희가 어린아이와 같이 되지 않으면 결단코 천국에 들어가지 못하느니라(마태복음 18:3)"라고 말씀하셨다. 어린아이는 아직 세상에 물들지 않았고 어른들의 관념이 주입되지 않아 근원에 어긋나지 않게 살고 있다. 어린아이는 우주의 조화로운 기운을 방사한다. 이 기운이야말로 인간 본연의 모습이기도 하다. 어른들이 어린아이를 좋아하는 것도 이 때문이다. 우리가 세상에 물든 모든 관념을 버리기만 한다면 우주를 새롭게 볼 수 있고, 새롭게 깨닫게 되어 우리 자신의 본연의 모습을 알게 될 것이다. 옛 힌두 경전에 쓰여 있는 "자아를 알게 되었을 때, 그 자아를 버려라"라는 말은 대사들의 핵심적인 가르침이기도 하다. 이 가르침에 위배되는 습성이 인간의 심성에서 떨어져나가야 비로소 생명의 길을 걸을 수 있다. 그런데도 인간은 생명의 목적과 자연스러운 흐름에 어긋나는 삶을 살고 있기 때문에 육체적인 죽음을 당하는 것이다. "인간에게 올바르게 보이는 것 같은 길이 오히려 죽음의 길이다"라고 예수는 말했다.

✣ "어린아이같이 되라"는 말을 많이 한다. 이는 어린아이같이 유약한 마음을 가지라는 뜻이거나, 어린아이같이 지각없이 살라는 뜻이 아니다. 오히려 어린아이같이 생명력 있게, 꾸미지 않고 천진하게 살라는 뜻이다. 어른들이 아이들의 세계를 이해하기란 쉬

운 일이 아니다. 우선 아이들은 어른들같이 여러 가지 복잡한 생각을 하지 않고 그냥 마음속에서 느끼는 대로 산다. 그렇기 때문에 아이들은 어른들에 비해서 생명력이 넘쳐 보이는 것이다. 그러나 이런 아이들이라도 어른들의 생각에 물들어버리면 발랄한 기운을 잃어버리고 둔하게 된다. 이와 같이 어른들처럼 생각하며 산다는 것은 생명력으로 충만한 삶을 잃어버리는 것이다. 인간이 진보하는 한 걸음 한 걸음은 내적인 생명력에서 나오는 것이지, 어른들처럼 이것저것 생각하는 데서 나오는 것이 아니다.

이것을 알라 — 자신의 관념이 자신을 제약하며, 불확실하고 불안한 상태로 자신을 묶어두고 있다. 이 관념이 제거되었을 때, 우리는 우주 생명 속으로 들어가게 되어 인간 본래의 능력을 발휘할 수 있게 된다. "너희가 생각지도 못했을 때 인자가 오리라(마태복음 24:44)"라고 예수는 말씀하셨다. 바깥세상에서 인간의 마음속으로 들어오는 모든 상념은 전부 세상이 반영된 것이다. 인간은 신의 투영이지, 세상의 반사경에 불과한 존재는 아니다. 인간 본성 깊숙이 들어 있는 것을 표현하는 것이 생명을 표현하는 것이요, 생명이 표현되는 삶이다.

✣ 인간은 한정된 존재가 아니다. 인간은 무한의 복사판이다. 다만 인간은 자기 생각으로 스스로를 한정하고 있을 뿐이다. 내부의 생명이 발현되는 대로 살라. 그러면 생명의 본질을 알 수 있을 것이요, 생명의 본질을 알게 되면 대사들의 본질이 무엇인지도 알 수 있을 것이다. 생각, 말, 행동은 내부 생명이 외부로 나타나는 출구요, 외부로 나타나기 위한 수단에 불과하지 생명의 본질이 아니다.

생명의 신성한 목적은 인간의 본성을 온전히 하고 정화하여 생명이 완전한 그대로 표현되도록 하는 것이다. 최면 상태에 빠지지 않고, 스스로 제약하는 일 없이 생명 그대로 살 때, 인간의 본성은 끊임없이 정화된다. 이것은 인간의 본성이 유일 목적을 온전히 표현할 수 있을 때까지 끊임없는 노력을 요구한다. 이렇게 해야 인간은 그 사명을 성취할 수 있고 우주 보편적인 힘의 도움을 받을 수 있다. "신은 왜 내가 기원한 대로 나타나서 내가 원하는 대로 이루어주시지 않는가?" 하고 원망하는 사람이 많이 있다. 그러나 신은 인간의 생각대로 심부름하는 존재가 아니다. 이것은 마치 싹틀 수 있는 씨앗은 싹이 틀 것이고, 싹틀 수 없는 씨앗은 썩어서 흙으로 돌아가야 하는 것과 같다. 신은 스스로의 목적과 이상을 완수할 뿐이며, 인간은 신의 목적에 동조하는 것뿐이다. 인간이 신의 목적과 동조하면 인간은 인간 본래의 상태인 어린아이 같은 순수한 상태가 된다. 이러한 삶은 본래 인간의 삶이 그랬던 것처럼 순수하고도 완전해진다. 인간의 관념은 불완전하고 불충분한 것이어서 우주 보편적인 목적이나 이상을 담을 수 없다. 그러므로 인간의 관념은 폐기되어야 하며 인간의 관념보다 더 높은 힘이 인간의 삶을 주관하도록 해야 한다.

우리는 모든 생명체의 첫째가는 법칙이 자기 보존이라고 알고 있다. 그렇다고 해서 우리 인간이 다른 사람을 희생해서라도 자신의 생명을 지켜야 한다는 뜻은 아니다. 생명의 법칙은 생명을 보존하고 생명을 확대하는 쪽으로 작용한다. 대사들의 삶은 내부의 유일한 생명과 일치되기 때문에 생명을 보존하고 확대하는 삶을 살고 있다. 대사들에게는 원한이나 해치려는 마음 같은 개인 감정이 없으므로 모든 생명체를 각종 위해危害로부터 보호하는 일을 할 수 있다. 대사들이 그러한 일을 할 수 있는 이유가 여기에 있다. 인간이 자기 생명을 해롭게 하는 것들을 극복하지 못하는 한 참생명에서 벗어나 있는 것이고, 자기 생명을 해롭게 하는 것들을 극복했을 때 생명의 삶을 사는 것이다. 예수는 자기를 십자가에 못 박은 사람들까지도 용서하였고, 저들을 무지의 인과 법칙에서 해방시켰다.

✣ 우주의 목적은 생명을 영원히 유지하고 보다 완전히 하는 데 있다. 우주는 생명과 조화되는 것은 살리고 생명과 조화되지 않는 것은 소멸시켜버린다. 악은 자신 안에 이미 자기 파멸의 씨앗을 가지고 있다. 이 자기 파멸의 씨앗이란 악 속에도 본래의 선이 있다는 것으로, 본래의 선이 나타나면 악은 망하고 선만 남게 된다. 생명은 항상 선한 것이요, 언제나 생명 그 자체를 완성하려 한다.

남을 비난하고, 남에게 책임을 뒤집어씌우는 행위는 자신을 무지의 암흑 속에 던져넣는 일이다. 항상 생명이 있는 것을 보호할 것이며, 자신은 물론 타인도 무지의 암흑 속에서 벗어날 수 있도록 해야 한다. 또한 생명을 풍성하고 조화롭게 하는 데 방해가 되는 관념으로부터 자유로워야 한다. 이렇게 하지 못하면, 생명이 자유롭게 활동하지 못하므로 생명력이 정체되어 쇠퇴하게 된다. 주위의 생명을 보호하고 사랑하는 것이 자신의 생명을 보존하고 정화하는 일이기도 하다. 타인의 생명을 보호한다고 해서 꼭 육신만 보호한다는 것은 아니다. 무지에서 해방시키는 일이야말로 참으로 생명을 보호하는 일이다. 자기 자신부터 먼저 최면의식에서 벗어나라. 그리고 지고자(the highest)의 아들로, 본래 자유로운 존재로 보라. 이렇게 하는 것이 생명에 들어가는 일이고, 생명에 들어가는 것이 자기 자신을 무지와 암흑으로부터 해방시키는 일이다. 누군가가 나에게 악을 행했더라도 마음속으로 즉시 용서하라. 그리고 다른 사람의 비난이나 책망을 받지 않도록 보호하라. 이렇게 하면 그의 생명을 보호해주는 일이 되는 동시에 그를 우주 보편 생명 속에 자유롭게 놓아주는 일이 된다.

✣ 자기 자신을 스스로 비난하든, 다른 사람을 비난하든 비난한다는 것은 지혜로운 태도가 아니다. 우리가 해야 할 일은 오직 보편적 신성으로 올라가야 하는 것뿐이다. 이 세상 사람들이 자기 소유물을 지키려고 애쓰는 것 같이 자신의 신성이 실현되기를 애쓴다면, 이 세상은 온통 대사들로 꽉 차게 될 것이다.

대사나 성인들의 그림을 보면, 그 주위에 후광이 그려져 있는 것을 알 수 있다. 대사나 성인은 이미 각성된 상태에 있기 때문에 후광이 나온다. 무지의 베일, 최면의 베일로부터 벗어나면 자연히 광채가 난다. 유아(어린아이)들의 주위에도 이와 같은 빛이 어느 정도 보인다. 유아들과 함께 있을 때 부지중에 고요함과 평화로움을 느낄 수 있는 것은 이 빛이 나오기 때문이다. 유아들은 우주 생명의 전달자이다. 대사들의 주위에서 느낄 수 있는 기운이나 빛이 바로 우주 생명에서 나오는 것이다. 대사들은 이미 세속적인 생각으로부터 해방되어, 어린아이와 같이 된 사람들이다. 세속적인 생각, 인간적인 관념이 빛을 가로막는다. 빛은 생명이요, 인간은 완전한 생명 속에 있을 때 빛이 난다. 즉, 인간이 바로 빛 자체인 것이다. 또한 빛 속에 거하는 사람은 다른 사람을 동일한 빛 속으로 끌어들일 수 있다. 본래 빛은 생명이고 대사들은 생명 그대로 살기 때문에, 대사들로부터 빛이 나오는 것은 이상할 것 없는 자연스러운 현상이다. 인간에게는 모두 이러한 가능성이 잠재되어 있다. 참으로 우리가 있는 그대로를 본다면 생명의 본질을 볼 수 있다. 그렇지 못한 이유는 지금까지 믿어온 관념을 버리지 못했기 때문이다. 베일을 벗고 보라. 빛이 있다.

✣ 거울에 비치는 자기 자신의 얼굴을 보라. 슬플 때 빛이 나는가? 기쁠 때 빛이 나는가? 자기가 이상으로 삼고 있는 삶 — 마땅히 살아야 할 것이며, 또 인간은 누구나 그러한 능력을 가지고 있지만 — 을 살 때에 얼굴에서 빛이 나지 않는가?

누군가 우리에게 대사의 길을 안내해주는 사람이 없어도, 대사의 삶을 가르쳐주는 사람이 없어도, 자신을 대사라고 생각하고 대사의 삶을 본받아 사는 것이 필요하다. 진리는 이미 우리 내부에 있기 때문에 다만 실천만 하면 된다. 대사들이 생각하는 것처럼 생각하고, 대사들이 행동하는 것처럼 행동하라. 그리하면 대사들을 만나게 될 때 대사들을 알아볼 수 있을 것이다.

당면한 문제가 있을 때, "대사들이라면 어떻게 할까? 대사들이라면 어떻게 말할까? 대사들이라면 어떻게 대할까?"라고 스스로에게 물어보는 것이 필요하다. 대사들이 조그만 일에 걱정하며 전전긍긍하겠는가? 대사들이 남을 비난하고 미워하고 시기하고 질투하고 화내겠는가? 대사들이 남에게 책임을 전가하겠는가? 이와 같이 생각하면 대사들이 우리의 거울이 되는 것이다. "대사들이라면 어떻게 하겠는가?" 하고 진지하게 생각해보면, 대처 방법이 나온다. 이렇게 하면 본래 나와 대사가 다름이 없는 자타일체의 우주에서 힘이 나온다. 이 힘을 알고 인생을 살아가는 것이 대사의 삶에 들어서는 일이고, 자신의 내부에 대사의 싹을 자라나게 하는 일이다.

깨달음을 얻기 위하여 오랫동안 가부좌할 필요도 없고, 무슨 신비의식이나 종교의식을 행할 필요도 없다. 대사들의 가르침은 언제나 쉽고도 참되다. 이 쉽고도 참된 길을 대사들은 이미 준비해놓았다. 잡념, 망상으로 가득 차 있는 마음을 쓸어버리고 생명의 본질로 직접 뛰어들라. 그리고 대사들이 사는 것처럼 살라. 그리하면, 당신이 바로 대사가 되는 것이다. 바깥 자아를 버리고, 마땅히 해야 할 것을 행하는 삶을 사는 것이 바로 참나의 생명이다.

✣ 대사들을 알고 싶으면 대사들처럼 살아보라. 그러면 대사들을 이해할 수 있게 된다. 신을 알고 싶으면 신처럼 살라. 그러나 자신 속에 있는 신의 영이 계시해주지 않는 한 아무도 신의 일을 알 수 없다.

많은 구도자들이 스승이나 대사를 만나기 위하여 인도로 가야 한다고 생각하나, 꼭 그럴 필요는 없다. 나의 스승이나 대사는 바로 나의 참자아이다. 대사나 스승들은 자신 속에 있는 신인 참자아를 깨달았기 때문에 대사나 스승 자격이 있는 것이다. 밖에서 찾는 한은 도저히 발견하지 못한다. 대사들의 가르침도 우리 스스로 이해해야 한다. 깨닫지 못한 사람들은 밖으로 스승을 찾아 헤매지만, 대사들은 안에서 스승을 만나야 한다고 말한다. 그리스도는 분명히 말씀하셨다. "진리가 여기 있다. 저기 있다"고 하는 것은 그리스도의 가르침과 어긋난다. "아버지가 내 안에"라는 말씀이 그리스도의 참된 가르침인 것이다.

자신의 가장 깊숙한 곳에 참자아가 있음을 깨달아야 하고, 이 참자아를 밖으로 나타내야만 한다. 이 때문에 수행이 꼭 필요한 것이다. 자신 속의 대사가 사는 것이 생명의 삶을 사는 것이고, 자신 속의 대사가 활동하는 것을 본능적으로 느낄 수 있어야 비로소 자신이 추구해왔던 것이 이미 자신 속에 있었음을 깨닫게 되는 것이다. 우리는 이제 낡은 인간에서 새로운 인간으로 거듭나 새로운 생명의 삶을 살 필요가 있다.

✣ 깨달은 사람이 가르치는 것과 깨닫지 못한 사람이 가르치는 것은 분명한 차이가 있다. 깨달은 사람은 자기 자신 안에서 찾으라고 말하고, 깨닫지 못한 사람은 밖에서 찾으라고 말한다. 자기 자신 안에서 찾을 수 없는 것은 밖에서도 찾을 수 없다. 우리가 세상에 주고 있는 것을 세상 또한 우리에게 돌려주고 있다.

우리가 인간적인 마음이 아닌 영혼, 참자아로 산다면 모든 것을 분명히 이해할 수 있게 된다. 해야 할 일, 가야 할 길을 분명히 알게 되어 삶이 쉬워지고 만사가 조화로워진다. 이렇게 사는 것이 우리가 목표로 하는 삶이며, 생명의 삶이며, 모든 인간이 살아야만 하는 궁극적인 삶인 것이다. 어린아이는 어른이 가르쳐주는 대로 산다. 어린아이의 삶은 너무나도 자연스럽기 때문에 우리 어른들이 어린아이를 닮아야지 어린아이가 어른을 닮으려고 해서는 안 될 것이다. 그렇다고 해서 지각 없이 비지성적인 삶을 살라는 말은 아니다. 오히려 내부의 참자아에 깊게 뿌리박고 더욱더 지성적으로 살아야 한다.

✣ 마음의 상태와 영혼의 상태와의 차이점을 잘 알고 있어야 한다. 마음은 끊임없이 속삭인다. "이렇다, 저렇다. 이것을 할 수 있어, 저것을 할 수 있어. 이것은 할 수 없어, 저것은 할 수 없어." 그러나 영혼은 영원불멸한 것이요, 영원히 활동한다. 이것이 대사의

본질이기도 하다. 모든 인간 속에 있는 가장 깊숙한 소원은 대사들의 소원과 똑같은 것이다.

이제 우리는 지금까지의 외면적, 세속적인 삶을 내면적, 참된 삶으로 바꾸려는 결심을 해야 한다. 인도 사람들은 자기가 믿는 것을 위해서 자기의 전부를 바친다. 영적인 의무라고 믿으면 하루에 수백 킬로미터라도 걷는다. 우리도 이런 사람같이 되겠다고 결심하고 나아간다면, 목적을 달성할 수 있을 것이다. 원하기만 한다고 해서 목표가 이루어지는 것은 아니다. 행하기를 시작해야 한다.

✣ 이상을 성취하기 위해서는 이상에 완전히 헌신해야 한다. 껍질이 깨지기를 바라기만 해서는 껍질이 깨지지 않는다. 끊임없이 완성을 향하여 나아가야 한다.

어느 통신원의 편지

아래는 그레이스 한 여사(Mrs. Grace G. Hahn)가 보내온 온 편지로 흥미 있고 유익한 내용이 풍부하므로 본장의 일부로 싣는다. 그레이스 한 여사는 본 저자인 스폴딩 씨와 함께 인도로 갔던 탐사대 대원이었다.

지난번의 편지 이후 몇 가지 체험담을 더 말하려 합니다.

스폴딩 씨의 친구인 고스 씨가 스와미 파라마난다Swami Paramananda의 아쉬람이 있는 다카까지 가는 보트 여행에 우리를 초청했습니다.

우리가 통과했던 정글 여행은 이루 말할 수 없이 힘들었습니다. 군

데군데 보트 두 대가 지나가기 불가능할 정도로 강폭이 좁은 곳이 있었습니다. 그런가 하면 강폭이 800미터나 되는 곳도 있었습니다. 그러한 온갖 어려움에도 불구하고 여정은 모든 일이 잘 진행되었습니다.

사흘째 되는 날 저녁 8시 15분, 선실에서 잠자고 있는데 무엇인가 강하게 부딪히는 소리가 나고 비명 소리가 들렸습니다. 다른 배와 충돌한 것입니다. 배 안은 혼란과 공포로 가득 찼습니다. 저쪽 배인 바지선은 침몰하고 있었으며, 우리 배는 크게 파손되기는 했으나 다행히 인명 피해가 없었습니다. 그러나 더 이상 항해가 불가능해져 그날 밤 그곳에서 정박할 수밖에 없었습니다. 배 안의 전등은 모두 깨지고 배는 심하게 침수되었습니다.

그때, 우리를 초청했던 어느 신사의 아들인 조그마한 어린아이가 혼란에 휩싸인 사람들 앞에 나와서 이렇게 말했습니다. "아빠, 하느님이 우리를 구해주셨어요. 이제 자러 가도 좋나요?" 이 아이의 말에 잠시 조용해졌습니다.

잠시 후, 우리는 모두 이 축복받은 인도 소년이 우리에게 말한 교훈을 깨닫게 되었습니다. 우리는 모든 일이 잘 되어갈 것이라는 믿음을 갖고 조용히 잠자리에 들 수 있었습니다. 여기에 미래의 대사가 있어, 단순한 믿음과 고요한 확신으로 배에 있는 모든 사람을 안심시킨 것입니다.

이튿날 아침, 우리는 천천히 항해하여 다음 마을까지 가서, 기차를 타고 캘커타로 돌아왔습니다.

우리는 훌륭한 인도 신사 몇 분과 친해졌습니다. 그 중 시카르 씨라는 분이 자기 저서를 스폴딩 씨에게 증정했는데, 그 책을 보고 내가 가장 감명받은 구절을 소개하겠습니다.

"꽃이 활짝 피기 위해서는 자연의 힘과 영적인 힘을 포함한 모든 힘이 필요하다. 이 힘은 모든 생명이 자라나고 피어나는 데에 반드시 필요한 것이다."

우리는 몇 시간 동안 그와 함께 지내면서 영혼이 풍성해짐을 느꼈습니다.

언젠가 캘커타 대학에서 들은 이야기인데, 여기에 기록할 가치가 충분히 있다고 생각합니다.

B.C.600, 어느 수행단체에서 있었던 일입니다. 그 당시 그곳에서는 똑같은 가르침이라도 보는 입장이 제각기 달라 제자들끼리 서로 대립하고 있었습니다. 그러던 중 그 제자들의 일부가 이탈하여 자기들끼리 패거리를 만들고, 스승에게 가르침을 변경할 것을 요구하였습니다. 그러나 자기들의 요구사항이 받아들여지지 않자, 그 이탈 주동자는 비상수단을 쓰기로 결심하고, 숲속에 숨어 있다가 스승이 지나갈 때 칼을 휘둘렀습니다. 스승은 쓰러지면서 칼을 휘두른 제자에게, 다정하고 사랑으로 가득 찬 음성으로 말하기를, "곧장 이곳을 빠져나가라. 아무도 본 사람이 없다. 만약 다른 사람에게 발각된다면 복수를 당할 것이다. 그러한 일이 일어나지 않도록 하라. 나는 복수를 원치 않는다. 이 일로 인한 고통은 나 자신으로 족하다" 하고 스승은 마지막 숨을 가쁘게 쉬었습니다. 이 위대한 스승은 자기 생명을 해친 사람에게도 사랑을 베푼 것입니다.

우리는 지난주 월요일 캘커타를 출발하여 스와미 옴카르Swami Omkar 아쉬람에 도착하였습니다. 이 아쉬람은 철도에서 50킬로미터 떨어진 시골에 있는 참으로 아늑한 장소에 자리 잡고 있었습니다.

이틀간의 휴식을 취한 후, 우리는 그 스와미와 인터뷰하였습니다. 그 스와미가 고요한 목소리로 말씀하시고 있을 때, 나는 그의 주위와 뒷면이 빛나는 것을 보았습니다. 몇 분 동안 나는 넋을 잃었으며, 그 빛이 사라지지 않을까 걱정했습니다. 다행히 우리가 앉아 있는 동안 빛은 사라지지 않았습니다. 그 빛으로 인하여 방 안이 환히 빛날 정도였습니다. 이러한 일에 대해서는 전에 스폴딩 씨가 몇 번 이야기를 한 적이 있었지요. 나에게는 이런 일이 처음이었지만, 언제까지나 잊지 못할 것입니다.

어젯밤, 나는 그 스승과 두 시간 동안 인터뷰하였습니다. 그는 스승 되는 자격과 그 의미를 자세히 설명해주었습니다. 스승이 말씀하시기를, "우선 자기 자신부터 극복하라. 분노, 질투, 욕망, 이기심, 소유욕 — 아내가 남편을 독점하려는 것, 남편이 아내를 독점하려는 것 — 등 자기 자신 속에 뿌리박혀 있는 모든 것들을 극복해야 한다"라고 하셨습니다.

우리는 수천 킬로미터나 되는 먼 길을 와서 스승을 만났지만, 스승은 집에서도 얼마든지 실천할 수 있다고 말씀하셨습니다. 우리는 마치 사방에 풀이 가득한데도 불구하고 울타리 너머의 풀을 탐내는 염소와도 같습니다.

스승은 진리에 나아가는 기초로서 한마디 말씀을 주셨습니다. "바로 수행(PRACTICE)이다. 이미 알고 있는 것을 날마다 행하라. 분노를 이기는 수행, 우주에 있는 모든 것을 사랑하는 수행을 하라. 매일매일 꾸준히 수행하면 결실을 보게 될 것이고, 인생이라는 학교에서 다음 과정을 받을 준비를 갖추는 것이다."

자아를 극복한 사람들은 침묵의 가치를 잘 알고 있지요. 그 아쉬람에는 하루 중 일정 시간에 실시하는 침묵수행이 있었지만, 아직 침묵의 가치를 배우지 못한 사람들은 참여할 수 없었습니다.

그러면, 서양의 혼란한 정신 상태를 고스란히 지닌 우리가 어떻게 하면 이분들과 진심으로 만날 수 있겠습니까?

논쟁을 하면 더욱더 진리의 문을 닫는 일이며, 열린 마음과 직관만이 이 문을 활짝 열어줍니다. 나는 인도에서 이 사실을 너무나도 확실히 배웠습니다. 전에도 막연히 알고는 있었지만, 이러한 사람들과 같이 있다 보니 이것이 단순한 이론이 아니라는 것을 확실히 알게 되었습니다. 자아를 극복하려는 진지한 소망, 실질적인 수행, 이 사람들같이 되고 싶다는 절실한 염원이 필요하다고 생각합니다.

이곳에 겨우 열두 살밖에 안 되는 놀라운 인도 소년이 있습니다. 이 소년은 작은 스승이라고 할 수 있을 정도입니다. 이 소년은 누가 말하기 전에 벌써 그 사람의 마음을 아는 능력이 있습니다. 눈은 마음의 창이라지만, 우리가 이 소년에게 무슨 일을 부탁하려고 하면 벌써 우리 앞에 와서 눈을 반짝이며 조용히 미소지었던 일이 몇 번 있었습니다.

지난밤에는 내 방문 앞에 와서 잠시 서성거리더군요. 인도 습관에 익숙하지 못한 나였기에 잠시 망설이고 있는 사이, 그 소년은 놀라운 미소를 띠고 나에게 다가와 내 눈을 똑바로 쳐다보면서, "나는 당신을 참으로 사랑해요" 하고 말하고는 재빨리 달아나는 것이었습니다.

명상 시간 중에도 어른들은 더러 조는 이가 있었으나 이 소년은 부동자세로 앉아 있었습니다.

이들과 함께 한 일주일은 참으로 행복한 시간이었습니다. 우리는 마드라스를 향하여 남하했습니다. 스폴딩 씨는 티루반나말리*로 가서 폴 브런튼Paul Brunton 씨**를 만났습니다. 우리는 스폴딩 씨에게서 오라는 전문을 받고 밤새 여정을 계속하여 스폴딩 씨와 브런튼 씨를 만났습니다. 우리는 살아 있는 대사로 일컬어지는 스리 라마나 마하리쉬Sri Ramana Maharishi를 만나러 아쉬람으로 갔습니다. 많은 사람들이 이 위대한 대사 앞에서 가부좌를 한 채 몇 시간이고 앉아 있더군요.

제자들과 면담을 할 때, 스승은 제자들이 질문하지 않는 한 결코 말하지 않고, 제자들에게 스스로 답이 떠오를 때까지 침묵 상태에 잠깁니다. 이와 같은 모습을 보는 것만으로도 여기에 온 가치가 있더군요.

우리는 티루반나말리에서 폰티체리로 갔습니다. 여기에도 위대한 분이 있는데, 1년에 세 번만 대중에게 모습을 드러낸다고 합니다. 이다음 모습을 보이는 날이 2월 24일이라고 하더군요. 이 아쉬람은 오랫동안 기억에 남을 것입니다. 수많은 수행자들이 살고 있지만, 한 가지 특이한 점은 그들의 얼굴에는 의심할 바 없이 생명력이 빛나고 있다는 사실입니다.

여기서 우리는 1월 13일 알라하바드에서 힌두교 축제인 멜라Mela가 열린다는 것을 알았습니다. 우리는 캘커타로 갔다가 알라하바

---

* 남인도에 있는 조그만 소도시. 바로 옆에는 유명한 아루나찰라 산이 있다. 시내에서 택시로 10분 정도 거리에 라마나 마하리쉬 아쉬람이 있다.

** 1898~1981. 영국의 영적 탐험가, 저술가. 국내에 번역된《인도명상기행》,《이집트의 신비》(정신세계사 간) 등을 비롯하여 열세 권의 저서가 있다. 요가와 명상을 쉬운 말로 설명하여 서양에 소개한 사람으로 유명하다.

드로 갔습니다. 이 멜라에서 본 것을 나는 평생 잊지 못할 것입니다. 신성한 갠지스 강물에 목욕하기 위해 인도 전역에서 순례자들이 모여듭니다. 이곳은 갠지스 강과 줌나 강이 합류하는 지점입니다. 물이 얼음같이 차가운데도 순례자들은 강물에 뛰어들고 있습니다. 이 종교 축제에 참가하기 위해 순례자들은 수 없는 고난의 여정을 헤치고 여기까지 왔습니다. 100만 명이나 되는 사람들이 단지 한 가지 생각 — 이날 갠지스 강물에 몸을 담근다는 것 — 을 하면서 이곳에 온 것입니다. 갖가지 옷차림, 벌거벗은 사람, 코끼리나 낙타를 타고 온 사람, 소달구지를 타고 온 사람 등, 모두가 갠지스 강을 향하여 가고 있습니다.

나는 의심할 바 없는 종교적 열정에 큰 감명을 받았습니다. "무엇이 과연 100만 명이나 되는 사람을 이곳으로 오게 했을까?" 이미 내 이해력을 넘어서 있는 이 질문은 내 마음속에 몇 번씩이나 되풀이되고 있었습니다.

"도대체 나는 무엇 하러 여기에 왔지?" 호텔로 들어서고 나서야 그 해답이 떠오르더군요. "모든 인류가 한 형제라는 진리를 추구하고 있다. 우리가 인간의 외면만 보는 한, 여기에 온 사람들이 모두 미쳤다고 생각하는 한, 그리고 흑인이니 백인이니 구분하는 한, 어떻게 전 인류가 하나라는 사실을 이해할 수 있겠는가?"

단지 신성한 갠지스 강물에 뛰어들겠다는 염원 하나로 수많은 사람들이 여기까지 옵니다. 마치 어머니가 어린 자식이 아무리 더럽고 병들고 불구자라 하더라도, 아무리 가난에 찌들고 굶주리고 있다 하더라도 사랑해주는 것처럼, 어머니 갠지스 강은 여기에 온 모든 이들을 사랑으로 감싸 안는 것 같습니다. 인간마다 타고난 신성의 불꽃이 없고서는 어떻게 모든 것을 던질 수 있겠습니까?

우리 서양인들은 신을 너무 사치스럽게 예배하고 있습니다. 저들은 피곤하고 지치고 발이 부르트더라도, 아무리 가진 것이 없다 하더라도 오로지 신을 만나고 싶은 한 가지 염원만으로, 1년에 한 번을 그렇게 6년, 12년, 24년마다 한 번씩 여기에 모여 갠지스 강에 목욕하고 신을 예배하는 데에 바치고 있습니다.* 생각해보십시오. 100만 명이나 되는 사람들이 이 좁은 장소에 모여 신을 찬미하며 평화와 행복 속에서 기뻐하는 광경을! 아무런 강제도 없이 각자가 좋아하는 방식대로 신에게 예배하는 광경을! 그런데도 아무런 혼란도 일어나지 않고 있습니다.

나는 상상도 할 수 없을 정도로 가혹한 조건하에서도 참된 형제애가 있다는 것을 보았습니다. 나는 이 순례자들의 가슴으로부터 진정한 사랑이 나오고 있음을, 순례자들의 눈에서 우리가 부러워할 정도의 영혼의 깊이가 있음을 보았습니다.

모든 사람들이 신을 찬양하고 있습니다. 부자, 가난한 자, 절름발이, 소경, 말도 다르지만 서로서로 미소짓고 있습니다. 실제로 우리가 그들의 예법대로 미소지으며 인사하니 놀라는 것이었습니다. 우리가 이러한 환경에 처해 있다면 과연 저런 미소가 나올 수 있을까요? 한번 진지하게 생각해봅시다. 갠지스 강까지 네발로 기어가며 숨을 쉴 적마다 신을 찬양할 수 있을까? 과연 그럴 수 있을까?

---

* 쿰브멜라Kumbh Mela라는 힌두교의 가장 큰 축제. 네 곳에서 12년 주기로 돌아가며 열린다. 전체적으로 보면 3년에 한 번 열리는 셈이다. 이 가운데 알라하바드에서 열리는 것이 가장 규모가 크기 때문에 보통 쿰브멜라라 하면 12년마다 알라하바드에서 열리는 행사를 말한다. 이 기간 중 강물에 몸을 담그면 죄를 씻어낼 수 있다고 믿고 있다.

당신에게도 묻습니다. 과연 할 수 있겠습니까?

우리는 헝클어진 머리를 한 사두**들을 만났습니다. 그들은 온몸에 재를 뒤집어쓰고, 들보***만 걸친 채 벌거벗었습니다. 나는 그들에게 물었지요. “왜 이렇게 육체를 학대합니까?” 그들이 대답하기를 자기들은 이미 자만심을 버렸고, 세속을 포기했다는군요. 이것이 그들의 사고방식입니다. 결국 우리 인간은 각자의 영적인 수준에 따라 각자의 양심이 명하는 대로 사는 것뿐이지요.

우리 서구인들은 육체를 꾸미고 가꾸는 데 시간을 다 보내지만, 우리와는 반대로 저들은 히말라야 산이나 동굴 속에서 명상을 하며 일생을 보냅니다. 저들은 인간 내부에 있는 본질을 깨닫는 것이 우선이고, 깨달은 후에 비로소 세상에 나가 가르쳐야 한다고 합니다. 우리는 그 많은 종교의 교리, 신조가 있지만 너무나 이론에 치우치고 지식적인 것뿐입니다.

이 축제에 모여든 순례자들은 각자 그들 나름대로 신의 삶을 살고 있는 것 같습니다. 물론 직업적인 거지도 있긴 하지만, 그와 같은 무리들은 금방 구별이 되지요. 이럴 때 직관이 최고의 안내자입니다. 미국이나 인도나 거지는 거지일 뿐입니다. 다만, 여기에서는 거지다운 거지들이지만, 미국은 상류사회에서도 거지가 있다는 점이 다를까요?

우리는 어떤 사람이 지팡이를 짚고 갠지스 강으로부터 걸어나오는 것을 보았습니다. 그런데, 그의 하인이 목발을 들고 따라나오는 것

** 힌두교 수행자.

*** 남자가 생식기나 항문에 병이 생겼을 때 차는 헝겊. 우리의 기저귀와 비슷하다.

이 아니겠습니까? 이것이 무엇을 말하는 것이겠습니까?*

또 다른 신성한 날이 다가왔습니다. 24일 금요일에 6년마다 열리는 순례자 축제가 있다고 합니다. 그 광경을 보기 위하여 여기에 머무르려고 합니다. 후에 편지를 또 쓰겠습니다. 스폴딩 씨는 오늘 대원 두 사람과 함께 갠지스 강으로 갔습니다. 집에서 이 편지를 씁니다.

— 그레이스 한

* 이것은 목발에 의지하던 사람이 갠지스 강에서 목욕한 후 기적적으로 병이 나아 돌아오는 광경을 말하는 듯하다.

CHAPTER 12

PRANA

프라나

우주 보편적인 생명력이 모든 원자를 둘러싸고 관통하고 있으며, 우리가 이 생명력을 호흡하여 체내로 흡수한다는 것은 잘 알려진 사실이다. 우리 인간은 이 생명력으로 살아가고 있으며, 이 생명력의 작용으로 생각하고 행동한다.

✣ 인간은 보통 자기의 바람이 이루어지는 것을 성공이라 생각한다. 그러나 참된 성공은 그러한 세상의 성공을 말하는 것이 아니다. 태초에 인간을 창조한 힘이 지금도 필요한 힘을 공급한다. 이 원초적인 힘 속에 창조물을 만드는 일체의 요소가 들어 있다. 이 원초적인 힘과 의식적으로 접촉함으로써 인간은 모든 가능성을 이룰 수 있고, 이렇게 사는 것이 성공적인 삶이요, 바로 성공이다.

이 생명력을 '호흡으로 들이마실 수 있다'는 사실에 주목하라. 그렇다고 단순히 호흡하는 것만으로 이 우주의 생명력이 우리 몸속으로 들어오진 않는다. 프라나에 깊이 주의를 기울이면서 호흡하지 않으면 소용이 없다. 이 프라나는 물질에 속하는 공기보다도 훨씬 정묘하므로 단순히 육체의 호흡이나 생리작용의 영향을 받지 않는다. 우리가 호흡한다고 해서 전기력을 인체에 끌어들일 수 없는 것처럼 단순히 호흡만 한다고 해서 프라나가 인체에 들어오진 않는다. 물론 호흡할 적마다 어느 정도 전기력이 들어오는 수는 있다. 프라나라는 우주력도 그런 경우이다. 우리가 주의를 기울이면, 그러한 모든 인상이 마음속에 기록된다. 이 기록된 인상이 관념이 되고, 그 관념이 말이 된다. 이것은 육체적인 호흡에 대비하면 정신적인 호흡이라 할 수 있다. 한편, 인간에게는 자기 존재를 완전케 하려는 내적 주의가 있다. 이 내적 주의가 외적 주의와 연결될 때, 즉 우주의 완전성을 향하게 될 때, — 세네카는 이를 '영혼의 눈'이라 부른다 — 주위에 있는 우주력이 인간의 육체 속으로 들어오게 된다. 신비주의자들은 주의력이 우주의 힘을 끌어들이는 비결이라고 말한다. 내적인 호흡을 이루기 위해서는 주위의 영적인 에테르에 깊은 주의를 기울이고, 완전히 이완된 육체와 집중력, 그리고 완전히 열린 마음이 필요하다. 이것이 '영혼의 호흡'이라는 것으로, 참나가 에테르 속으로 침투하여 생명력, 즉 영적인 에테르로 변화시키는 것이다.

✣ '우주 호흡'이란 육체적인 호흡을 말하는 것이 아니고 영적인 에테르 속에 있는 생명력을 받아들이는 일이다. 호흡이란 보통 공기를 우리 몸속으로 들이마시고, 우리 몸에 동화하지 못한 것을 내뿜는 일을 말한다. 그런데 영적인 호흡은 영적인 에테르 속에 있는 생명력을 고요하고 주의 깊은 집중을 통하여 받아들이는 것이다. 사람들은 영적인 호흡이 무엇인지 모르기 때문에 영적인 호흡과 육체적인 호흡을 같은 것으로 보고 있다. 우리가 무엇을 응시하면, 우리 의식은 대상에 관한 인상을 받아들이게 되고, 그 받아들인 인상은 행동으로 나타난다. 우리가 영적인 에테르에 주의를 집중하면 영적인 원소가 우리 육체 속으로 들어오게 되어 육체는 활기를 띠고 생명력으로 충만해진다.

우주에 충만해 있는 이 생명력은 모든 원소에 침투해 있다. 프라나는 세포가 성장하도록 자극하는 힘이다. 프라나는 실로 모든 생명체가 자라나는 데 원동력이 되며 생명을 유지하는 원소가 된다. 한편, 프라나는 생명을 흡수하기도 한다. 다른 모든 힘과 마찬가지로 프라나는 긍정적, 부정적인 작용 반작용을 한다. 이는 마치 공기가 작용 반작용을 하면서 흐르는 것과 같다. 이것은 공기가 숨 쉬고 움직인다고 볼 수 있으며, 공기 속에서 공기와 공기끼리 작용한다고도 말할 수 있다.

✣ 존재의 모든 힘이 현존하는 것을 깊이 명상해야 한다. 우리가 눈에 보이는 것을 인식하는 것처럼 이 힘을 인식할 때까지 명상하라. 이것이 무한한 힘을 개발할 수 있는 비결이다.

보편적인 우주 생명력인 프라나를 의식적으로 받아들이는 방법을 프라나야마pranayama라고 한다. 보통 프라나 호흡법, 즉 우주의 생명력을 의식적으로 호흡하는 수련법이라 할 수 있다. 그러나 이 호흡법의 정확한 방법을 설명하기란 쉽지 않고, 시간과 지면이 많이 필요한 일이다. 첫째로 이 호흡법은 자신에게 맞는 방법을 발견해서 주의 깊고 정성스럽게 해야 한다. 이미 말한 바와 같이, 이 호흡 과정에서는 주의 깊음이 근본적인 토대가 된다. 주의 깊음이란 최고의 근원, 즉 신이라 불리는 일체를 포함하는 존재에게 일심집중하는 것이다. 이때 마음에 긴장이 있어서는 안 된다. 따라서 마음의 긴장을 푸는 것이 둘째로 중요한 일이다. 영적인 질료인 프라나는 지극히 정묘하고 민감하기 때문에 조금만 힘을 가해도 빗나가게 된다. 누구나 공중에 떠다니는 실이나 솜털을 잡아보려고 한 적이 있을 것이다. 이때 잔뜩 긴장하여 잡으려고 하면 오히려 잡지 못하고 놓쳐버리고 만다. 그러나 조용히 손가락 사이로 떨어지도록 기다리면 솜털을 잡을 수 있듯이, 이 호흡법의 비결도 이와 비슷하다. 이는 또한 잊었던 일을 기억해내려고 할 때, 기억해내려고 애쓰면 애쓸수록 생각이 떠오르지 않다가, 마음을 편안히 하고 고요히 있으면 갑자기 생각이 떠오르는 경우와 비슷하다. 마찬가지로 프라나는 편안하고 고요해야 심신 속으로 흡수된다. 마음은 어디에도 걸리는 데가 없어야 하고, 몸은 완전히 긴장이 풀어져야 한다. 마치 전신의 세포가 서로 한없이 떨어져 존재하는 것 같이 마음은 전적으로 자유롭고 무한히 확장되어야 한다. 이와 같이 육체적인 제약감을 완전히 잊어버리면, 정신적 육체적으로 완전한 상태가 되어 우주의 질료를 받아들이게 된다. 이때 프라나가 세포 전체에 흘러들어가 생명의 요소가 되는 것이다. 이 호흡법은 육체를 언제까지나 젊고 활기 있게 유지한다.

✣ 프라나 호흡은 신비스럽다거나 배우기 어려운 것이 아니다. 태양의 본성이 만물을 평등하게 비추기 때문에 우리가 태양 빛을 흡수하는 데는 아무런 어려움이 없다. 마찬가지로 프라나도 온 우주에 두루 퍼져 있으므로 우리는 프라나를 얼마든지 흡수할 수 있다. 그런데 영적 에테르의 살아 있는 에너지는 침투력이 태양 빛보다도 더 강력하다. 이것을 흡수하기 위해서는 몸과 마음을 평안히 하고 주의를 깊이 집중해야 한다.

이것은 육체의 세포와 조직을 확장하고 산화작용을 증가시켜 육체를 유지하고 육체에 활력을 주는 행법이다. 또한 모든 세포에 근본 에테르의 영적인 바람을 쏘이는 방법이라 할 수 있다. 빛 한 줄기에도 여러 가지 색깔이 있듯이 프라나 속에도 생명의 요소가 들어 있다. 이것이 모든 힘의 본질이다. 프라나는 산소가 아니나 산소에다 생명을 주는, 산소 안에 있는 생명이다. 프라나는 전기가 흐르도록 한다. 프라나는 마음에 인식작용을 준다. 말하자면, 존재하는 모든 것의 근거가 되며, 모든 힘의 배후가 되는 힘이다. 이것을 성서에서는 신의 영이라 한다. 프라나야마, 즉 영적인 호흡을 하면 몸속으로 들어온 모든 요소가 팽창하여 산화, 즉 "기화"된다. 이것은 마치 물질을 신선하게 유지하기 위하여 공기를 통하게 하고 태양 빛을 쪼이는 것과 같다. 육체의 긴장이 풀어지고 마음에 걸림이 없을 때, 육체와 마음은 한없이 확장되어 프라나가 심신을 통과할 수 있게 된다. 이렇게 해서 심신 전체는 새로워지고, 활기차고, 생명력으로 충만해진다. 이것이 바로 프라나야마, 즉 영적인 호흡이다. 다만 이 행법에서는 주의를 집중해야 하는 것이 근본적인 비결이다. 마치 일광욕을 잘하려면 태양에 주의를 집중해야 하듯이.

✣ 육체적인 긴장이 생기는 것은 먼저 정신이 위축되어 그에 따라 근육이 위축되기 때문이다. 정신이 위축되는 이유는 눈에 보이는 대상과 주위 환경에 마음이 사로잡혀 제약당하기 때문이다. 생명을 좀더 넓게 볼 수 있게 되면 몸과 마음이 자유로워진다. 매일매일 자신의 전 존재를 프라나에 쏘이면, 생명력이 활발해지는 것은 물론 잠재된 능력도 개발된다.

이 행법으로 요가수행자들은 일정 기간 동안 인체 활동을 정지시킬 수 있다. 이렇게 하여 인체의 전 조직을 쉬게 하고, 인체를 근본 생명 원소와 연결하여 새롭게 한다. 요가수행자들은 흔히 호흡을 중지하는 방법을 써서 이 결과를 얻는다. 그렇다고 무작정 호흡을 중지하는 수행을 하는 것은, 마치 사람이 물속에 빠져 숨을 쉴 수 없는 것 같이 위험하다. 억지로 호흡을 중지한다거나 인체 활동을 중지시킬 필요 없이 몸을 부드럽게 하고 이완하면, 생명 에테르를 느끼게 되고 몸과 마음은 활기차고 생명력으로 충만해진다. 이것이 내적인 호흡이다.

✣ 대사들이나 고도로 수행한 요기들이 육체의 활동을 중지시킬 수 있다는 것은 이미 말한 바 있다. 그러나 이 능력은 단순히 육체의 생리적인 기능만 중지시키는 것이 아니고, 육체에 생명력을 주는 높은 작용이 자기 자신과 하나임을 깨닫는 상태에서 나오는 것이다. 이렇게 되면 육체의 생리적인 기능은 필요 없게 된다. 큰 것은 언제나 작은 것의 필요를 채워줄 수 있고 대신할 수 있는 법이다. 그렇다고 식사나 호흡을 중단하거나 심장의 활동을 중단하는 수행을 함부로 하지 말라. 그것보다는 거룩한 신성에 자신을 던져넣어라. 그리하면 전 존재가 영원한 생명을 얻게 될 것이다.

이 행법은 육체뿐만 아니라 마음까지도 활기 있게 한다. 마음이 너무 긴장되거나 위축되어 있으면 마음이 자유롭게 활동하지 못한다. 마음이 자유롭게 활동하지 못하면 좋은 생각이 제대로 나올 수 없다. 프라나야마 행법을 하면 마음이 넓어지고 자유로워진다. 이것은 마치 너무 단단하게 조인 나사를 느슨하게 풀고 기름을 쳐주어야 기계가 잘 돌아가는 것과 같다. 이때 과거의 기억이 되살아나기 시작해서 심지어는 아주 어렸을 때의 기억까지도 생각난다. 이러한 기억은 아무런 노력 없이 되살아난다. 또한 자기가 알고 싶은 것은 무엇이든지 즉시 알게 되는 능력도 생긴다. 프라나는 만물에 침투해 있기 때문에 프라나와 마음 작용은 밀접한 관계가 있다. 프라나는 마음이 작용할 때 마음을 분리시키지 않는다. 왜냐하면, 프라나는 인간의 모든 기능을 보편성과 결합시키기 때문이다. 프라나는 우주 보편적이라서 모든 행위의 길을 열어주며, 모든 질료의 기초가 되는 방사 에너지이다. 원초적인 상태에서 보면, 질료가 에너지이고 에너지가 질료이다. 즉, 우리가 알고 있는 질료와 에너지라는 것은 단일한 원초 에너지의 양면에 불과한 것이다. 이 원초적인 에너지가 바로 프라나, 즉 영이다.

✣ 활력, 즉 살아 있는 에너지는 음식을 먹어서 생기거나 호흡을 한다고 생기는 것이 아니다. 이것은 인간에게 생명을 주는 우주 생명력의 활동이다.

좀더 정확히 말하면, 프라나는 영의 여러 요소 중의 하나라고 할 수 있다. 왜냐하면, 영이란 에너지일 뿐만 아니라 지성이고 질료이기 때문이다. 프라나는 에테르보다도 더 정묘하다. 서구 학문에서는 프라나와 에테르를 동일한 것으로 보고 있으나 그 정묘함과 활동성에서 차이가 있다. 프라나는 항상 활동하고 있으나 에테르는 활동이 발생하려는 상태에 있다. 에테르는 프라나가 전화轉化된 것, 현상화된 것이다. 전기와 같은 자연의 정묘한 힘, 만상을 움직이는 요소는 모두 프라나에서 갈라져나왔고, 프라나가 작용하는 매개체일 뿐이다.

✣ 영이라 함은 우주라는 창조기관이 활동하는 것이다. 영은 활동하고 있는 신이다. 이 활동에는 신의 본성에 있는 모든 요소가 들어 있다. 따라서 창조물에도 신의 본성에 들어 있는 모든 요소가 들어 있다.

인간의 육체를 포함하여 물질적이고 형태 있는 것은 붕괴되면 프라나로 되돌아간다. 처음에는 여러 가지 형태의 에너지로 되었다가 결국은 원초적인 에너지(프라나)로 되돌아간다. 우리가 프라나를 끊임없이 받아들일 수 있으면, 더욱더 활기 있게 되고, 더욱더 원기가 살아나서 인간의 마지막 적인 죽음까지도 극복할 수 있게 된다. 이와 같이 하여 늙음과 죽음을 극복한 사람들이 있다. 이들은 프라나의 힘으로 육체를 재건한 것이다. 프라나는 인간이 휴식하고 있을 때나 잠자고 있을 때도 미약하나마 작용한다. 그러나 프라나가 존재함을 의식하고, 몸과 마음을 완전히 이완하여 주의를 집중하면, 도처에 꽉 차 있는 프라나가 몸과 마음속으로 들어온다. 이렇게 하여 몸과 마음이 소생하는 것이다.

✣ 늙음이나 죽음은 인간이 실패하거나 빈곤해지는 것과 같은 이치이다. 이는 존재의 근원에서 멀어져 활력을 얻지 못하기 때문이다.

존재의 원초적인 속성 중 하나가 지성이다. 프라나는 살아 있는 생명력이요, 질료는 지성과 생명, 이 두 가지가 작용하도록 형상화한 것이다. 지성, 생명, 질료는 서양 철학에서 정의한 바와 같이 제일 원인의 삼위일체이다. 즉 지성은 앎(KNOWING)의 면이고, 생명은 만물을 살리는(QUICKENING) 면이고, 질료는 형상화(FORM)되는 면이다. 프라나는 보통 질료와 생명의 요소를 포함하는 것으로 사용되고, 질료와 생명은 지성이 창조물을 통제하고 지시할 때 매개체가 되고 수단이 된다.

이 원초적인 지성, 생명, 질료야말로 바로 전능한 신이 활동하는 세 가지 다른 모습이다. 우리는 이 사실을 알아야 한다. 물론 인식하고 안 하고는 각자의 선택에 달린 문제이기는 하지만.

✣ 우주의 원인자는 자신을 스스로 인식하며, 자신의 일도 인식한다. 우리가 영의 모든 활동에 끊임없이 주의를 집중하면, 그 힘을 깨닫게 되고 그 힘을 자기 것으로 할 수도 있다.

밀리컨Milikan* 이 말한 우주 광선이 바로 프라나 파(Pranic Wave)이다. 학자들은 아홉 가지 우주 광선을 발견했는데, 모두 그 기원은 프라나이다. 마치 일곱 가지 무지개색이 한 줄기 순백색 광선에서 나온 것처럼 이 아홉 가지 우주 광선은 모두 프라나 에너지에서 나온 것이다. 이 우주 광선은 잘만 사용하면 인류에게 크게 유익할 수 있다. 창조물은 모두 힘과 에너지가 결합하거나 분리된 것에 불과하며, 모두 프라나 에테르Pranic ethers가 방사된 것이다.

어떤 것이든지 그 중심은 순수한 빛으로 되어 있다. 이것이 예수가 말한 내면의 빛이요, 각성의 빛이다. 인간의 영적 자각이 크면 클수록 이 빛도 또한 커진다. 즐거운 기분으로 잠에서 깬 사람은 얼굴에 빛이 난다. 깨달은 사람의 얼굴에도 빛이 난다. 화가들이 이 사실을 알고 예수의 얼굴 주위에 후광을 그린 것이다. 빛은 생명이다. 이 빛이 "세상 사람 모두를 비치는 빛"이요, 신비학파 입문자들이 자격을 얻기 위해 통과하는 불(火)이다. 이 빛은 프라나 에테르에서 방사된 것으로 온 우주에 두루 퍼져 있다. 이 빛은 태초부터 있었던 빛이다. 우리 인간이 감관이 있는 육체로 살고 있더라도, 이 빛 속에 있으면 영생불멸하게 될 것이다. 왜냐하면, 이 빛이 영생불멸이기 때문이

* 48쪽 참조.

다. 나는 트란스요르단Transjordan*에 있었던 어떤 빛에 관한 보고서를 읽은 적이 있다. 고고학자들은 빛이 비치는 그곳에 고대 문명 같은 것은 없다고 결론지었지만, 그 빛을 따라간 사람들은 고대 문명의 유적을 발견하였다. 이와 같은 일이 페르시아에서도 일어났다. 아직 보지는 못했지만 고비 사막에서도 이와 같은 빛이 나타난다는 이야기가 있다. 또한 돌을 가지고 피라미드 모양으로 쌓아 올린 최초의 바벨탑에서도 빛이 나타났다는 기록이 있다. 이 빛은 오직 '하나의 눈'이 있어야만 볼 수 있다. 하나의 눈이란 인간의 감각과 능력이 전부 한 방향으로 향하는 일심집중을 말한다. 성서에서는 그 방향을 '주 얼굴의 빛(light of His countenance)'이라 부른다.

✣ 빛은 생명이다. 그러나 같은 에너지라도 보다 높은 단계의 에너지가 있듯이, 빛도 보다 높은 단계의 빛이 있다. 신이 임재하심을 체험한 사람만이 그 빛이 무엇인지를 정확히 알 수 있다. 깊은 명상에 들어간 사람도 때때로 그 빛을 보기도 한다.

이것은 또한 계시록에서 요한이 말한 '새 예루살렘의 빛'이다. 요한은 프라나를 볼 수 있는 능력이 있었고 프라나 빛이 작용하는 법을 알고 있었다. 이것은 이른바 투시라는 능력을 훨씬 초월한다. 즉, 보통 말하는 투시는 프라나를 볼 수 있는 능력보다 차원이 낮은 단계이다. 투시로써 본다는 것은 생명의 참빛이 자기 속에 있는데도 다른 사람에게 빛을 빌려서 사는 것과 같다.

---

* 요르단왕국의 옛 이름. 1949년 국명을 요르단왕국(보통 요르단으로 부른다)으로 바꾸어 현재에 이르고 있다.

✣ 참된 의미에서 "영안이 열렸다, 투시 능력이 있다"라고 하는 것은 보통 사람들이 보지 못하는 무슨 형태나 모양을 볼 줄 안다는 것이 아니다. 이것은 인간의 마음이 영의 순수한 활동을 보고 아는 능력이다.

우리는 이 프라나 빛을 향하여 나아가야 한다. 그리하면 그 빛을 가로막거나 단절시키는 저급한 감각기관에서 벗어나게 될 것이다. 여기에서 스스로 자기에게 한정을 가하면, 보다 높은 단계의 감각이 프라나 빛을 인식하는 것을 방해한다. 이 프라나 빛이 나타나면 심령 능력도 잘 통제되어 유용한 수단이 될 수 있다. 이 프라나 빛은 심령 현상을 초월하여 진동한다. 영매가 된다든가 심령 능력을 계발한다는 것은 직접 프라나 빛을 나타내는 일이 아니다.

✣ 깨달음에 이르는 길에 들어서려면 먼저 거짓 나를 극복해야 한다. 생명의 빛 속으로 직접 들어가서 거짓 나를 태워버려라. 자기 결함, 질병, 좋지 못한 상태 등 이러한 것들은 빛 속으로 들어가기만 하면 소멸된다.

마치 빛이 어둠을 극복하듯, 프라나 빛은 언제나 자신을 거스르는 모든 힘을 극복한다. 이것은 실재의 내가 하는 일이다. "나는 프라나 빛이다. 나는 지금 프라나를 방사한다. 힘있게 방사한다"고 선언하면 프라나에 거스르는 모든 힘은 소멸되고 만다. 그러나 이것은 우리 안에 있는 실재의 나인 그리스도 자아의 소리가 아니면 안 된다. 이 참나는 위에 있는 것도 아니고 밖에 있는 것도 아니고, 우리 존재의 중심에 있다. 이것이 예수가 "나는 그리스도의 이름과 능력밖에는 아무것도 가진 것이 없다"고 말한 의미이기도 하다. 이것은 예수가 프라나를 최고도로 실현했다는 뜻이기도 하다.

예수가 변화된 모습*은 지성, 생명, 질료는 결국 하나라는 것, 그리고 이 하나는 예수가 말한 아버지요, 제일 원인이라는 것을 깨닫고 예수가 합일 상태에 들어갔을 때 일어난 것이다. 이것은 마치 스펙트럼에 나타나는 여러 가지 색이 순백의 빛 하나로 환원되는 것과 같다.

✣ 프라나 빛, 즉 영의 빛을 체험하기는 그리 어려운 일이 아니다. 마치 물질적인 빛이 어느 누구에게도 똑같이 비추듯이, 프라나 빛은 언제나 우리를 비추며, 필요로 하는 일이 아주 작은 일이더라도 신속히 작용한다.

오직 한 의식, 한 원리, 한 감각만 있을 뿐이다. 우리가 서로 다른 기능이나 속성을 너무 구분하거나 문제시하면 오히려 복잡해질 뿐이다. "보라, 우리의 신은 한 분이시다." 프라나의 힘이 우리 밖에서나 우리 안에서 항상 작용한다는 사실을 알고 이 힘과 하나가 되어야만 한다. 사도 요한은 밖에 있는 것은 안에도 있다고 하였다. 이는 항상 존재하고 항상 활동하는 위대한 프라나의 힘을 이르는 말이다. 이 프라나의 힘은 전 우주와 전 창조물에 걸쳐서 두루 퍼져 있다.

✣ 만상을 하나로 보는 것은 일상생활을 하는 데나, 영적인 공부를 함에 있어 쉽게 할 수 있는 비결이다.

---

* 마태복음 17장.

CHAPTER 13

THE QUANTUM THEORY

양자론

양자론에는 물리학의 모든 원리가 포함되어 있다. 이는 자연에 있는 에너지의 분포에 관한 이론인데, 베를린 대학에서 흑체(black objects)에서 나오는 방사물을 연구한 결과 수립된 이론이다. 양자론은 형태 있는 모든 것은 에너지를 방사하며 비활성은 없다는 이론이다. 즉, 모든 물질은 그 자체로 에너지를 갖고 있으며, 이 에너지는 무한한 우주에 가득 차 있는 에너지의 방사물인 것이다. 각 물질에서 방사하는 에너지의 양은 그 물질과 우주 에너지와의 관계에 비례한다.

마치 힘을 가하는 정도에 따라 추가 흔들리는 것과 같이 모든 물질은 현상계에서 활동하는 데 필요한 에너지를 가지고 있다. 그러므로 물질은 가지고 있는 에너지의 양에 비례하여 활동할 수 있다. 추가 멈추었다면 추를 움직이게 하는 추진력이 멈추었기 때문이다. 이와 같이 물질을 움직이는 추진력이 없어지면, 물질은 움직이지 못하게 된다. 뿐만 아니라 물질에 있는 에너지의 활동이 완전히 그치면 그 물질은 붕괴되고 만다.

✣ 양자론에서 말하는 교훈은 “인간의 모든 결함은 본래의 제일 원인에서 분리되었기 때문이다”라고 한다. 모터의 스위치를 끄면 모터가 정지되듯이 인간도 신의 영으로부터 분리되면 그 기능이 멈추는 것이다.

양자론은 형이상학적으로 볼 때 서양인들에게 큰 문제가 되었다. 형이상학은 미국에서 불황 중에 유행하였다. 그러나 아무런 사실적인 기반이 없는 반쪽짜리 진리에 불과했다는 점이 판명되었다. 형이상학은 사실을 기초로 해야 하는 학문인데, 이 사실을 간과하고 잘못 이해한 것이다. 자세한 이야기는 이제부터 양자론을 연구하면서 공부해보기로 하자.

✣ 자기 생각만이 옳다고 주장하는 사람이 있고, 남한테 자기 능력을 보여주거나 자랑하기를 좋아하는 사람들도 있다. 이들이 이런 행위를 계속하면 그나마 가지고 있는 능력마저 모조리 고갈되고 만다. 오직 만물의 하나 됨, 인간과 신이 일체라는 것을 깊이 명상함으로써 능력이 소생되고 본래의 생명력으로 복귀하게 되는 것이다. 인간은 자기 자신만으로는 아무것도 할 수 없다. 살리는 것은 영으로, 인간의 몸과 마음이 영에서 생명력을 받을 때 비로소 인간의 말과 행동은 살아 있게 되며 생명력을 갖추게 된다.

양자론은 물론 서양에서 나온 것이지만, 동양에서도 높은 지혜를 가진 사람들은 양자론이 단순히 물리학상의 이론이 아니라 엄연한 진리를 말하고 있음을 알고 있었다. 이 진리를 간단히 말하면 만물의 보편 타당성이다. 이 진리는 과학과 형이상학 모두에 기반이 되고 있다. 서양 심리학은 어린아이 장난에 불과한 것으로 단순한 이론을 기초로 한다. 서양 심리학은 인간을 정신적, 육체적, 물질적으로 구분하여 연구하고 있다. 그런데 인간을 구분하면 구분할수록 인간의 단일성을 모르게 된다. 단일성을 구분할 수는 없다. 만물은 단일체이다. "나는 스스로 있는 자이다. 나 이외에는 아무도 없다"는 말씀은 만물의 단일성을 영원히 선언한 것이다. 이와 같이 인간 개개인의 마음과 우주의 마음은 단일한 것인데, 여러 가지가 있다고 생각하기 때문에 문제가 생긴다. 어떤 물질이라도 우주에서 따로 떨어져나와 존재하는 것은 없고, 우주 보편 질료 중의 하나이다. 인간 육체도 우주에서 따로 떨어져나온 존재가 아니고, 우주 에너지 속에서 하나인 것이다. 그런데 자기 자신이 고립된 존재라고 생각하는 최면에 빠져 우주와 단절되고, 우주와 단절되다 보니 본래 가지고 있었던 생명력과 능력마저 잃어버리게 되었다. 보이는 세계와 보이지 않는 세계가 긴밀히 연결되어 있음을 부정하는 사람은 스스로 어둠의 미혹 속으로 자기 자신을 던져넣을 뿐이다.

동양 철학은 단순히 이론만이 아닌 명확한 사실과 원리를 기초로 한다. 아인슈타인도 이와 비슷한 생각을 가지고 있었다. 그는 서양의 어느 과학자보다도 이 사실을 명확히 알고 있었다. 후에 사람들은 이를 두고 물리학(과학)과 종교 사이의 간격을 좁힌 일이라고 평가하였다.

동양인들은 종교를 결코 단순한 이론으로만 보지 않는다. 그들은 종교에서 말하는 이론을 실제로 성취함으로써 단순한 이론이 아니라는 것을 입증하였다. 동양의 현인들이 이론에 빠져 있는 것을 본 적이 없다. 그들은 항상 사실에 기초를 두고 있다. 사실은 사실이라고 선언했기 때문에 사실이 아니고, 실제로 과학적인 기반 위에 서 있기 때문에 사실인 것이다. "나와 아버지는 하나이다"라는 그리스도의 말씀은 나와 전체가 하나임을 선언한 것이다. 이것이 참된 종교, 참된 형이상학이요, 또한 양자론의 기초가 되는 진리이다. 만물이 하나임을 깨닫고 실현하는 정도에 따라 에너지가 나온다. 이 사실을 알면 성공적인 삶을 사는 기초가 될 것이다. 이러한 이유 때문에 양자론은 동양의 현인들에게 주목받기 시작하였다. 그들은 과학자들이 수천 년 동안 내려온 동양 사상을 비로소 이해하기 시작했다고 말하며, 과학이 종교의 근본으로 회귀하는 것이라고 보고 있다.

아인슈타인은 모든 것이 영이라고 말하지는 않았으나 물질적인 것, 형이하학적인 것이 궁극적인 실재는 아니라고 하였다. 결과적으로 그의 주장과 동양 사상은 접합점에서 만난 셈이다. 그는 궁극적인 실재를 일반 원리라 하였는데, 그의 말대로 하나인 머리 아래 물리학 전체를 정렬시키는 일이었다. 이것은 고대의 동양 사상가들이 이미 깨달았던 것으로, 만상은 과학의 기반이 되기도 하는 하나의 원리, 하나의 존재에 의하여 이루어져 있음을 말하는 것이다.

✣ 참진리에서 출발하는 것과 겉만 그럴듯한 거짓된 가설에서 출발하는 것은 후에 커다란 차이를 낳는다. 처음 출발했을 때의 기반이나 원리가 어떠한가에 따라 결과가 달라진다. 만약 그 기반이 올바르다면 결과도 올바를 것이요, 기반이 올바르지 못하면 결과도 올바르지 못할 것이다. 올바른 기반이란 만물이 보편적인 전체에서 시작되었다는 것이다. 이 기반을 제외한 또 다른 기반이란 있을 수 없다. 인간이 원리에 적응하며 사는 것이지, 원리를 인간의 생각에 맞게 고칠 수는 없다. 인간의 생각도 원리로부터 출발해야 한다. 인간의 말과 행동도 원리에 맞아야 비로소 자신이 원하는 결과를 얻을 수 있다.

그런데도 지금 서양에서는 일단 대원리로 돌아가 거기에서 근거를 세우려고는 하지 않고, 외부에서 원리를 찾으려고 한다. 이것은 올바른 사고방식이 아니며 과학적인 이치에도 맞지 않다. 참된 이치는 원리로부터 시작해서 현상계로 가야지, 현상계로부터 시작하여 원리로 가는 것이 아니다. 따라서 서양적인 사고는 항상 나타난 모양, 형태, 숫자를 조사하고 연구한 다음 궁극적인 원리를 알려고 한다. 이것은 문제를 거꾸로 풀려는 태도로서, 서양인들은 인생의 모든 문제를 해결하는 데에도 이와 같이 하고 있다. 이와 같은 방법으로 하면 많은 지식을 얻을 수 있고, 매우 지성적인 사람이 될 수는 있다. 그러나 그 지식이라는 것도 궁극적인 기반이 없어 언제든지 변할 수 있는 아주 일시적인 지식에 불과하다. 지성의 최고 형태란 하나의 실재에 근거한 참된 이치, 참된 원리인 것이다. 이 사실을 깨달은 어떤 과학자는 최근 10여 년간 나온 책은 모조리 불살라버려야 한다고 말하기도 했다. 동양의 종교와 철학은 흔히 말하는 지식과 지성을 훨씬 넘어서 있다. 설사 가설이라 하더라도 동양에서는 참된 기반을 근거로 명백한 개념을 정립한 것이다.

서양의 지성은 광범위하기는 하나, 서양에서 말하는 가설이나 이론은 어느 하나도 절대적인 결론에 도달하지 못했다. 서양 과학은 가설이나 이론을 기초로 한다. 서양인들은 어떤 결정적인 요소가 존재한다는 것을 아는 데까지 왔다. 그러나 아직 유일 원리라는 근원으로 곧바로 가려 하지 않는다. 이에 반해 동양의 현인들은 항상 본연의 실재에 근거해 살고 있다. 양자론도 이에 근거한다. 그 근거란 창조물에 생명을 불어넣는 힘인 우주 보편적인 에너지요, 유일 보편적 실재이다.

✣ 참된 도리와 거짓된 도리, 지성 있는 논리와 잘못된 논리와의 차이점이 설명되어 있다. 우리가 사물의 외형만 본다든지 나타난 결과만을 추구하며 일을 한다면, 이는 완전히 뒤바뀐 것이다. 우

주에는 확립된 질서가 있어, 이 질서에 우리 자신을 일치시켜야 비로소 만족스러운 결과를 얻을 수 있다.

인도 사상과 서구 일원론과의 차이점은, 서구 일원론은 자연의 힘을 맹목적인 창조력이라 하고, 그 외의 모든 것을 부정해버린 것이다. 인도 사상은 창조력, 즉 자연의 힘을 맹목적이라 하지 않고 활동성이 있고 지성이 있고 에너지가 가득 찬 것으로 보고 있다. 이 힘은 피조물과 창조력이 동일하다. 따라서 이 힘과 연결되면 만사를 성취할 수 있다.

✣ 우주를 창조한 힘이 지성이 없는 맹목적인 힘이라고는 도저히 생각할 수 없다. 우리가 일상생활에 쓰고 있는 전기를 보더라도, 인간의 적절한 통제를 받아 유용하게 쓰이고 있다. 전기 자체는 맹목적인 힘이다. 그러나 인간(지성)의 통제를 받아 유용하게 쓰이는 것이다. 이와 같이 우주 창조력도 지성의 지배를 받고 있다. 그렇지 않으면 질서 있는 창조란 있을 수 없다.

이상 전체를 요약하면, 결국 바른 지혜를 가져야 한다는 것이다. 우리가 지식이라 여기는 것은 이미 과거에 속한 것이다. 참지식은 감각을 넘어서 있다. 참지식은 모든 것을 움직이는 힘과 그 힘의 작용을 아는 데 있다. 그렇게 되면, 태초에 만물을 창조한 우주 원동력을 알 수 있고, 우주 원동력을 알면 원동력의 작용과 조화하게 된다.

참된 지식은 삼매, 즉 침묵에서 온다. 참된 지식은 내적인 느낌이요, 직관적인 앎이다. 이것이 우리 말하는 올바르게 이해하는 것이다. 모든 것을 다 바쳐 올바른 지혜를 구하라. 우리 마음속 깊은 느낌을 따르는 것이 올바른 지혜를 가지는 길이다. 이때의 지혜는 대원리에서 나온다. 이렇게 하면 우리는 영적인 지혜뿐만 아니라 일상생활에 필요한 지식까지도 얻을 수 있다. 지식이란 어떤 원리를 발견하고 그 발견된 원리를 응용하여 그에 따른 결과가 생기면 형성되는 것이다.

이러한 지식을 가진 사람이 최면에서 완전히 벗어난다면 진리에 이를 수 있다. 그렇다고 모든 지식이 실재에 의거해서 있다는 것은 아니다. 실재는 지식보다도 먼저 존재했고, 지식보다도 큰 것이다. 인도 사상에서는 지식이란 근본적인 실재의 나타남이라고 말한다.

✣ 자기 자신 속에 보편적인 힘, 즉 신의 영이 역사하는 것을 느낄 때까지 침묵하는 것이 필요하다. 그러면 올바른 지식이 생긴다. 올바른 지식은 활력을 주며 인간의 마음속에 자각을 불러일으킨다. "전능자의 영감이 깨달음을 준다." 수학의 원리를 알기 위해서는 그 원리의 규칙을 공부해야 하듯이, 신의 원리를 알기 위해서는 신을 명상해야 한다. 보통 지식이라 하는 것은 관념이 쌓인 것이다. 그러나 참된 지식이란, 모든 것은 신의 영이 형상화된 것임을 아는 것이다. 지식은 어떤 과정이 완결되어 얻게 된 것이고, 이해한다는 것은 결과에 이르는 길을 인식하는 것이다.

성서에서 "육(flesh)은 무익한 것이다(요한복음 6:63)"라고 하였다. 이 말은 육은 아무런 필요가 없다는 뜻이 아니다. 육은 육을 만든 영(Spirit)의 표현에 불과할 뿐, 육 자체로는 실재성이 없다는 뜻이다. 육은 창조자가 아니다. 육은 어떠한 것도 만들어내지 못한다. 왜냐하면 육은 만들어진 것이기 때문이다. 만들어내는 것은 영이요, 육은 형태를 띤 영에 불과하다. 인도인들은 영과 육, 영적인 것과 물질적인 것을 차별하지 않는다. 저들은 영과 육을 전적으로 하나로 본다. 저들에게서 영적인 성취자가 많이 나오는 것도 이러한 이유 때문이다. "말씀이 육신이 되어(요한복음 1:14)"라는 것도 영이 형체를 띠었다는 뜻이다.

✣ 마음은 창조력이 없다. 창조력은 우주심(Mind), 즉 영 안에 있다. 살리는 것은 영이다. 인간의 생각대로만 하면 오히려 기력만 소모될 뿐이다. 영과 교통함으로써 생명력이 소생하고 능력이 깨어나는 것이다.

영이 형상화되어 형체를 가지면, 형상화된 법칙의 지배를 받는다. 이 법칙을 알게 되면 영을 분명히 알 수 있다. 사도 바울은 "믿음은 영의 실체"라고 하였다. 이것은 믿으면 실체를 알게 된다는 뜻이다. 사람들은 보통 믿지 않고 알려고만 한다. 산스크리트 문헌에서는 이것을 분명히 강조하고 있다. 영을 알려면 먼저 믿어야 한다. 그러면 알게 된다. 이처럼 확실히 증언하는 바와 같이, 창조 행위란 인간의 육체적, 물질적인 감각을 통해서가 아니라 영이라는 질료를 통하여 이루어진다는 것을 알 수 있다.

믿음은 마음이 활동하는 원리이다. 마음은 내부의 이해력에 따라 보통의 앎이 되기도 하고 절대적인 앎이 되기도 한다. 영적인 직관이란 생각을 거치지 않고 직접 아는 것을 말한다. 또한 무한의식의 근원에서 직접 무한의식을 끌어내는 것이다. 이 직관력은 모든 사람마다 타고나지만, 주로 어릴 때에 이 능력이 나타나는 수가 많다. 어린아이는 아직 세상에 물들지 않았고, 세상사의 최면에 빠지지 않았기 때문이다. 지식이라는 것도 알고 보면 망상에 불과하며, 많이 알면 많이 알수록 망상만 늘어나는 법이다. 따라서 인간적인 사고에 적게 물들면 적게 물들수록, 진리를 더욱 빠르게 깨달을 수 있다. 이 직관력은 인간이라면 누구에게나 있으며 얼마든지 계발하여 쓸 수 있다.

✣ 믿음이란 원리를 인식하고 적용하는 수단이다. 우선 믿음은 마음을 안정시켜 새 힘을 얻게 한다. 이 얻어진 힘으로 일이 진행되고 결과가 생기는 것이다. 믿음은 일종의 정신적인 변압기로서 아직 나타나지 않은 것을 구체화한다.

"나는 그리스도의 이름으로 오고 그리스도의 능력을 통하여 일한 것 이외에는 아무것도 가진 것이 없다"고 예수는 말하였다. 이것이 바로 영적인 직관력을 말한 것이요, 인간이 어떻게 살아야 하는가를 말한 가르침이다. 즉, 예수가 아버지와 하나인 것 같이 우리도 아버지와 하나가 되라는 말씀이다. 예수와 함께한 그리스도는 하느님의 말씀이요, 모든 인간 속에 있는 내적 실재이다. "그리스도는 전체요, 전체 안에 있다." 진실로 그리스도는 인간의 내적 실체인 것이다.

✣ 예수의 능력의 비밀은 그의 존재 가장 깊숙한 속에서 역사하는 것을 아버지라 부르고 완전히 신뢰한 데에 있다. 우리의 내부 장기나 기관에도 예외 없이 신의 법칙이 적용된다. 이와 같이 우주 보편적 원리가 인간의 내부 가장 깊숙한 곳까지 역사하고 있다.

인간은 육안도 하나요, 직관도 하나이다. 눈을 통해서 우리는 원하는 것을 본다. 아름다움과 추함도 동일한 눈을 통해서 본다. 차이가 있다면 하나는 보고 싶은 것이고, 다른 하나는 보고 싶지 않은 것이다. 직관을 훈련하면, 원리를 알 수 있고 원리가 작용하는 것도 알 수 있다. 직관을 훈련하여 심령 차원으로 향하면 심령세계를 알 수 있고, 직관을 훈련하여 인간으로 향하면 인간의 마음속까지 알 수 있다. 그러나 직관을 훈련하여 근본 원리를 알려 하지 않고, 다른 방향으로 향한다면 그 속에 빠지게 된다. 이렇게 되면 인간의 맑은 지각력은 흐려지게 된다. 직관을 훈련한다는 것은 기존의 사고방식이나 관념에 물들지 않고 직접 보는 것을 말한다. 이것은 빛의 길이지만, 직관을 왜곡시키는 것은 어둠의 길이다.

✣ 직관은 의식을 확장할 수 있는 하나의 길이다. 직관을 통하여 인간은 생명의 내적 실재를 얻을 수 있다. 인간이 신의 지혜, 즉 모든 것을 통달하는 지혜를 얻으면 어떠한 일이라도 알 수 있게 된다.

어떤 신비주의파에서는 감각은 파괴되어야 하고 죽어야 한다고 가르친다. 그러나 이 가르침은 본래의 인도 사상과는 맞지 않는다. 인도인들은 모든 것을 영으로 본다. 따라서 감각도 영이므로 영적으로 사용할 수 있다고 보며, 그 영적인 중요성은 보존되어야 한다고 말한다. 이렇게 되면 감각기관은 영으로부터 오는 것을 직접 나타내는 통로가 된다. 이것이 참된 계시이다. 실재가 원리에서 나온 것임을 알면 만상을 분명히 알 수 있다. 알고 보면 이렇게 간단한 것이다. 그러나 서양인들은 이것을 복잡하게 만들었다.

✣ 외부의 감각기관은 내적인 인식을 밖으로 내보내는 출구이거나 통로에 불과하다고 볼 수 있다. 그렇다고 외부의 감각기관을 무시하거나 손상시켜서는 안 된다. 만약 감각기관이 손상되면 세상으로 향한 출구나 통로가 파괴되는 것이다. 인간은 감각에 사로잡히지 말고 자기의 전 존재를 자기 본성 가장 깊숙한 곳에 있는

신의 본성에 맞추어 그대로 나타내도록 해야 한다.

물질의 본성은 순수한 영질이다. 인도인들은, "입방체를 압축시키면 다른 형체로 변한다. 팽창시켜도 다른 형체로 변한다"고 말한다. 여기에서 말하는 변화는 물질적인 변화를 말하는 것이 아니다. 압축시키든 팽창시키든 그 물질의 본성은 변하지 않으나 원자의 상대적인 위치는 변한다. 물과 얼음, 수증기는 형태만 다를 뿐 똑같은 수소와 산소로 되어 있다. 그런데 물질을 수축시키거나 팽창시키는 힘은 4차원에 속한다. 이 4차원의 힘은 원자를 다르게 배치시켜 물질의 크기를 다르게 만들지만, 물질 본래의 성질을 변화시키는 것은 아니다. 만물이 영적인 질료로 만들어진 이상, 영과 영이 만든 물질 사이에 다름은 있을 수 없다. 만물은 일체이고 만상은 하나인데, 오직 최면 상태에 빠진 인간만이 그렇지 않다고 생각할 뿐이다. 이 최면 상태에 빠져 있는 한 인간은 모든 것을 왜곡해서 보게 되며, 무지 상태에서 벗어나지 못하게 된다.

✣ 만물은 분리되거나 고립되어 있는 것이 아니며, 본질적으로 완전히 동일하다. 다만 진화 체계를 달리할 뿐이다. 이와 같이 만물의 참된 본성을 알게 되면 제일 원인의 산물인 인간이 마땅히 가져야 할 힘과 지배권을 갖게 된다.

CHAPTER 14

RESUME

요약

이번 여행기를 기록하면서, 우리는 대사들이 행한 기적보다는 그들의 실제 가르침과 수행법에 대한 것을 전하려 했다. 인도에서 보고 들은 일에 관해서는 그다지 많이 기록하지 않았으나, 그래도 인도에 관해서 알고 싶어하는 사람들을 위해서는 충분히 설명했으리라 믿는다. 우리가 이제까지 만난 사건과 경험을 모두 기록한다면, 정작 대사들이 생활하는 모습이나 학습자들에게 도움이 될 만한 교훈을 쓸 여분이 남지 않을 것이다. 사람들은 대개 대사들의 철학적이고 과학적인 지식에 흥미를 보인다. 물론 이러한 대사들의 지식을 통하여 대사들의 경지에 도달하는 법을 알 수는 있을 것이다. 대사들이 행한 기적이나 생활상은 본서 1권(탐사록)에서 이미 충분하게 밝혀놓았다.

이번 여행에서 우리는 실제로 유익한 지식을 많이 얻었다. 학생(수행자)들은 그 중요한 점이 마음에 새겨지도록 복습하는 것이 필요하다. 이렇게 해서 수행자들은 대사들의 경지에 도달하는 길을 따르고, 자신의 버릇이나 습관을 고치는 데 필요한 기초 지식도 얻을 수 있다. 대사가 되는 것은 누구에게나 가능한 일이다. 그러나 그것은 책을 본다든가 대사들을 연구한다든가 이론을 세워서 되는 것이 아니라, 오직 대사들의 삶을 있는 그대로 살아야 가능해진다.

보통 사람들은 최면 상태에서 살고 있다는 것을 이 책에서 누차

밝혔다. 말하자면 대다수의 사람들은 삶을 자기가 의도한 대로 살지 못하고 있다. 평소 마음속으로 이렇게 살아야지 하고 생각한 그대로 사는 사람은 아마 백 명 중 한 사람도 없을 것이다. 사람들은 자신의 존재 법칙에 따라 살지 못하고, 세상 사람들이 생각하는 그대로 생각하고, 세상 사람들이 사는 그대로 산다. 즉 남이 생각하는 대로 살고 있는 만큼 최면에 걸려 사는 것이다. 그렇지 않으면 이 지상의 삶은 단순히 잠시 동안의 삶에 불과하고, 죽은 다음에 천국이라고 부르는 곳에 가는 것이 인간의 유일한 소망이라고 생각하는 사람도 있다. 그러나 이러한 생각은 생명의 목적과 계획에 어긋난다. 생명의 목적과 계획에 맞는 삶이란 인간의 내적 본성을 따르고, 그에 마땅하게 살아야 한다고 본능적으로 느끼는 그대로 살아가는 생활이다. 이를 따라 사는 삶이 앞서 말한 바와 같이 대사들의 삶인 것이다.

대사들이 가르치는 수행법과 보통 수행자들이 하는 수행법에는 큰 차이가 있다. 보통 수행자들의 수행법은 마음의 최면 상태를 더욱 더 강하게 만든다. 즉, 잘못되고 물질적인 심상이 수행자의 마음속에 계속 각인되어 수행자를 최면 상태에 깊게 빠뜨린다. 이와는 달리, 대사들은 "외부에 보이는 것은 결코 실존하는 것이 아니다"라고 말한다. 이것은 외부에 보이는 것은 결코 생명의 진실상이 아니라는 뜻이다. 생명의 진실상은 인간 내부에서 나온다. 대사들은 세상 속에서 각인된 마음을 정화하고 자신의 가장 깊숙한 본질을 보기 위하여 오랫동안 삼매 상태에 앉아 있기도 한다. 이렇게 해서 체득한 것을 생각과 말과 행동으로 나타낸다. 이처럼 세상의 견해에 따르지 않고 내부의 스승, 내부의 참나의 지시에 따르는 것이 대사가 될 수 있는 길이다.

반면에 보통 수행자들의 수행법은 서양의 형이상학적인 가르침과 크게 다를 바 없다. 교사들의 강의를 듣고 책을 읽고 사상 체계를 모아 머릿속에다 집어넣고 사상 체계를 수립한다. 단지 다른 사람의 생각에 따라 수립된 사상 체계는 자기 것이 아닌 남의 것에 불과하다. 따라서 그것은 최면 상태에 불과하다. 여러 가지 육체적인 수련을 한다든지, 몸 안에 의식을 집중하여 신체의 기능이나 에너지 센터가 깨어나도록 하는 것도 참된 수행법이 아니다. 오히려 이것은 참된 생명에서 더 멀어지게 하며, 자칫하면 "그 사람의 나중 상태는 처음 상태보다도 더 나빠졌다"는 말씀과 같이 될 수 있다. 외부에서 받은 가르침은 자기가 분석해보고 소화해본 후, 자기 내부에 있는 참나에 맞는 가르침인지 스스로 확인해야 한다. 즉 먼저 참나와 상의해보고 가르침을 받아들여야 한다. 남의 가르침 그대로 맹목적으로 행동하는 경우와 자기가 본능적으로 올바르다고 느끼는 것에 따라 행동하는 경우를 비교해보라. 생명의 길은 내부에서 외부로 나아가는 것이다.

생명의 힘은 고요하다. 그렇기 때문에 대사들이 생명 그 자체와 일치하기 위해 침묵 상태에 있는 것이다. 성경에서도 "말이 많으면 허물을 면하기 어렵다"고 했다. 우리가 마음속 깊은 느낌을 말할 때 생명과 일치하여 말하는 것이다. 자기가 옳다고 느낀 그대로 말할 때, 자기가 옳다고 느낀 그대로 행동할 때, 마음이 자유로워짐을 경험해본 적이 있을 것이다. 또한 마음속 깊은 곳의 느낌과 어긋나는 말을 했을 때 무언가 위축되고 묶여 있는 느낌을 가져본 경험도 있을 것이다. 이것이 간디가 제기했고 인도 사상에 공통적으로 존재하는 무저항의 철학이다. 그리스도도 이 가르침을 강조했다.

자신의 참나와 일치하지 못한 방법으로 말하거나 행동하면 자기 스스로 저항감이 일어난다. 이 저항감은 최면 상태에 빠져 있는 인간 의식에서 나오는 것으로 인간의 마음을 위축시키고, 참나가 나타나는 것을 방해한다. 자신의 마음속에서 일어난 이 저항감은 다른 사람의 마음속에 있는 저항감을 불러일으킨다. 이것이 확산되면 온 세상은 저항과 투쟁의 장이 되어버린다. "은밀히 보시는 아버지가 드러나게 갚으신다."

여기 슬픔에 깊이 잠겨 있는 사람과 기쁨으로 넘치는 사람이 있다고 하자. 슬픔에 잠긴 사람이 기쁨으로 넘치는 사람을 보고 아무런 이유 없이 화내지는 않을 것이다. 그러나 기쁨으로 넘치는 사람이 슬픔에 잠긴 사람을 억지로 기쁘게 하려고 하면 그는 화를 낼지도 모른다. 가난한 사람에게 "왜 당신은 가난하게 사는가?" 하고 말하면 화를 낼 것이다. 그리고 자신의 가난을 온갖 구실을 대며 변명할 것이다. 그러나 그 사람을 묵묵히 너그러운 분위기로 이끌면 마음의 문을 열고 말하게 될 것이다. 싸우고 있는 두 사람을 억지로 떼어놓으려 해보라. 잘못하면 말리고 있는 사람이 얻어맞을 수도 있다. 그러나 평화로운 마음을 방사하면, 평화로운 분위기를 느끼고 싸움을 그칠 것이다. 무저항의 교훈은 소극적인 것이 아니고 내부의 참자아에서 나오는 강력한 방사선인 것이다.

사회를 재조직하거나 정치·경제에서 각종 개혁을 하려면 먼저 인간의 의식부터 깨어 있지 않으면 안 된다. 의식이 최면에 걸려 있는 상태에서 인간을 규제하는 법과 규칙을 제정할 수는 없고, 서로 조화하지도 못하면서 단체를 조직할 수는 없다. 세상에는 갖가지 사람들이 있다. 이기적인 사람과 이타성이 강한 사람, 성공한 사람과 실패한 사람, 유능한 사람과 무능한 사람, 물질적인 것만 추구하는 사람과 영적인 것을 추구하는 사람 등, 이런 수많은 사람이 어떻게 한마음으로 일치할 수 있을까? 모든 인간의 깊숙한 본질은 똑같다. 이 똑같은 본질이 밖으로 나타나야 비로소 지상에 평화와 조화가 실현된다.

인간의 깊숙한 곳에 있는 내적인 본질이 바로 우주 보편심, 즉 신이다. "하느님의 율법이 너의 마음속에 기록되어 있다." 대사란 이 속에 있는 것이 밖으로 드러난 사람들이다. 이것은 오로지 깊은 명상과 참나를 스승으로 하는 데에서 실현될 수 있다. 참나야말로 무릇 우리가 발견할 수 있는, 발견해야만 하는 인생의 궁극적 목표로 이끌어주는 유일한 스승이다. 자아를 극복한다는 것은 마음과 육체의 모든 외부적인 상태를 버리고 생명에서 다시 출발하는 것이다. 즉, 다른 것은 모두 버리고, 자기가 바라고 있던 참나 그대로 참나와 일치된 상태에서 시작하는 것이다. 참나를 발견하여 참나와 하나가 되어야 비로소 세상을 도울 수 있는 자격이 생기는 것이요, 대사가 되는 것이다.

많은 사람들이 서로 일치하여 침묵 명상을 하면, 조직화된 단체나 사회 개혁을 하려고 무슨 운동을 하는 것보다 더욱더 강력하게 영향력을 끼칠 수 있다. 무슨 일을 하든 상관없이 생명의 효력이라는 것은 어떻게 일을 하고 있느냐, 자신이 얼마만큼 자아를 발견했느냐에 따라 결정된다.

단지 말의 힘만 믿고, 말만 잘한다고 해서 대사가 되는 것은 아니다. 말의 힘은 말을 하는 사람의 의식 수준에 따라 결정된다. 그 힘이란 깨달음의 깊이에서 나온다. 말은 인간의 의식도 만들어내지 못하고, 육체의 병도 고치지 못하고, 주위 상황을 변화시키는 힘도 없다. 이것은 깨달음의 문제로, 이 내적인 깨달음의 깊이에 따라 말의 힘이 결정된다. 마음은 외부 영향력에 의하여 최면에 빠지기 쉽다.

마음이 최면에 빠져 있으면, 최면에 빠진 마음과 최면에 빠지지 않은 마음으로 나뉘게 된다. 이 분열된 두 마음이 서로 갈등을 일으킨다. 원래 마음이란 하나요, 하나로서 작용하는데, 마음이 둘로 있는 듯이 보이는 것은 생각이 둘로 나뉘었기 때문이다. 그중 하나는 외부의 인상에 따라 생각이 일어나고, 다른 하나는 본래의 마음에서 나온 것이다. 마음이란 본래 하나요, 조화로운 것이어서 외부적인 영향을 받지 않아야 한다. 오로지 본래의 마음에서 나와야 의식의 흐름이 깨끗해지고 우주심과 일치하게 된다. 본래의 마음만을 잡는 것, 이것이 자기 자신을 지배할 수 있는 비결이다.

마음이 분리되지 않고 하나인 상태에서 살아가면 축복받은 삶이라 할 수 있다. 이것을 성경에서는 건전한 마음이라 한다. 인간은 근원과 하나인 상태에서 시작된 존재이므로, 본래 건전하고 완전한 존재이다. 예수는 말하였다. "성령이 너희에게 임할 때까지 예루살렘을 떠나지 말라." 이것은 우주 보편심과 일체 상태가 될 때까지 예루살렘을 떠나지 말라는 뜻이다.

영은 근본 원인이다. 인간이 근본 원인으로 되돌아가면 전체적이고 완전하게 된다. 그리고 전 존재가 만물의 본질인 대단일성에 합일되어 있다. 때문에 인간이 대단일성으로 되돌아가면, 마음이 건전해질 뿐만 아니라 육신도 건전해지고, 모든 일도 건전해지게 된다. 즉, 만물의 근원과 합일되면 건전해지고 온전해지는 것이다. 완전하다는 것, 건전하다는 것은 전체라는 말과 같은 뜻이다. 완전, 건전은 전체의 일부가 아니라 그대로 전체와 하나이다. 모든 것은 그 하나하나가 우주의 중심이다. 즉 하나하나 속에 전체성이 들어 있다. 무엇이든지 제한하고 분리해버리면 본질에서 완전히 벗어나게 되고 의미도 함께 잃어버리게 된다. 그리스도가 "너희도 내가 하는 일을 할 수 있고, 이보다 더 큰 일도 할 수 있다(요한복음 14:12)", 에밀 대사가 "내가 할 수 있는 것같이 여러분도 쉽게 할 수 있다"고 말한 것은 인간의 일체성, 즉 각 사람은 전체와의 관계에서 하나라는 사실을 말한 것이다.

대사들은 전체와의 하나 된 상태에서 생활한다. 또한 인간은 누구나 인간이 만든 종교, 제도, 이념, 국가 같은 관계를 끊어버리고 우주와 조화되면 대사들과 같은 삶이 가능해진다. 이것이 이스라엘 자손들이 대대로 계승한 '언약의 궤'* 이다. 이스라엘 자손들이 이것을 가지고 있을 때에는 만사를 성취할 수 있었는데, 이것을 잃어버렸을 때에는 자유를 잃어버리고 압제자 밑에서 신음하게 되었다.

분리는 인간이 있다고 생각하기 때문에 생긴 것이다. 인간은 결코 전체로부터 분리된 존재가 아니다. 인간은 전체 속에서 창조되고 전체에 속하며, 전체를 닮은 존재이다. 인간의 의식에 있는 가장 위대한 결합자는 사랑이다. 사랑은 만물을 하나로 만든다. 또한 사랑은 생명, 건강과 능력의 유일한 보존자이다. 그렇다고 세상 모든 사람들을 사랑하려고 애쓸 필요는 없다. 인간은 사랑을 통하여 전체성이 유지된다. 자신의 본성이 사랑으로 확장되면, 조만간 모든 인간을 향하여 사랑하는 마음이 생기게 될 것이요, 이 사랑에 감응하여 주위에 있는 사람까지도 사랑하는 마음을 내는 법이다. 사랑의 감각이 깨어난 사람에게는 어떠한 분리도 있을 수 없다.

인도에까지 가 대사의 발밑에서 수행한다고 해서 꼭 깨달음을 얻

---

* 123쪽 참조.

는 것은 아니다. 오히려 자신의 본성 가장 깊숙한 곳에 있는 실재에 귀 기울이고, 따르는 것이 깨달음을 얻는 길이요, 대사가 되는 길이다. 또한 이 방향으로 나아가면 필요한 도움도 즉각 얻을 수 있다. 인간 내부에서 일어나는 고상한 동기와 참된 충동은 전부 이 배후에 있는 우주의 힘이다. 이것은 씨앗 속에 있는 생명의 싹과도 같다. 자연의 힘에 의하여 씨앗 속에 있는 생명력이 싹터 나오듯이 대사들의 가르침도 이와 같다. 참나에 항상 충실하라. 참나의 삶을 살라. 진실로 마음속 깊이 원하는 것이 나타나도록 하라.

인간이 이 생명력으로 복귀할 때, 우주에 있는 모든 것들이 그에게 작용하기 시작하고, 우주는 그를 통하여 우주 자신을 나타내기 시작한다. 세상을 살아가려면 지혜와 실천력이 있어야겠지만 물질 또한 필요하다. 그런데 물질이 부족하다는 것은 인간이 실재에서 떨어져 분리되어 있기 때문이다. 즉, 인간의 마음이 최면 상태에 있기 때문에 일어나는 현상이다. 본래 자기와 하나였던 우주가 자기에게 주는 것을 온전히 받는다면 현실의 어떤 면에서도, 정신적이나 육체적인 어떤 면에서도 부족함이란 일어나지 않는다.

양자론은 생명의 실재에 관하여 과학적으로 접근하는 방법이다. 만물은 무너뜨릴 수도 없고 분리할 수도 없는 하나이다. 이 사실을 빼놓고는 과학, 종교, 사회 조직의 기반이 무너질 것이며, 개인의 성공적인 삶도 기대할 수 없다. 이것이 대사가 되는 길이요, 대사의 삶을 사는 길이고, 인간이 유일하게 참되게 살 수 있는 길이다. 그러나 이것은 자기 내부의 비밀스런 곳에서 하지 않으면 안 된다. 대사들은, 인간 해방은 이 길을 통해서만 발견할 수 있는 길이지, 그 외에 다른 길은 없다고 가르친다.

예수 그리스도도 같은 뜻으로 말하였다. "나로 말미암지 않고서는 아버지에게로 올 사람이 없느니라.(요한복음 14:6)" 우리 안에 있는 그리스도가 우리에게 똑같은 메시지를 말씀하신 것이다. 대사와 만날 수 있는 유일한 길은 우리 안에 있는 대사와 만나는 것이다.

스폴딩에게 묻다

✣ 다음 각 장은 스폴딩 씨가 세상을 떠나기 전 캘리포니아 남부에서
2년간에 걸쳐 강의한 내용을 정리한 것이다.

CHAPTER 1

CAMERA OF PAST EVENTS

과거를 촬영하는 카메라

이제부터 우리가 본 것, 들은 것, 경험한 것을 말하려 한다. 우리는 히말라야 산맥에서부터 고비 사막에 이르기까지, 뉴욕에서 중남미까지, 샌프란시스코, 필리핀, 알래스카, 캐나다에 걸쳐 여행하고 연구하고 조사했다.

우리는 이 사업을 40년 이상이나 계속했다. 처음에는 인도, 티베트, 고비 사막에서 발견한 기록들을 번역하는 작업을 했으나, 점차 이 일에 관심 있는 사람들이 모여들면서 26명이나 되는 조직으로 발전했다.

얼마 후 과학자들이 우리가 하는 일에 관심을 갖기 시작했다. 2년 전부터 저들은 우리의 새 카메라, 즉 과거를 촬영할 수 있는 카메라에 관심을 두었으며, 이 카메라를 가지고 적어도 100만 년 전의 문명도 볼 수 있을 것이라고 생각했다. 여러분도 과거로 거슬러 올라가 100만 년 전에 있었던 일을 본다는 것은 어처구니없는 일이라고 생각하겠지만, 그것은 사실이며 실제로 많은 일들이 진행되고 있다.

나는 처음부터 스타인메츠 박사와 함께 일했다. 스타인메츠 박사는 원한다면 과거로 되돌아가서 과거의 사건을 촬영할 수 있는 카메라를 만들어보자고 제안했다. 그가 계획을 세웠고, 설계도를 그렸으며, 우리는 그의 계획대로 따라갔다. 지금 우리는 과거로 되돌아가 과거의 사건을 찍을 수 있는 카메라가 있다는 것을 분명히 말할 수 있다. 과거 사건이라 하여도 취사 선택을 해야 하기 때문에 이 일은 대단히 부담스러운 일이기도 하다. 앞서 말한 바와 같이 과학자들은 100만 년 전까지는 거슬러 올라갈 수 있다고 믿는다.

이 카메라에 대한 최초의 실험은 스타인메츠 박사가 시도했다. 나는 약 9년 동안 그와 함께 일했다. 그는 과거로 돌아가 어떤 문명이 존재했고, 얼마나 계속되었는지 등, 모든 것을 실제로 볼 수 있을 것이라고 항상 주장해왔는데 이것이 실제로 실현된 것이다.

첫 실험은 조지 워싱턴 대통령의 취임 연설이었다. 장소는 뉴욕시 페더럴 홀Federal Hall이라 불리는 곳이다. 이 장면을 보니 조지 워싱턴은 청중들 앞을 이리저리 걸어다니면서 취임 연설을 하고 있었다. 또한 연단에 있는 고관들이 누구인지도 즉시 알아볼 수 있었다. 그 당시의 모습을 그린 그림은 있지만 아직 사진기가 나오기 전이었기 때문에 물론 사진은 없었다. 그러나 우리는 조지 워싱턴의 목소리가 녹음된 실제 사진(영상물)을 가지고 있다. 사람들은 이것을 움직이는 영상으로 조작한 가짜라고 말하지만, 우리는 정말로 영화를 보는 것처럼 보여줄 수 있다.

다음에 우리는 예수의 산상수훈 장면으로 들어갔다. 지금 우리는 예수가 우리와 조금도 다름없는 인간이라는 사실을 잘 알고 있으며, 2만 년 이상까지 거슬러 올라가는 완전한 예수 족보도 가지고 있다. 예수는 비상한 능력을 가진 단호한 성격의 소유자였다. 키가 6피트 2인치(약 185cm)로 군중 사이에 있어도 곧 눈에 띌 정도이다. 그를 본다면 "참으로 완전을 이룬 사람이구나!" 하고 감탄하게 될 것이다. 역사적으로 알려진 사실도 있긴 하지만, 우리는 그 당시로 되돌아가 예수님의 말씀을 분명히 들을 수 있었다.

우리는 예수의 일생에 깊은 관심을 가지고 상세히 추적해보았다. 우리는 몇 년 동안 그와 접촉했었기 때문에 그가 결코 죽음을 겪지 않은 사람이라는 것을 알고 있다. 그럼에도 불구하고 나사렛 예수는 자신이 보통 인간이 할 수 있는 이상의 일을 했다고 말하지 않았다. 우리는 이 사실 또한 분명히 알고 있다.

산상수훈은 영적인 걸작으로 오늘날까지도 면면히 이어지고 있다. 사람들은 산상수훈의 깊은 뜻을 헤아리며 삶의 교훈으로 여긴다.

산상수훈에 나오는 이야기로서, 한 소년이 가지고 있던 빵 다섯 개와 물고기 두 마리 이외에는 어느 누구도 먹을 것이 없었다는 내용이 있다. 이것은 비유로 한 이야기가 아니다. 만약 비유로 한 이야기라면 그 소년을 포함하여 수많은 사람들이 사진에 나타날 리가 없다. 예수는 다만 "앉아서 식사 준비를 하라"고 말했으며, 모든 사람에게 차례차례 충분한 음식이 나누어졌다.

또 제자가 예수에게 "빵이 필요한데 추수할 때까지 4개월이 남았습니다"라고 말하는 내용이 있다. 이에 대한 예수의 대답은 "들을 보라. 보리가 익어 추수할 때가 되었도다"라고 했는데, 사실 그대로였던 것이 화면에 나와 있다. 이러한 화면을 보고 여태까지 잘못된 채 전해졌던 것을 많이 고칠 수 있었다.

우리는 산상수훈에 나오는 인물이 예수인지 아닌지 알아보기 위하여 8년 동안이나 연구했다. 이 과정에서 우리는 다빈치가 그렸던 예수의 초상화에 얽힌 흥미 있는 일을 겪기도 했다.

우리 셋은 바티칸에 머물렀을 때 어느 나이 많은 추기경과 대화한 적이 있었다. 그 추기경은 산상수훈의 장면에 관하여 묻는 등 우리가 하는 일에 대단한 관심을 가지고 있었다. 그 추기경은 자기 명함을 주면서, 파리의 루브르 박물관에 가서 담당자에게 다빈치의 편지를 보여달라고 하라고 해서, 그 편지를 보면 많은 사실을 알 수 있을 것이라고 말했다. 이것은 우리에게 새로운 출발점이었다. 우리는 즉시 루브르 박물관으로 갔다. 그곳에서 우리는 정중한 대접을 받았으며, 그 추기경 말대로 다빈치의 편지가 모두 보존되어 있는 것을 보았다.

지금까지 우리는 다빈치가 예수의 얼굴을 직접 보고 예수의 초상화를 그린 것이라고 생각해왔다.* 그러나 다빈치의 편지를 보니, 다빈치가 어떤 남자를 모델로 하여 그 남자의 얼굴을 보고 예수의 초상화를 그렸다는 사실을 알 수 있었다. 그 남자는 젊은이였으며, 약혼 중에 있었기 때문에 아름답고 사랑하는 빛이 얼굴에 흐르고 있었다고 한다. 다빈치는 그 남자의 얼굴에서 예수를 보고 초상화를 그렸던 것이다. 그 당시 르네상스 시기에는 장발과 긴 수염이 유행하였다. 우리는 예수가 장발과 긴 수염에다 긴 웃옷을 입었는지는 알 수 없다.**

2년 후 다빈치는 배반자 유다의 모습을 그리기로 결심했다. 그는 거의 2년 동안 유다의 모습에 적당한 인물을 찾아다녔다. 그러던 어느 날 파리의 부랑자 소굴을 지나고 있을 때, 조그만 벽틈에서 누더기 옷에 머리가 헝클어진 아주 형편없는 모습의 사내를 발견했다. 다빈치가 그 사내에게 말했다. "나는 그리스도의 초상화를 그렸고, 이번에는 그리스도를 배반했던 유다의 초상화를 그리려 한다. 그래서

---

* 이 정도 천재라면 초인적인 능력에도 상당히 통달했으리라 본다.

** 다빈치가 그린 최후의 만찬에 나오는 인물을 보면 대부분 긴 옷을 입고 장발에다 수염이 있다. 이것은 르네상스 시대의 풍습이지, 예수 당시의 사람들이 그런 모습을 했는지는 알 수 없는 일이다.

모델이 될 사람을 찾고 있다." 이 말을 듣자 그 사내는, "선생님, 내가 바로 그리스도의 모델이었던 사람입니다" 하고 말했다. 바로 그 사람이 이렇게 되었다니!

다빈치는 편지 속에서 그 사람이 자신 속의 그리스도를 배반하지 않았다면 파리의 부랑자 소굴에서 이렇게까지 되지는 않았을 것이라고 말했다. 다빈치는 심지어 우리가 보통, "할 수 없다"고 말하는 것은 자신 속에 있는 그리스도를 배반하는 것이라고 하였다. 여기에서 우리는 부정적인 말을 쓰는 것은 자신 속에 있는 그리스도를 부정하는 일이라고 말할 수 있다. 다빈치는 약혼 중인 그 남자의 얼굴에서 그리스도를 보았다. 후에는 부랑자가 된 그 남자의 얼굴에서 유다를 보았다. 똑같은 사람인데도 이렇게 달라진 것이다.

레오나르도 다빈치는 다방면으로 천재인 참으로 놀랄 만한 인물이며, 아직 공표되지 않은 대단히 훌륭한 과학 논문도 여러 편 있다. 그 논문들은 유리장 안에 보관되어 있으며, 감시인 세 사람의 입회하에 열람하도록 되어 있다. 다빈치는 항상 내적인 그리스도를 이야기하는 매우 특이한 인물이었다. 그는 내적인 그리스도를 나타내고, 모든 사람의 얼굴에서 그리스도를 보는 것이 얼마나 놀라운 일인가를 말했다.

어느 날 그는 바티칸에서 그림을 그리는 도중 그림 발판 위에서 잠시 졸고 있었다. 추기경들이 지나가다 졸고 있는 다빈치를 깨우고 주의를 주자 다빈치가 말하기를, "나는 눈뜨고 있을 때보다도 잠자고 있을 때에 더 일을 많이 합니다"라고 하였다. 그는 실제로 잠자는 동안 그리고 싶은 그림의 모든 것 — 심지어는 칠하고 싶은 색까지 — 을 보았으며, 깨어나서는 꿈에서 본 그대로 그리곤 하였다. 그는 말하기를, "나는 꿈에서 본 대로 그렸다. 저 벽에 그린 파동 문양은 내가 직접 그린 것이다. 잠자는 동안 보고, 깨어나서 아주 손쉽게 재현해낸 것이다"라고 하였다.

스폴딩에게 묻다*

문 과거의 사건을 찍을 때 어떻게 과거의 특정한 사건을 골라내는가?

답 과거의 사건은 어떤 일정한 주파수대 속에 기록되어 있다. 우리 말, 우리 목소리도 일정한 주파수대를 가지고 언제까지나 계속된다.

문 깨닫기 위한 최선의 길은 무엇인가?

답 길은 안에 있다. 자기 자신 안으로 더욱 깊숙이 들어가라. 위대한 빛이 당신 것임을 알라. 필요한 것은 이것이 전부이다.

문 당신은 인도에서 태어났는가?

답 그렇다. 나는 인도에서 태어났고, 나의 아버지 역시 인도에서 태어났다. 인도에서 캘커타 대학 예비학교를 다녔고, 그 후 캘커타 대학에 들어갔다. 보스 박사 부부는 그 당시 68년 동안 인도에서 살고 있었다.

문 예수와 그의 제자들, 그리고 성경에 나오는 인물들이 실제로 육신을 갖고 살아 있었던 인물인가?

답 그렇다. 우리는 과거를 촬영하는 카메라를 통하여 그들이 실제로

---

* 원문에서는 QUESTIONS AND ANSWERS로, 문답 형식으로 되어 있다.

살고 있었음을 보았다.

문 당신이 예수를 만났을 때 예수의 모습은 어떠했는가?

답 예수의 키는 6피트 2인치(약 185cm)이다. 만약 여러분도 그 자리에 참석했다면, "참으로 위대한 성취를 이룬 분이구나!" 하고 금방 알아볼 수 있을 것이다. 예수는 모든 인간이 자신과 똑같은 능력을 가지고 있으며, 모든 것을 이룰 수 있는 힘을 가지고 있다고 말하였다. 예수는 그 당시 살았던 것처럼 지금도 역시 살아 있다. 우리는 여러분의 사진을 찍는 것 같이 예수의 사진을 찍었다. 우리는 예수가 루터 버뱅크**, 노우드 박사, 그리고 다른 사람들과 손잡고 있는 사진도 가지고 있다.

문 우리가 대사들과 같은 삶을 산다면, 인간의 마음을 괴롭히는 고통을 모두 극복할 수 있는가?

답 물론이다. "진리가 너희를 자유롭게 하리라"라고 예수는 분명히 말씀하셨다.

문 인간은 신이 아니라는 생각이 든다. 이 생각을 어떻게 없애버릴 수 있나?

답 부정적인 생각을 물리쳐야 한다. "나는 신이다"라는 선언은 "나는 신이 아니다"라는 부정적인 생각에서 당신을 해방시켜준다. 비진

** Luther Burbank(1849~1926). 미국의 식물 육종가. 날카로운 관찰력과 뛰어난 직감력, 과학적 연구, 독특한 방법으로 일생 동안 수많은 식물의 품종을 개량했다. 320쪽 참조.

리보다는 진리를 말하는 편이 훨씬 더 좋다.

문 신과 일체인 것이 실감이 나지 않는데도 "나는 신이다"라고 믿는다면 그야말로 맹목적인 믿음이 아니겠는가?

답 당신이 맹목적인 믿음이라고 생각한다면 당신은 신에게서 단절되어 있는 것이고, 신에게서 단절되어 있는 한 신에게 도달하지 못한다. 그런 경우에는 "나는 할 수 있다"라고 생각하는 것이 좋다. 그러고 나서 "나는 신이다"라고 선언하라. 만약 당신이 "나는 할 수 없다"라고 계속 생각한다면 당신은 계속 신과 단절되는 것이다.

문 인간이 신이요, 신이 영이라면, 인간의 육신은 도대체 어디에서 생겼는가?

답 인간이 최면에 걸려 있기 때문이다. 최면은 실재가 아니다. 인간의 육신은 영이 물질화된 것이다. 언젠가는 죽을 몸이라고 생각하는 것은 최면에 걸려 있기 때문이다. 우리가 최면에서 깨어난다면 악몽에서 깨어난 것과 같다. 이제는 더 이상 꿈꾸지 않는다.

CHAPTER 2

KNOW THYSELF

너 자신을 알라

독자 여러분, 이번에는 60년 동안 연구하여 실증한 일을 이야기 해보겠다. 우주에 있는 일체의 것, 일체의 작용은 모두 신성에서 비롯된 것이다. 현재 이 진리를 증명할 만한 과학적인 증거도 나오고 있다. 이 신성을 무엇이라 부르든 상관없지만, 그중에서 가장 위대한 이름은 신(God)이라는 말이다. 왜 그런가? 이 신이라는 말은 1초에 1,860억 비트*의 비율로 진동한다. 이것을 여러분에게 보여드릴 수도 있고, 또 그렇게 발성할 수 있는 사람도 있다. 그런데 놀라운 것은 우리가 이 신의 진동을 실현하면, 즉시 신의 진동 자체가 된다는 것이다.

이 신성은 형태를 갖춘 모든 것에 확고히 실재한다. 내 육체만이, 어느 누구의 육체만이 아닌 모든 만물에 다 실재한다. 이 신성이 없다면 사진 한 장도 찍을 수 없다. 신성이 없다면 찍을 수 있는 형태조차 존재할 수 없기 때문이다.

이것에 대해서는 확실한 증거도 있다. 그런데 왜 나는 신성이 아니라고 우기는가? '아니다'라는 생각만 버려라. 그리고 버리기 전과 버린 후의 차이점을 비교해보라.

---

* 영국식으로 하면 186조.

비트beat: 음향학 용어. 진동수가 다른 두음이 동시에 울릴 때 들리는 소리. 즉, 다른 진동파의 상호 간섭으로 생기는 진폭의 주기적인 변화를 말한다. 맥놀이, 박자도 비트와 같은 뜻으로 쓰인다.

나는 신성이다! 이 선언은 그대로 진리이다. 비진리는 "나는 신성이 아니다"라는 것이다. "나는 신성이다"라는 진리는 "신이 나다(God I am)"라는 진리를 완성한다.

우리는 확실히 알고 있기 때문에 그렇게 말할 수 있다. 여러분도 들은 적이 있을 것이다. 그러나 누군가가 그런 말을 하면 여러분은 제대로 받아들이지도 않고, "저 사람은 깨닫지도 못했으면서…"라고 가볍게 흘려버릴지도 모른다. 그러나 우리는 이것이 진리임을 고성능 카메라를 통하여 알게 되었다. 따라서 누구든지 이 카메라 앞에 앉으면 자신의 신성을 똑똑히 볼 수 있다. 우리는 확대 장치를 통하여 불멸의 빛을 보았다. 이 불멸의 빛은 한 세포에서 다른 세포로 전이되며, 외부의 영향을 전혀 받지 않으며, 일정한 주파수가 확립되어 있어 그 주파수에서 벗어나는 일이 없다.

현재 이에 대한 증거도 있다. 우리 육체 중 가장 중요한 기관인 눈도 조절할 수 있다. 신성을 받아들일 수 있도록 눈의 시신경, 초점거리, 망막을 조절할 수 있다. 우리가 신성을 깨닫는 순간 우리 눈은 신성에서 나오는 주파수에 맞도록 조절된다. 따라서 시력이 손상되지 않은 사람이라면 누구나 자신의 신성을 볼 수 있다.

신성이란 만물에 내재하는 신이다. 그리스도는 내재하는 신을, 깨닫는 힘을 말한다. 그러면 모든 얼굴에서, 모든 형태에서 그리스도를 볼 수 있다. 바로 이것이 예수가 최초로 한 말씀이었다. 우리는 이것을 조사해서 알아냈다.

"나는 모든 얼굴, 모든 형태에서 그리스도를 본다. 아이가 태어날 때 그리스도가 태어나는 것이다." 이것이 승리자 그리스도, 만물의 주(Master)이다.

주가 아닌 사람은 한 사람도 없다. 주를 찾으라고 하면 사람들은 밖에서 주를 찾는다. 그러나 밖에서 찾는 동안에는 자기 속에 있는 참된 주를 잃어버린다. 인류는 지금까지 신을 찾는다면서 계속 실수를 저질러왔다. 이 실수란 내 속에 있는 신을 밖에서 찾는 일이다. 내가 신이라고 선언하면 바로 신이 된다. 이 신이라는 말을 확대 장치 앞에서 한 번만 하더라도, 육체는 말하기 전의 진동 주파수로 결코 되돌아가지 않는다.

또 다른 사실이 있다. 신이라는 말이 쓰여 있는 책에는 분명히 힘이 있다는 것이다. 우리는 신이라는 말을 하여 초당 1,860억 비트의 진동을 일으킬 수 있는 사람을 셋이나 알고 있다. 이들을 그리니치 천문대에서 지구 반대편에 있는 180도 지점에 가 있게 한 후, 이 기계를 조정해놓고 지정된 시간에 그들이 발성하는 진동을 기록하였다. 이 진동이 접수되자마자 즉시 눈금이 1,860억 주파수를 나타냈다.

이번에는 런던의 자연사 박물관에 있는 가장 오래된 성서를 놓고 실험하였다. 먼저 성서를 이 장치에 걸어놓고 천천히 빼낸 후, 신이라는 말이 쓰여 있지 않은 다른 책을 걸어놓았더니 지침이 제자리로 돌아가는 것이었다. 다음에는 신이라는 말이 세 번만 쓰여 있는 책을 올려놓았더니 즉시 반응하였다. 신이라는 말이 단 한 번만 쓰여 있어도 반응하였다. 무생물인 책에서 이와 같은 반응이 나왔다면 생명 있는 것들은 어떠할 것이며, 더구나 우리 인간이 적극적으로 신이라는 말을 받아들인다면 인간의 육체는 얼마나 엄청난 반응을 보이겠는가?

세 사람이 초당 1,860억 비트의 진동으로 신이라는 말을 발성할 때, 그래프는 필름에 30피트(약 914.4cm)나 기록되었다. 세 사람이 여호와를 발성하자 똑같은 필름에 약 5인치(약 12.7cm)가 기록되었다. 신이라는 말을 알고 믿고 이해한 상태에서 했기 때문에 이와 같이 엄청난 진동을 일으키며, 차이가 난 것이다.* 이 진동의 힘은 질료를 그러모으고 농축시킨다. 우리가 이 농축된 질료에 생각(상념)을 모으면, 이 농축된 질료는 엄청난 에너지로 변하여 출력된다. 이 힘은 아무도 막을 수 없다. 이러한 능력은 모든 사람에게 있고 누구나 할 수 있다. 지금 이 자리에서 이 진동의 힘을 보여줄 수도 있다.

오늘 우리가 살아가는 것도 신성 원리가 있기 때문이며, 또한 모든 것에는 신성 원리가 내재한다. 과거의 사건을 찍을 수 있는 카메라로 이 진리를 입증할 수 있다. 이 카메라를 통하여 나무, 꽃, 씨앗, 풀잎 하나하나도 모두 신성으로 가득 차 있음을 알 수 있다. 만약 신성이 없다면 씨앗은 싹틀 수 없을 것이요, 풀이나 나무도 자랄 수 없을 것이다.

씨앗 속에 있는 싹은 앞으로 자라게 될 그 식물의 정확한 복사판이다. 마찬가지로 인간은 누구나 신의 정확한 복사판인 신성을 가지고 있다.

그런데도 왜 이해하지 못하겠다고 하는가? 이해한다고 말하는 것이 더욱 좋지 않겠는가? 우리는 분명히 이해할 수 있다. 그 이해하는 능력은 우리 안에 있다. 겉모습에 사로잡히지 않고 신성이 내재하고 있다는 것을 알며, 우리가 만물의 주라는 것을 받아들이고 인정하면 주가 되는 것이요, 주와 함께 하는 것이다.

수많은 사람들이 편지를 쓰거나 질문을 한다. 대사를 만나볼 수

---

* 실험에 참가한 사람들이 아마 영어를 모국어로 쓰는 사람들이라서, God이라는 말의 뜻을 분명히 알고 있는 상태에서 실험했겠지만, Jehovah는 헤브라이어라서 생소했을 것이다.

있는가? 또 만나보기 위해서는 무엇을 어떻게 해야 하는가?

대사를 만나보고 싶은 열망이 있는 것은 여러분 내면에 대사가 있기 때문이다. 여러분이 내면에 있는 대사를 인정하고 깨달을 때 곧 대사와 만나는 것이다. 여러분이 대사를 만나보고 싶은 열망을 잊어버리면 내면에 있는 대사를 잊어버리게 된다.

누군가가 "나는 신이 아니다"라고 했을 때, 그 '아니다(not)'를 즉시 치워버려라. '아니다'는 부정적인 말이라서 그 속에 파동력이 없다. 그런데도 부정어를 계속 말하면 그 부정어 속에 인간의 생기를 불어넣는 일이 된다. 부정어를 말하지 않으면 부정어 자체에는 생명력이 없으므로 소멸하고 만다.

이 사실을 여러분에게 이 카메라로 보여줄 수 있다. 실제로 카메라 앞에 앉아 말을 하지 않고 생각만 하여도 필름 위에 그래프가 나타났다. 이번에는 부정어로 말을 해보았다. 부정어를 말해도 필름 위에는 아무것도 기록되지 않았다. 원래 부정어는 아무런 힘도 없기 때문이다. 이 카메라는 인체의 진동수를 나타낸다. 만약 진동수가 나오지 않으면 촬영도 되지 않는다. 최면에 걸려 있는 사람은 진동수가 나오지 않으므로 이 카메라에 기록되지 않는다.

우리는 인도 수행자들의 사진을 수백 번 찍었다. 그런데 수행자가 최면에 걸려 있을 때에는 전혀 기록되지 않았다. 수백 번 찍은 사진 중에는 대단히 놀랄 만한 사례가 2~3건 있다.

우리가 인도에 있던 어느 날, 우리는 숙소에서 어떤 남자를 만났다. 그는 젊은 수행자였다. 그는 땅에다 오렌지 씨앗을 심어놓고, 그 위에 작은 수건을 덮어놓았다. 잠시 후 그 속에서 싹이 올라왔다. 수건을 벗겨놓으니 오렌지 싹이 쑥쑥 자라나는 광경을 볼 수 있었다.

약 45분 동안 가지를 내고 꽃을 피우고 열매도 열리는 것이었다. 우리는 이것을 사진으로 찍었다. 그때 우리는 카메라를 열두 대나 가지고 있었다. 우리는 취한 듯 멍한 상태로 있었다. 그런데 우리가 오렌지를 따려는 순간, 오렌지 나무가 돌연 사라지는 것이 아닌가!

친구 하나가 필름을 우선 두 통만 현상하기로 하고, 필름이 현상될 때까지 이야기하면서 그 젊은 수행자를 붙들어놓았다. 그러나 현상이 된 필름을 보니 아무것도 없었다. "자, 어떤가, 당신은 우리를 속였지만, 이 카메라까지 속일 수는 없지." 그 수행자는 매우 당황하면서 말했다. "내일 만납시다. 다시 한번 해보겠소." 우리는 이튿날 11시에 다시 만나기로 했다.

다음 날 약속 시간이 되자 우리는 카메라를 바꿔가지고 나왔다. 그 수행자는 우리가 한 번도 만난 적이 없는 노인을 한 사람 데리고 왔다. 그 노인은 땅에다 씨앗을 심었다. 우리는 이 광경을 모두 사진으로 찍었다. 오렌지 씨앗은 앞서와 같이 자라났다. 어제 한 번 속았기 때문에, 이번에는 바짝 정신을 차리고 있었으며 아무도 오렌지를 따려 하지 않았다. 마침내 대장이 우리에게, "더 이상 기다려보아야 무슨 소용이 있나? 나무가 진짜인지 가짜인지 확인해보자"고 말하고는 오렌지를 하나 따먹으니, 너도나도 덩달아서 오렌지를 따먹었다. 그 나무는 지금도 그곳에 있으며 열매도 맺고 있다.

일의 진상은 이렇다. 젊은 수행자는 노스승의 제자였다. 우리는 노스승에게 전날 일어났던 일을 설명했다. 그랬더니 그 스승은 매우 노하여 그 제자를 내쫓아 스승과 제자의 관계를 끊어버렸다. 그 스승은 우리에게 말하기를 제자들에게 열두 가지 최면술을 전부 가르쳐주었다는 것이다. 스승의 가르침은, 현상계는 실재하는 것이 아니요 아무것도 존재하지 않는다. 따라서 현상계는 원래 아무것도 없기 때문에 최면을 걸어 원하는 현상을 만들 수 있다는 것이었다. 이것은 결국 암시의 법칙, 암시의 기술인 것으로 우리는 이것을 인도에서 배웠다.

또 한 가지 예를 들면 한 남자가 손에 밧줄을 들고 나타났다. 그 주위에 호기심 많은 사람들이 모여든다. 그 남자가 공중에다 밧줄을 던져놓고 구경꾼 가운데 한 소년을 불러 그 밧줄에 오르도록 한다. 그 소년이 밧줄 꼭대기까지 오르더니 돌연 사라져버렸다. 이것이 전부다. 덕분에 그 남자는 며칠 동안 먹고살 돈을 모은다. 우리는 이 같은 구경거리를 500번이나 사진으로 찍었지만, 구경꾼과 그 남자를 제외하고는 아무것도 찍히지 않았다. 이것이 암시의 힘이라는 것이다. 이 암시력이 강력하게 작용하기 때문에 그 자리에 있던 사람은 믿어버리고 만다. 앞서 말한 노스승은 오늘날까지도 인도에서 우리가 하는 일에 협조해주고 있다.

우리가 옥수수 씨앗을 땅에 심고, 물주고, 흙을 갈아주면 7분 후에 이삭이 두 개 패인 옥수수를 얻을 수 있다. 그러나 이 노스승의 경우는 옥수수 씨앗을 땅에다 심자마자 즉시 그 싹이 자라 올라왔다. 그렇다고 무슨 기계 장치 같은 것을 가지고 있는 것도 아니었다. 그는 단지 비밀을 알고 있을 뿐이다.

이제 모든 사람도 그러한 능력이 있다는 것을 알아야 할 때가 되었다. 누군가 한 사람이 그러한 일을 이루었다면 모든 사람에게도 가능한 것이다. 선택된 몇몇 사람만이 할 수 있는 것이 아니다. 각자 자기 자신 안에 그러한 능력을 가지고 있다. 이 능력은 복잡하지 않고 아주 단순하다. 특별한 수련이 필요한 것도 아니다. 이 진리가 얼마나 좋은 것인가를 이해하고, 이미 내 안에 있음을 믿고 받아들이면 된다.

현존하는 이 힘은 우리의 일상생활, 심지어는 금전적인 문제에 이르기까지 모든 것에 작용한다. 궁핍하게 살 필요는 없다. 사실 궁핍이란 없다. 궁핍이란 표현은 잘못된 것으로 지금 부족하다는 것뿐이다. 또한 실패도 던져버려라. 실패도 또한 없다.

많은 과학자들은 장래 인류는 지금보다 100년은 더 살 수 있을 것이라고 말한다. 그러나 나이란 인간의 마음에 달린 것으로 늙는다는 의식만 없으면 언제까지나 살 수 있다. "아, 벌써 1년이 지났구나!" 하고 탄식하지 않으면 비록 1년이 지나갔다 하더라도 인간의 의식에는 아무런 영향을 끼치지 못한다. 그러나 1년이라는 세월을 의식하면 1년만큼 늙게 된다. 지나간 1년을 보다 큰 업적을 이룬 해, 보다 큰 각성과 깨달음을 이룬 해라고 생각하면 그대로 되는 것이다.

모든 얼굴, 모든 형태에서 신성을 보는 것이 우리가 할 수 있는 가장 위대한 일이다. 모든 얼굴에서 그리스도를 보는 것이 인간으로서 가질 수 있는 최대의 특권이다. 이것은 인간이라면 누구든지 내면의 신을 아는 무한한 능력이 있기 때문이다.

이상 말한 것은 지금이라도 증명할 수 있다. 다만 여러분이 흘려듣지 않기를 바란다. 세상을 살아가는 데 늙음, 죽음, 부정적인 생각을 버리면 어떠한 결과가 생기는지 여러분 스스로 체험할 수 있다.

지금으로부터 약 2만 년 전에서 3,000년 전까지 인간이 사용하던 언어에는 부정적인 말이 없었다는 것을 우리는 알고 있다.

스폴딩에게 묻다

문 신이라는 말을 소리 내지 않고 발음하여도 소리 내는 때와 똑같은 힘이 있는가?

답 똑같다. 사실 마음속으로 생각하는 것이 입으로 내는 것보다 오히려 더 강력한 경우가 많다.

문 내면의 위대한 힘을 어떻게 하면 활동하게 할 수 있는가?

답 단지 그 힘이 내 것이라는 것을 알기만 하면 된다. 당신 자신이 지극히 높은 힘이요, 지극히 높은 지혜임을 받아들이면, 에너지가 해방되어 어떠한 제약도 받지 않고 자유롭게 활동하게 된다.

문 대평화가 오기 전에 지구상에 엄청난 파괴가 있을 것인가?

답 파괴란 우리 스스로 불러들이는 것이다. 우리의 생각이 그렇게 만드는 것이다. 파괴라는 생각을 하지 않고, 파괴라는 말을 하지 않는다면 과연 파괴가 있겠는가?

문 도대체 무엇이 위대한 대사들의 지혜가 전 지구상에 퍼지는 것을 막고 있나?

답 그 어떤 것도 막는 것은 없다. 다만 우리의 잘못 때문이다. 본질적으로 우리가 대사들과 같은 존재이고 하나임을 알고 받아들이면 되는데, 우리 스스로 막고 있을 뿐이다. 우리 자신이 문제이다.

문 최면술은 인간의 의지를 복종시키는 기술이라 할 수 있겠다. 그러면 최면술은 대조화의 법칙에 어긋나는 일인가?

답 최면술은 인간의 육체나 두뇌에 해로운 영향을 끼친다고 알려져 있다.

CHAPTER 3

IS THERE A GOD?

신은 존재하는가?

신은 존재하는가? 어떤 질문보다도 많이 받는 질문에 지금부터 답하겠다. 이 문제에 관하여 과학은 최근에 많은 관심과 주의를 기울이고 있고, 놀랄 만한 성과도 이룩하였다. 이 방면의 연구는 일단의 의학자들에 의해 상당한 성과를 보이고 있다.

모든 일의 배후에는 위대한 원리가 존재한다. 이 진리를 안다는 것은 참으로 위대한 앎으로서, 이 앎이 맨 처음 시작된 시기는 너무나도 오랜 과거라 그 기원을 알 수 없다. 절대적인 법칙과 절대적인 질서인 이 원리는 과거로부터 항상 존재해왔으며, 지금도 존재하고, 앞으로도 존재할 것이다.

수많은 사람들이 질문해왔고 지금도 질문하는 것은 "신은 존재하는가?"이다. 정통적인 종교에서는 인간의 아버지라 불리는 신성한 존재, 즉 신을 인정한다. 대부분의 사람들도 이를 믿음으로 받아들인다. 그러나 단순한 믿음만으로는 만족하지 못하여 완전히 알고 싶어 하는 사람들이 있다. "과연 신이 존재한다는 것을 반박할 수 없는 증거가 있는가?"

이 문제를 조사하여 합리적인 대답을 찾는 것이 과학의 임무라고 할 수 있다. 최근의 연구 결과, 우주 에너지라고 불리는 우주력이 존재한다는 것을 발견하였다. 이 에너지는 온 우주에 두루 퍼져 있고 무한한 공간을 가득 채우고 있다. 이 에너지는 원리가 구체화된 것으로 원자폭탄보다도 더 강력하다는 것도 알게 되었다. 이 에너지는 어느 한두 사람에게만 주어진 것이 아니고 모든 사람들에게 똑같이 주어져 있다. 이 에너지를 아는 사람에게든 모르는 사람에게든 똑같이 작용하므로, 이 에너지를 모르는 사람이라고 해서 작용되지 않는 것은 아니다. 이 에너지는 어두운 곳에 숨어 있는 것도 아니다. 이 에너지는 존재하지 않는 곳이 없으며 만물에 두루 퍼져 있다. 이 에너지를 통하여 인간은 살아가고 활동한다. 이러한 원리가 없다면 여기에서 사진 한 장도 찍을 수 없을 것이다.

이 원리가 신성 원리이며 신성 에너지이다. 이 신성 원리는 만물에 내재하고 두루 퍼져 있다. 이 신성 원리는 영원하며 모든 것을 포용한다. 우리는 사진을 찍어서 이를 증명하였다. 만일 신성 에너지가 없다면 어떤 사진도 찍히지 않는다. 필름에 찍히는 영상은 대상으로부터 나오는 파동을 기록한 것이다. 이 파동이, 신성이 내재하고 있음을 증명한다.

우리가 이 신성을 외부에서 찾으려고 한다면 언제까지나 찾지 못한다. 신성은 내부에 있다. 손과 발처럼 가까이 있고, 심장처럼 내 안에 있다. 내 안에서 찾았다면 모든 것에서 신성을 볼 수 있고, 모든 것이 신성임을 알게 된다. 그런데 왜 신을 찾는다고 밖에서 방황하는가?

이것은 우리의 선배, 형제들인 대사들에 대해서도 마찬가지로 말할 수 있다. 대사들은 바로 지금 여기에 각자의 마음속에 존재한다. 우리의 손발같이 가깝고, 우리의 심장같이 안에 있다. 대사들을 만나려고 인도나 히말라야로 갈 필요는 없다. 지금 있는 그 자리에서 만날 수 있다. "제자가 준비되었을 때 스승은 나타난다."

아득한 과거에 어떤 위대한 문명이 출현하였다. 이때부터 이루

헤아릴 수 없는 오랜 세월에 걸쳐 나타나 구체화된 원리와 신의 속성으로 채워진 거대한 선의 저장원(reservoir of good)이 조성되었다. 이 선의 저장원은 어떠한 부정적인 에너지에도 영향받지 않는다. 이 선한 에너지, 순수한 것이 축적된 거대한 저장원은 지금도 존재하며, 또 언제까지나 존재할 것이다.

이 엄청난 선의 저장고는 얼마든지 사용할 수 있으며, 그 근원은 마르지 않는다. 인간은 다만 이 에너지에 동조하여 하나가 되기만 하면 된다. 우리는 이 에너지가 파동치고 맥박치는 것을 인식하는 순간, 우리 자신 속에도 실재하는 것을 알게 된다.

인간은 이 에너지를 신이라고 부른다. 신이라는 말은 지금까지 알려진 말 중에서 가장 강한 파동력을 지녔다. 우리가 신이라는 말을 올바로 사용하면 신의 힘을 가지게 되어, 일체의 법칙과 일체의 질서와 일체의 물질에 영향을 끼칠 수 있고, 일체의 만물을 "내 것이다"라고 선언할 수 있게 된다.

성경에 있는 "네가 묻기도 전에 나는 대답하였고, 네가 말하기도 전에 나는 들었다"는 말을 생각해보라. 우리가 말씀을 분명한 순서와 질서로 내보낼 수 있다면 우리가 말하는 순간 우리 것이 된다. 여기에는 시공의 제약이 없다.

완전함은 창조된 것이라고 생각한다면 잘못 생각하는 것이다. 완전함은 창조된 것이 아니다. 완전함은 항상 존재했고, 항상 존재한다. 왜냐하면 완전함이란 지금 여기 그 자체로서 완전하기 때문이다.

올바른 생각, 올바른 말, 올바른 행위를 하면 신의 파동력이 생긴다. 먼저 생각을 올바르게 하는 것이 필요하다. 성경에 이런 말씀이 있다. "태초에 말씀이 있었고, 말씀이 하느님과 함께 있었으니 말씀이 하느님이다.(요한복음 1:1)"

우리가 부정적인 생각, 부정적인 말, 부정적인 행위를 버리면 앞서 말한 에너지가 우리 자신 속에 보존된다. 부정적인 말을 하면 신의 순수하고 완전한 에너지가 흩어진다. 그러므로 긍정적, 건설적으로 생각하고 말하고 행동하는 훈련을 하면 할수록 강력한 에너지가 보다 많이 발생하여 우리의 요구에 응하며, 그것이 실현될 수 있도록 구체화된다.

예수가 한 말은 미래의 언젠가 실현되는 것이 아니고 지금 여기에서 실현되었다. 왜냐하면 예수에게는 미래가 없고 모두가 현재뿐이기 때문이다. 처음 말이 생겼을 때는 미래를 표현하는 말도 없었고 과거를 표현하는 말도 없었다. 오직 지금 여기를 표현하는 말뿐이었다. 긍정적이고 건설적으로 말하는 것은 모두 기록되어 소멸되지 않는다.

"나는 신이다" 하고 명확히 선언하는 것은 인류를 진보시키는 결정적인 요소가 된다. 이러한 이상이 있기 때문에 인류는 진보한다. 개인의 경우도 마찬가지이다. 성공하는 사람은 이상을 세우고 그 이상에 맞는 비전을 갖는다. 이와 같은 사람은 언젠가는 성공한다. 그러나 대부분의 사람들은 어떻게 해야 할지 모르고 있다.

이상을 실현하기 위해서는 노력이 필요하다. 이상을 온전히 마음속에 품고 있으면 그 이상이 구체화된다. 마음은 본래 구체화하는 습성이 있기 때문이다. 비전이 명확히 세워지면 만물의 본원에서 필요한 것들이 흘러나와 그 비전이 구체화된다. 따라서 비전이 명확하면 명확할수록 그 결과도 더욱 명확해진다.

한 번에 한 가지에만 집중하는 것이 필요하다. 처음 생각한 일이 실현되기까지 다른 생각을 한다거나 처음 생각을 함부로 흐트러뜨리지 말라. 처음 생각이 완전히 이루어진 이후에는 첫 번째 생각을 완전히 놓아버리고, 그다음 일을 시작한다. 이것이 예수가 도달했던 명확한 깨달음이었다.

"너희는 신이다. 지극히 높은 자(the Most High)의 아들이다." ― 인간이라는 존재의 실상에 관한 말씀이다. 항상 최상의 것, 숭고한 것, 순수한 것, 빛만 생각하라. 실패하면 어쩌나 하는 생각이나 의심하는 마음 등 생명력을 제약하는 행위는 결코 하지 말라. 한 가지 목적에 상념을 집중하고 구체적인 비전을 세우며 성공을 향해 용감하게 나아가라.

우주 시스템도 이와 같이 진행된다. 모든 태양계의 태양들은 에너지를 흡수하고는 더 큰 에너지를 내보낸다. 만약 태양이 거대한 석탄 덩어리라면 언젠가는 다 타버릴 것이다. 그러나 태양은 지금까지 수억 년씩이나 타고 있다. 이것은 태양이 에너지를 흡수하고 방출하는 것을 되풀이하기 때문에 에너지가 고갈되지 않는 것이다. 우리 인간도 이 에너지 교환 법칙을 이해하고 배워야 한다.

가지고 있는 힘을 억제하면 정체되기 시작한다. 그러나 자기가 가지고 있는 힘을 내보내면 새로운 힘이 흘러들어와 빈 공간을 채워준다. 이처럼 에너지는 올바르게 쓸 줄만 알면 무한정하다. 이러한 에너지는 밖에도 있지만 우리 안에도 있다. 여기에 우리 인간의 몸이 항상 새로워질 수 있는 비결이 있다.

만약 신성이 우리 밖에만 있다면 신의 능력이 우리 안으로 흘러들어오도록 통로를 열어야 할 것이다. 그러나 신성은 안에 있다.

신의 능력은 끊임없이 고동치며 영원히 고갈되지 않는다. 인간

불사의 진리도 여기에 있다. 또한 인간이 생각(상념)한 것, 말한 것, 행한 것도 소멸되지 않고 영원히 존재한다. 이러한 인간의 생각, 말, 행위는 구체화되고 현실화되는 힘이 있다. 인간이 방출한 상념, 말, 행위가 항상 존재하는 실상을 완성한다. 모든 존재의 실상은 시작도 없고 끝도 없는 영적인 상태로 존재한다.

인간은 태초에 대하여 무척 알고 싶어한다. 이것은 첫 기원 없이는 만사를 생각할 수 없기 때문이다. 인간에게 태초란 하나인 의식이 분리되기 시작한 때이다. 분리되기 이전의 인간은 영적인 상태였으며, 이 영적인 상태로 우리 인간은 돌아가야 한다.

인류가 과학과 종교에 대하여 새로운 태도를 가지면 보다 나은 미래가 약속될 것이다. 인간이 마음 문을 열고 과학과 종교를 받아들이면 보다 나은 미래가 실현될 것이다.

인간이 신의 형상을 따른 것이지, 신이 인간의 형상을 따른 것이 아니다. 신은 일체의 원자 하나하나에 이르기까지 충만해 있는 지고한 지성의 힘이다. 우리가 이 지고한 지성의 힘이 자신 속에 있음을 깨달을 때 그 힘이 활동하게 되고, 우리 자신은 그 힘과 하나가 된다. 모든 인간에게 그러한 가능성이 있다. 이것이 새롭게 태어나는 신의 왕국이요, 우리가 신의 왕국을 알게 될 때 우리는 신의 왕국 안에 있게 된다.

스폴딩에게 묻다

문 제1의 법칙은 무엇인가?

답 제1의 법칙은 '스스로 있는 나(I AM)'이다. 그러나 지금은 잃어버린 말이 되었다. 이제 인류는 점차 신아(God I Am)를 이해하기 시작하고 있다.

문 나는 대사들이 가르친 대로 '스스로 있는 나'를 알고 싶다.

답 '스스로 있는 나'는 둘째 말이다. 이것은 자기가 신임을 완전히 받아들이는 것이다. 신적인 나에서 신은 그 진동이 위대하기 때문에 첫째 말이다. 그다음에 자기가 신임을 받아들이는 것이다.

문 성령이란 무엇인가?

답 모든 형태 있는 것에서 완벽하게 활동하는 실재하는 영의 전체이다.

문 어떻게 하면 그리스도 의식을 발견할 수 있나?

답 그리스도는 각자 안에서 태어나야 한다. 예수는 그러한 본보기를 보여준 것이다. 당신 안에 있는 그리스도에 주의를 기울이고 집중하면 그리스도가 태어난다. 그리스도는 내 안에 있다.

문 당신 책에 나오는 대사들은 마음대로 육체를 벗어나는 일을 할 수 있다고 했다. 그런데 그러한 사실을 아는 사람이 지극히 적은 것은 무슨 까닭인가?

답 사람들이 믿지 않기 때문이다. 육체를 벗어난다고 했는데, 이는 이해하기 쉽도록 말을 한 것이지 실은 육체를 데리고 가는 것이다.*

---

* 이 책에 나오는 것으로, 육체를 여러 개로 만드는 능력, 빠르게 가는 능력(神足通)이 있다. 그 밖의 능력으로 흔히 말하는 유체이탈幽體離脫이 있다.

문 생제르망St.Germain** 과 접촉해본 일이 있는가?

답 우리는 생제르망에 관해서 알고 있다. 위대한 인물이다. 그가 죽음의 관문을 통과했는지 여부는 알 수 없다.

이 문제에 관련하여 내 의형제와 나는 재미있는 경험을 한 적이 있다. 내 의형제는 미국에서 정부 공사에 관계된 일을 하다가 그만둔 후 프랑스 파리 시의 초청을 받았다. 그때 시 당국은 시 배후에 있는 큰 소택지를 간척하여 비옥한 토지로 만들려는 계획을 세웠다. 공사를 하던 중 세느 강이 생제르망의 무덤을 침식하기 시작했으므로 무덤을 옮기지 않으면 안 될 처지가 되었다. 내 의형제는 아마도 관 뚜껑을 열고 생제르망의 시체를 볼 수 있으리라 생각하고 나에게 급히 전보를 쳤다. 현장에 도착해서 관을 열어보니 개(dog)의 넓적다리뼈만 있을 뿐이었다. 그런데도 그 자리에서 수천 건의 신유 기적이 있었다니! 그곳에 온 사람들은 오로지 생제르망의 위대한 업적만을 생각하고 자신의 병은 잊어버렸다. 그래서 기적이 일어난 것이다. 이것은 대사를 모신 무덤이나 사원에서 흔히 일어나는 일이다.***

문 본래 내 것인 신성한 권리를 요구하는 것이 과연 올바른 일인가?

답 본래 신성한 권리는 당신 것이다. 그러므로 요구할 필요조차 없다. 미망을 받아들였기 때문에 본래의 선한 것이 가려졌다. 당신 안에

** 제르망은 불어 발음. 영어로는 세인트 저메인. 서양 신비주의, 마술, 초인 이야기에 단골로 등장하는 신비의 인물. 1780년경 죽었다고 장례를 치렀는데 그 후에 그를 보았다는 사람이 많았다. 그를 이해하지 못하는 사람들은 사기꾼으로 보고 있으나, 그를 이해하는 사람들은 연금술과 불로장생을 비롯하여 모든 지식에 통달한 위대한 인물로 보고 있다. 서양 신비주의의 모든 방면에 엄청난 영향을 끼쳤다.

*** 대사들이 살았던 장소나 무덤, 대사들이 쓰던 물건은 대사들의 특별한 기운이 응축되어 있다.

있는 신성을 나타내기만 하면 무엇이든지 자유롭게 쓸 수 있게 된다. 이것을 깨달으면 선한 것은 이미 이루어져 있음을 알게 된다. 결핍 같은 것은 일어날 수가 없다.

CHAPTER 4

LIFE ETERNAL

영원한 생명

신의 형상대로 창조된 아메바는 결코 변하지 않는다. 그 형상은 언제나 이상적이고 완전한 형태로 있고, 그 완전한 형태 그대로 전달된다. 인간 육체의 각 세포는 완전하고, 지고 지성의 완전한 형상을 지닌다. 이렇게 해서 인간, 즉 인류는 신이라는 지고한 지성, 승리자 그리스도, 신인의 완전한 삼위일체의 결합이 되었다. 이는 마치 씨앗이 그 식물의 형상을 모두 갖추고 있는 것과 같다.

이제 이 창조된 아메바가 자가 증식을 통하여 자기의 완전한 이미지를 모든 세포에 전달하는 능력을 살펴보자. 이 과정은 인간뿐만 아니라 나무, 풀, 꽃, 모든 결정체, 모래 한 알에 이르기까지 똑같이 작용된다. 결정체인 바위만 하더라도 자세히 관찰해보면 그 구조가 어떠한지 알 수 있다. 광물이나 모래 한 알의 경우도 마찬가지이다. 이같이 광물 하나의 결정체를 아는 것은 광물의 유용성 내지는 경제적 가치를 알 수 있는 토대가 되기도 한다.

지금 개발 중인 고증폭속사高增幅速寫 장치 카메라로 찍어보자. 아무리 작은 씨앗이라도, 그 속의 발아세포를 고증폭속사 장치 카메라로 촬영해보면 그 식물의 형태를 고스란히 가지고 있다는 것을 알 수 있다. 그리고 그 식물이 성장하는 동안 내보내게 될 파동(진동수)도 알 수 있다. 식물이 이 파동을 내보냄으로써 성장에 필요한 에너지를 흡수할 수 있는 것이다. 이 파동이 신의 생명소이며, 나무, 꽃 등 모든 생명 있는 것들은 물론 광물, 금속에 이르기까지 생명을 준다. 즉 질료 속에 들어 있는 생명 그 자체이다.

모든 물질에는 생명이 있다고 말할 수 있다. 인간이 자기 생각으로 더하거나 빼거나 상관없이 신의 계획은 변하지 않는다. 다만 인간은 신에게서 방사되는 파동을 더욱더 크게 할 수 있고 풍성하게 할 수 있다.

다시 원시세포인 아메바로 돌아가보자. 이 세포는 광물이나 식물, 동물의 세포와는 전혀 다르고 그 파동률도 비교할 수 없을 만큼 크다. 이 파동이 에너지와 질료를 그러모아 새 세포를 자라나게 하고, 완전하고 분리되지 않은 신의 형상을 모든 세포에 전달한다. 최후에는 인간의 육체가 완성되는 것이다.

이를 보면 인간이 신의 이상과 협력하고, 인간의 생각이나 말, 행동을 통하여 간섭하지만 않는다면, 인간의 형태는 이상적으로 완전해진다는 것을 분명히 알 수 있다. 이를 순수하고도 완전한 신의 몸이라 한다.

이 단세포인 아메바는 신의 에너지와 지성 원리를 방사하고, 에너지를 자신 속으로 그러모으고, 분열하고, 증식하여 마침내는 자신의 이미지와 같은 형태를 만들어낸다. 인간은 이 완전한 형상에서 벗어난 적이 없다. 이 완전한 형태뿐만 아니라 새로 나올 완전한 형태까지도 사진을 통하여 확인할 수 있다.

과학자들이 아직 증명하지 못하고 있을 때에도 우리는 인간이 커다란 파동체임을 알고 있었다. 잠시 앉아서 한번 해보라. "신이 나다. 모두가 또한 신이다." "신인 나는 신의 지혜이다." 의심을 버리고 이를 받아들여라.

"나는 신의 원리이다. 나는 신의 사랑이다. 신의 원리와 신의 사랑이 나를 통하여 온 세상으로 퍼진다." 이렇게 자기 자신을 신으로 보고, 만나는 사람마다 신으로 보면 생명 세계에서는 모든 일이 이미 이루어져 있음을 알게 될 것이다.

젤리처럼 투명하고 눈에 보이지 않는 원형질 하나가 태양에서 에너지를 흡수하며, 운동하고 있다. 이 원형질은 태양 빛을 흡수하여 이산화탄소를 소멸하고, 원자를 분리하며, 물에서 수소와 산소를 분리하고, 탄수화물을 만들고, 이 세상에서 가장 견고한 화합물에서도 자기 먹을 것을 만드는 능력이 있다.

이 투명한 작은 물방울 같은 단세포는 그 속에 모든 생명의 싹을 지니고 있다. 이 원형질은 자신의 생명을 모든 생명체에 부여하는 힘을 가지고 있어, 바다 밑바닥부터 하늘 꼭대기에 이르기까지 생명이 있는 곳은 어디든지 생명체가 살아가도록 만든다. 모든 생명체는 시간이 지나고 환경에 맞게 적응함에 따라 그 형태가 변한다. 환경에 적응한 생명체는 보다 전문화되고 보다 독자성을 띠고 진화해가면서 처음으로 되돌아갈 수 있는 능력을 잃어버리지만, 그 대신 생존 조건에 맞게 적응하며 살아가게 된다. 이 작은 물방울 같은 원형질이 가지고 있는 힘은 지구를 덮고 있는 어떤 식물, 동물보다도 더 크다. 왜냐하면 모든 생명체는 이 원형질로부터 나오며, 이 원형질 없이는 어떤 생명체도 존재할 수 없기 때문이다.

여러분도 이상의 사실이 진리임을 알 수 있을 것이다. 또 인간만이 생명의 근원임을 알 수 있을 것이다. 인간만이 만물의 중심이므로, 광물, 식물, 동물의 지배자이고, 지고한 지성이 부여된 존재이다.

인간은 이 지고한 지성을 한 번도 잃어버린 적이 없다. 다만 인간의 생각(사상)이 타락하여 신의 유산을 모르고 있는 것이다. 이제 우리는 타락한 생각을 버리고 이제까지의 잘못된 삶을 용서하여, 인간의 참된 구조, 즉 인간은 만물의 지배자요, 지고한 지성이 부여된 존재요, 신과 일체임을 알아야 한다.

한 개의 아메바는 수많은 원자가 질서정연히 배치되어 있고, 현미경으로밖에 볼 수 없는 고도로 발달된 살아 있는 세포이다. 세포의 크기와는 전혀 상관없이 원자는 태양계처럼 완전한 구조를 가지고 있다. 세포 하나가 분열하여 두 개가 되고, 두 개가 분열하여 네 개가 되어 무수히 분열해나간다. 즉 세포 하나는 완전한 또 하나의 세포를 만들 수 있다. 세포 자체로는 불사인 셈이다. 이러한 세포가 일체 생물의 세포를 자기 선조와 똑같이 복사하여 만든다.

우리 인간도 동일한 인간의 복사품이 질서정연하게 배열된 것이다. 인간 사회로 비유하면 각 세포는 자신의 몫을 헌신적으로 해내는 지성적인 시민과도 같다. 세포 하나가 태양 빛을 흡수하여 화합물을 분해하고 자신뿐만 아니라 다른 세포의 먹을 것까지도 만들어낸다. 이상과 같은 사실이 생명의 기본이 되는 법칙이다.

이와 같이 불멸하는 신성의 증거가 있는데도 인간이 불멸이라는 사실을 부정하겠는가? 모든 생물은 단 한 개의 세포에서 시작한 것으로, 인간이든지 거북이든지 토끼든지 모두 원세포에서 복사된 세포는 원세포가 가지고 있는 기능을 똑같이 할 수 있도록 되어 있다.

세포는 이성과 본능뿐만 아니라 지성도 가지고 있다. 이것은 세포분열이 끝난 후 세포의 일부는 몸이 필요로 하면 그 성질이 변한다는 것만 보아도 알 수 있다. 왜냐하면 변할 수 없는 신의 계획이 있기 때문이고, 인간은 신이고 완전하고 무너뜨릴 수 없는 존재이기 때문이다. 인간이 어떠한 사고방식을 갖든 상관없이 이 계획은 절대적으로 무너뜨릴 수 없고 변화시킬 수 없다. 이것이 최고의 지배 원리이다. 이러한 원리가 있기 때문에 인간은 언제든지 최정상에 도달할 수 있는 가능성을 가지고 있다.

만약 인간이 최정상에 도달하지 못한 경우에는 이제까지 방해가 되었던 잘못된 사고방식을 참된 사고방식으로 바꾸어야 한다. 이 참된 상념 구조는 본래 타고난 본성으로 항상 가지고 있었던 것이다.

높은 곳에 도달하고자 하는 열망이 인간을 높은 곳으로 이르게 한다. 한 사람을 지배하는 생각이 그 사람을 생각하는 대로 만든다. 지고의 목표에 도달하고자 하는 가장 쉽고도 확실한 방법은 윤회의 수레바퀴에 묶여 있는 허망한 상념을 버리고, 지고의 경지에 틀림없이 도달할 수 있는 무너뜨릴 수 없는 상념을 세우고 실천하는 데 있다.

성공을 위해 권하고 싶은 것은, 첫째로 신이 일체 성공의 시작이요, 일체 성공의 근원이라는 사실을 분명히 깨닫고 마음속 깊이 신이라는 말과 신이라는 생각을 심어야 한다는 점이다.

둘째로 '신아인 나는 성공한다'는 생각을 뿌리박아야 한다.

셋째로 '신아인 나는 진지하게 노력하기 때문에 충분히 성공할 수 있다.'

넷째로 '신아인 나는 성공할 수 있는 지혜와 능력을 가지고 있다.'

다섯째로 '신아인 나는 사랑이기 때문에 성공할 수 있는 모든 요소를 그러모은다.'

사랑이 우주에서 가장 강력한 접착제라는 것을 알면 그다음은 '신아는 지혜이기 때문에 성공에 이르는 올바르고 유익한 길로 인도한다'이고, 그다음은 '신아는 신의 지혜요 영지이기 때문에 나를 완전한 성공으로 이끈다'는 말과 '신아인 나는 완전한 삼위일체로서 신, 승리자 그리스도, 신인이요, 모든 창조의 중심점이다'라고 할 수 있다.

신의 세포는 결코 잃어버리거나 변하는 일이 없다. 인간은 신의 세포로 이루어져 있기 때문에 인간이 신과 다르게 변하는 일이 없다. 인간의 두뇌도 신의 세포로 이루어져 있기 때문에 인간의 본성도 신과 다르게 변하는 일이 없다. 그러나 생각은 잠재의식이 반영된 것으로 일 분에 수천 번씩이라도 변한다.

인간은 자유 의지를 가지고 있기 때문에 보고 들은 것을 잠재의식 속에 저장할 수 있다. 이 잠재의식은 뇌 속에 들어 있지 않고 심장 중추 바로 밑에 있는 참세포의 신경총神經叢에 들어 있다. 이 세포들은 취사 선택하지 않고, 불순하고 불완전한 것이라도 전부 받아들여 저장하고, 저장한 것을 반복하는 습관이 있다. 인간은 반복한 것을 믿는 습성이 있어 이 세포들이 반복한 것을 참이라고 믿는다. 이 세포들에게 참된 진리의 선언을 들려주면 그대로 받아들인다. 이 세포들에게 거짓된 것이나 부정적인 것을 들려주어도 그대로 받아들인다. 그러므로 이 세포들에게 거짓된 것이나 부정적인 것을 버리도록 암시하고 참되고 긍정적인 것만을 암시하면 참되고 긍정적인 것만 기록된다. 이 기록된 것을 외부로 반복하여 내보낸다. 이렇게 되면 그 사람은 항상 참되고 긍정적인 생각과 말, 행동을 하게 된다. 따라서 그 사람의 운명도 변한다. 이 세포들은 생각이 주입되지 않는 한 구별하는 법을 전혀 모른다. 따라서 이 세포들이 진리의 길로 들어갈 수 있도록 얼마든지 영향을 줄 수 있다. 많은 사람들이 이 잠재의식의 성질을 알고 응용하여 큰 성공을 거두었다. 수천억 세포들이 알맞은 장소에서 알맞은 시간에 알맞은 일을 하도록 할 수도 있다. 우리가 참되게 살면 잠재의식은 언제나 참된 생각과 말, 행동을 반복하여 내놓는다.

인간의 생명에는 무생물에는 전혀 없는 원동력과 에너지가 있으며, 이 원동력과 에너지를 갖고 새롭고 더 좋은 것을 창조할 수 있는 힘이 있다. 인체의 각 세포는 신성의 지배력을 받고 있어 영지적인 본능이 있다. 그러나 종종 세포들이 신성의 지배력에서 이탈한 듯이 보이기도 한다.*

과거를 촬영하는 카메라를 가지고 있는 우리로서는 세포 속에서 신성을 볼 수 있다는 것이 엄청난 행운이기도 하다. 인간의 두뇌 또한 무한한 신성 안에서 세포 조직을 가지고 있다. 이것을 모든 인간이 똑같이 가지고 있다는 사실이 얼마나 놀라운 일인가? 인간의 두뇌야말로 인간을 완성 단계로 나아가게 하는 능력이 있다.

모든 인류가 이 위대한 신의 마음과 결합되어 있다는 것을 아는 것이 인간의 신성한 특권이 아니겠는가?

'신아인 나는 숭고한 신의 마음이다'라고 해보라. 그러면 하늘 문이 열리고 축복이 쏟아져내려와 앞길을 가득히 채울 것이다. 독실하게 믿는 사람들도 '신아는 모든 것을 아는 원리이다'라고 할 필요가 있다. 이것은 결코 부족함이 없는 우주의 풍요로움을 깨닫게 해준다. 한번 해보라. 반드시 성공한다는 마음을 가지고 하라. 엘리야가 그랬듯이 내민 잔이 가득 넘치게 하라.** 한마음을 결코 의심치 말라. 우

---

* 암은 세포의 반란, 비정상적인 성장이라고 한다.

** 구약 열왕기상 17장 참조.

리가 신의 마음과 합일되어 있다면 언제나 이러한 기적을 낳는다.

적어도 100만 년 전까지의 인류 역사는 과학자도 만족시킬 만한 증거가 남아 있다. 그러나 이 100만 년이라는 기간도 최소한에 불과하다는 것을 알아야 한다. 왜냐하면, 인류의 역사는 인간이 알고 있는 수준을 훨씬 넘어선 과거까지 거슬러 올라가기 때문이다. 아득한 과거의 인류는 언제나 신과 함께하는, 신과 하나인 상태였다. 따라서 우리가 신과 합일된다는 것은 과거 순수했던 인간의 상태를 회복하는 것이다.

우리가 '신아는 신의 마음(God I Am Divine Mind)'임을 선언하면 우리의 생각이 신의 마음에 즉각 일치된다. 이렇게 선언하는 것이 참되고 신의 법칙과 원리에 완전히 일치하는 것이다. 이리하여 천국은 우리 주위에 있다는 것을 알게 된다. 지금이야말로 이와 같은 경지에 도달할 수 있는 절호의 기회이다.

물질이라는 것은 인간이 실재한다고 인정하기 전까지는 본래 존재하지 않았던 것임을 알아야 한다. 물질은 미소짓지 못하며 웃지도 못한다. 물질은 자기 스스로 통제하고 지배할 수 있는 힘도 에너지도 없다. 따라서 물질은 본능도 자유 의지도 없다. 또한 물질은 물질과 물질 간의 상호 관계도 없다.

철새는 방향을 안내해주는 도구 없이도 목적지에 틀림없이 도달하는 능력이 있다. 방향을 아는 능력이 철새들의 뇌세포 속에 들어 있다. 똑같은 능력이 인간의 두뇌 세포 속에도 들어 있어 자기 마음을 스스로 통제할 수 있다. 철새는 수천 킬로미터나 되는 넓은 바다를 날아도 방향을 잃어버리지 않는다. 인간에게도 이러한 방향감각이 있었는데, 없다고 생각한 때부터 이 감각을 잃어버린 것이다.

그러나 신의 마음은 아무것도 잃어버리는 일이 없다. 인간의 본래 마음은 신의 마음이기 때문에 이러한 감각 또한 인간에게 갖추어져 있다. 인간의 마음이 다시 신의 마음과 합일될 때 이러한 능력을 회복함은 물론 무슨 일이든 성취 못할 일이 없을 것이다.

동물은 생각이 고정되어 있으므로 본능이나 감각을 잃어버리는 일이 없다. 개가 짐승 발자국을 추적할 때 "내가 이 일을 할 수 있을까?" 따위의 생각을 하는 일이 없으므로 당연히 냄새나는 지점까지 추적할 수 있는 것이다. 그러나 인간은 짐승이나 새보다 훨씬 위대한 존재인데도 짐승이나 새보다도 능력이 떨어진다고 생각하고 그만 단정해버렸다.

인간은 본래 그러한 능력이 갖추어져 있음을 알고, 인간은 본래 신과 완전히 합일되어 있음을 깨닫는다면 아무리 먼 곳이라도 즉각 이동할 수 있게 된다.

인간의 두뇌는 참마음으로 갖추어져 있다. 이 참마음은 모든 것을 볼 수 있고 모든 것을 알고 있다. 이 참마음에 협조하면 더 이상 헤맴이 없어지고 가는 길이 명확해지며 모든 것이 확실히 드러나는 경지까지 도달할 수 있다.

여러분이 손을 내밀기만 하면 신을 느낄 수 있다. 자기 몸에 손을 대어보라. 그러면 신을 느낄 수 있을 것이다. 여러분이 사람을 만났다면 신을 만난 것이다. 열 사람을 만났다면 신을 열 번 만난 것이고, 백 사람을 만났다면 신을 백 번 만난 것이다.

모든 살아 있는 모습에서 신을 보라. 그러면 신과 더욱 가까이 가는 것이다. 당신이 신과 가까이 있으면 신은 천국이나 사원에 있는 것이 아니라는 사실을 알게 된다. 따라서 신을 천국이나 사원(신전)에 가두어놓지 않게 되며, 또한 인간의 손으로 만들지 않은 사원이 무엇인지 알게 된다. 인간의 몸이 최초의 사원이요, 가장 위대한 사원이라는 것, 신이 거주하는 유일한 사원이라는 것을 깨닫게 된다. 그러면 승리자 그리스도, 신인이 바로 이 사원에 거하고 있음을 보게 될 것이다. 이것이 인간의 육체를 유지시켜주는 생명 자체이다. 따라서 죽음이란 인간의 육체에서 신이 나가는 것, 즉 생명이 육체에서 분리되는 것을 말한다.

인간이 이제까지 수많은 신전을 세웠다 하더라도 인간의 육체라는 신전보다도 더 위대한 신전은 세워본 적이 없다. 아니 세울 수가 없다. 육체는 거대한 연구소로 자기 자신을 재생시키는 능력도 가지고 있다. 그러나 인간은 이 육체 성전을 극도로 타락시켜왔다. 그 결과 죽음을 당하지 않으면 안 될 운명이 된 것이다. 그러나 이제는 일어나 승리의 노래를 부를 때가 되었다.

인간은 자기 한정을 하기 때문에 자기 몸 중에서 단 한 부분이라도 만들지 못한다. 그러나 자기 한정만 벗어버리면 육신을 새롭게 재건할 수 있고, 죽음까지도 정복할 수 있다.

신성한 지성과 원리가 있다. 이것은 어느 한 존재나 한두 사람이 세운 것이 아니요, 수억의 사람들이 쌓아올린 위대한 문명을 통하여 수립된 것이다. 이 수립된 상념 체계의 힘은 너무나도 강력하기 때문에 인간의 육신뿐만 아니라 전 우주의 모든 원자에 침투하여 만물을 지배한다. 이 힘은 인간의 마음까지도 지배한다. 이 신성한 빛이 생명체의 맨 처음 세포에 침투하여 신성이 세대에서 세대로 수십억 년 동안 변함없이 전해져왔다. 이것은 불변의 우주 법칙으로 확립된 이상 앞으로도 변함없이 계속될 것이다. 우주에서 확립된 법칙은 변할 수 없다.

우주에는 하나의 법칙, 하나의 주(Lord)만이 존재하기 때문에 법칙이 주요, 주가 법칙이 된다. 우주에서 신성한 법칙을 지배하는 주가 바로 인간이다.

앞서 말한 위대한 정신에서 나온 태평성대 기간이 수백만 년 동안 지속되었다. 각자가 자신 속에서 승리자 그리스도요, 자신을 온전히 지배할 줄 아는 왕이었다. 모두를 위한 선을 이루기 위하여 이기적인 생각 없이 기꺼이 도와주고 기꺼이 일하는 사람들만 있었다.

그런데 자기 생각만 하는 이기적인 사람들이 생기기 시작했고, 그 사람들이 모여 자유 의지를 주장하기 시작했다. 전체보다는 자기 자신만을 생각하는 그 사람들은 변화를 원했고 물질적인 것을 추구하기 시작했다. 수많은 사람들이 동조했고 본가에서 이탈하여 그 무리에 합류했다. 드디어 저들은 큰 세력을 형성했으나 내부적으로 큰 혼란이 일어났다. 이 혼란은 드디어 자연의 질서에까지 혼란을 일으켜 그 결과 태양에서 대폭발이 일어났다. 이 상태가 적어도 백만 년은 계속되었다.

우주에 있는 별이나 행성들은 각기 다른 시차를 두고 출현한다.

앞서 말한 대혼란이 일어나기 전 인간은 신성한 균형 상태에 있었기 때문에 조화로운 질서가 유지되었다. 이 조화로운 질서가 유지된 기간에 인간은 별이나 행성의 운행 법칙을 수학적인 초 단위까지 알고 있을 정도로 대단히 정확하고 완전한 지식을 가지고 있었다. 이 조화로운 질서는 수십억 년 동안 변함없이 지속될 정도로 완벽하며 앞으로도 영원히 계속될 것이다.

이상에서 보는 바와 같이 여러분도 완전한 법칙, 행위의 주가 무엇인지 알 수 있을 것이다. 인류가 일찍이 수립한 위대한 문명도 진리를 완전히 인식하는 인간의 인식력이 있었기 때문에 출현한 것이다.

이 신성한 인식력에 처음으로 생긴 말이 신(God)이라는 이름이었다. 이 신이라는 말은 최상의 파동으로 진동하기 때문에 모든 이름, 모든 말 중에서 첫머리에 위치하게 되었다. 이 신이라는 말은 인간의 형태를 가지진 않았으나, 위대한 신성 원리를 나타내고 있었다. 이때 인류는 천국에서 살았다. 여기에서 말하는 천국이란 과거에도 지금에도 변함없는 신성 원리요, 인간 안에 있는 대조화요, 신이라 부르는 한마음이다. 이 신이라 부르는 말에서 신성한 법칙이 나왔고, 이 신성한 법칙은 전 인류에게 영향을 미치게 되었다. 이 신성하고 완전한 법칙, 즉 주는 전 우주를 지배한다. 따라서 이 법칙은 인간뿐만 아니라 광물계, 식물계, 동물계까지도 지배한다.

앞서 이야기로 돌아가 본가에서 이탈한 사람들은 이 대파국 동안 거의 전부가 멸망당했다. 살아남은 자들은 자신을 보호해줄 만한 동굴이나 은신처를 찾아 숨었다. 먹을 것도 없었으므로 목숨을 연명하는 문제는 너무나도 절박해 그들은 서로 잡아먹기에 이르렀다. 이들은 살아남기 위해 따로따로 갈라져 부족을 이루었다. 결국 알고 있던 지식과 진리를 모조리 잊어버리고 야만인이 되어버렸다. 이러한 운명은 모두 자기 자신들이 불러들인 것이다.

이들이 이른바 '물질적'인 인류의 조상이다. 이 상태가 백만 년 이상이나 계속되었다. 그래도 저들에게는 자신이 신의 계획의 일부라고 느낄 줄 아는 마음이 어느 정도 남아 있었다. 이들 중 오늘에 이르기까지 두려움 없이 나아가 자신의 주권을 깨닫고 모든 속박에서 자유로워지는 경지까지 도달한 사람들이 나오게 되었다.

한편 그 대파국 중에서도 본가에 있었던 사람들은 신성을 전혀 잃어버리지 않고 완전한 평화와 평안 속에 있었다. 그들은 신성이란 결코 잃어버릴 수가 없는 것이요, 누가 빼앗아갈 수 없는 것이라는 사실을 잘 알고 있었다. 그렇다고 그들은 자기들만이 선택받았다고, 엄청난 능력이 있다고 생각하지는 않았다.

이 위대한 문명이 지구를 지배하는 동안에는 아무런 혼란도 없이 평화로웠다. 미풍이 가볍게 불어오고 사람들은 생명력으로 충만했다. 시간 · 공간의 제약도 없었고, 중력과 같이 사람을 제약하는 어떠한 법칙도 없었기에 사람들은, 원하는 곳이면 어디든지 갈 수 있었다.*

신성한 법칙이 마음속에 확고히 저장되었기에 저들은 항상 영원한 입장에서 사물을 보았고 언제나 신성한 법칙에 따라 생각하고 말하였다. 이것이 모든 공급의 원천, 행위의 원천인 거대한 저장고의 토대를 이루었다. 이렇게 해서 인간은 우주적인 공급원을 가지게 된 것이다. 이는 전 인류가 서로를 완전한 삼위일체인 신인으로 보았기 때문이다. 즉 각자가 완전한 삼위일체인 신, 승리자 그리스도, 신인이었다.

그 당시에는 부정적인 말이나 과거를 의미하는 말, 미래를 의미하는 말도 없었다. 오로지 지금 여기에서 완전히 이루어져 있고 완성되었음을 의미하는 말뿐이었다.

오늘날 우리 인류가 도달하려고 애쓰는 최고 상태는 이미 옛 문명에서 있었던 것이다. 이에 대한 기록도 전부 남아 있다. 우리가 조각조각 갈라진 가르침과 인간적인 재주로 뒤범벅이 된 이 물질세상

* 초고대문명 사회에서는 공간이동이 성행했었다고 한다. 이것이 초고대문명이 멸망함과 동시에 사라져버린 것이다.

을 넘어선다면 이 기록을 접할 수 있을 것이다. 모든 업적이나 행위는 우주심 질료라는 거대한 창고에 명확히 기록되어 있다. 앞서 말한 재앙을 불러들여 멸망당한 사람 같은 이기심만 없다면 이 기록들을 접할 수 있다.

미래의 젊은 세대가 우리 인류의 최대 희망이다. 젊은 세대는 육체와 정신이 때묻지 않고 순수하다. 비록 인간적인 예의나 판단력이 부족하긴 하지만, 그것도 경험해가며 성숙할 것이다. 이들에게 최상의 안내자는 좋은 습관이라 할 수 있다. 이러한 젊은 세대에게 좋은 습관이 몸에 배도록 가르쳐야 한다. 왜냐하면 습관이란 좋은 습관이든 나쁜 습관이든 한번 붙으면 평생을 함께 가기 때문이다.

앞서 말한 대파국이 있어 모든 것을 잃어버렸을지라도 진리는 우주심에 명확히 기록되어 있다. 명확한 목적과 진실된 마음으로 한 긍정적인 말은 모두 신의 마음이라는 신성한 질료 속에 기록된다. 말한 것 모두, 동작 하나하나가 사진같이 정밀하게 기록된다.

이 위대한 문명의 일부분이 지금까지도 보존되어 있다.* 비록 숨겨져 있기는 하지만 때가 오기를 기다리고 있다. 그때는 그리 멀지 않았으며, 그때가 되면 모든 것이 밝혀질 것이다.

그때라 함은 인류가 신을 밖에서 찾지 아니하고, 완전한 삼위일체인 신, 승리자 그리스도, 신인이 전 인류에 의하여 선언될 때라고 말할 수 있다.

이러한 기록들은 시간이 아무리 흘러가도 변하거나 왜곡되지 않

---

* 피라미드만 하더라도 아직도 그 비밀을 다 알지 못하고 있다. 밝혀진 것은 극히 일부에 불과하다고 한다.

는다. 이것은 무슨 기적이나 초인간인 상태가 아니고 그저 자연스러운 상태이다. 사실 이것은 우주를 지배하고 통제하는 법칙과 완전히 같다. 앞서 말한 위대한 문명은 인간이 이 법칙과 이 법칙이 끼치는 영향력을 사용하여 이룩하였다. 이를 보면 인간의 성취 능력이 얼마나 위대한 것인지를 알 수 있다.

이 위대한 문명의 사람들은 초월적인 능력이 있거나 초자연적인 사람들이 아니었다. 여러분이나 나와 똑같이 신의 형상과 모양을 지닌 인간이었다.

외부로 나타난 형태는 모두 말 한마디 하면 즉시 부서져버릴 진흙으로 만든 우상에 불과하다. 모든 것에서 신을 보고, 모든 얼굴에서 승리자 그리스도를 보며, 모든 인간을 신인으로 보아야 한다. 그리고 이 위대한 신인을 예배하자. 이렇게 함으로써 하나인 진리, 하나인 근원에서 나오는 옷을 과학과 종교에 입힐 수 있다.

진리가 과학의 법칙이다. 신성을 생각함으로써 자기 자신 안에 신성을 확립할 수 있다. 그렇게 하면 우주 에너지의 거대한 저장고에 힘이 축적되고 그 힘은 다시 자신에게 엄청난 힘으로 되돌아온다. 여러분도 그러한 일을 할 수 있다. 현재 그 힘을 증가시키는 일에 모든 시간을 바치고 있는 사람이 수백만 명이나 된다. 여러분도 원하면 참여할 수 있다.

스폴딩에게 묻다

문 영감은 어디에서 오는 것인가?

답 아이디어는 우리 주위에 얼마든지 있다. 영감에 관해서는 몇 가지 개념이 있으나 대부분은 깊지 않고 별로 중요하지 않은 감정이 표현된 것에 불과하다. 그 밖에 위급한 상황에서 현명하게 행동할 줄 아는 통찰력을 영감이라고 할 수 있다. 아마도 질문하신 분은 철인들이나 대사들이 달성한 깊은 경지를 염두에 둔 듯하나, 영감이란 참되고 온 우주에 두루 퍼져 있는 우주의 지혜, 우주의 영 속에서 숨쉬는 일이다.

문 어떻게 하면 영감을 얻을 수 있나?

답 우리의 신체를 조절하여 우주심을 잘 받을 수 있는 통로로 만들고, 다양한 현상 중에 내재하는 우주 법칙을 깨닫는다. 이러한 의미로 보면 영감은 자신 속에 있다.

문 그러면 왜 아이디어가 외부에서 오는 듯이 느껴지나?

답 현재 인류의 발달 단계를 보면 자기 내부에 있는 힘의 근원을 인식하는 데까지는 도달하지 못하였다. 생명이란 우리가 알기에 생명체 속에 있는 우주력인데, 인류는 아직도 생명이 어디에서 오고, 어디로 가는지 모른다. 우리가 매일 쓰는 전기만 하더라도 전기를 발전시키고 사용하는 방법은 알지만 이 전기가 어디에서 오는지는 모른다.

생각은 관념이 구체화된 것이라고 한다면 다소 불분명하기는 해도 비슷하다고 할 수 있다. 인간은 생각하면서 살고 있으나 그 생각의 근원을 모른다. 그럼에도 불구하고 인간은 생각을 넓힐 수 있고 효율적으로 할 수도 있다. 영감이 자기 자신 안에서 발생한다고 하면 보통 사람들은 의아하게 생각한다.

생명이나 전기의 경우와 같이 어떤 조건만 구비되면 인간은 생명이나 전기를 마음대로 쓸 수 있는 능력이 있다. 이와 같이 인간이 조건만 구비되고, 준비를 갖추면 영감은 자기 내부에서 나온다.

문 당신은 지금의 혼란스러운 세상을 어떻게 생각하는가?

답 나는 그와 같은 일에 전혀 에너지를 쓰지 않는다. 우리가 혼란스러운 세상에 대하여 신경쓰고 있는 에너지를 자기 자신한테 쓴다면 자신이 발전하는 데 큰 힘이 될 것이다.

CHAPTER 5

THE DIVINE PATTERN

신성한 생활법

우리가 이와 같은 사상을 가지고 있으면 무엇을 이룰 수 있겠는가 하는 문제를 생각해보기로 하자. 이 문제와 연관하여 우리는 인도, 티베트, 몽골에 이르는 탐험을 하는 동안 놀라운 사실을 목격했기 때문에 이 신성한 생활법이 한두 사람뿐만 아니라 전 인류를 수호할 수 있는 법이라는 것을 확실히 알았다.

인류 전체를 수호한다고 하면 엄청난 과업같이 생각되지만, 돌이켜 예수가 그 당시 했던 일과 지금 하고 있는 일이 무엇인가를 안다면 쉽게 납득할 수 있을 것이다. 그의 가르침은 2,000년 동안 한 번도 중단된 적이 없이 계속되어왔으며, 지금도 그 가르침은 생생하게 살아 있다.

앞서 소개했던 물 위를 걷는 대사와 그의 제자들에 관한 이야기를 생각해보자.* 이 이야기에는 큰 교훈이 들어 있다. 즉, 인간이 자연력을 통제하고 이용하는 방법과 유익하게 쓸 수 있는 방법을 보여준 것이다. 그렇다고 꼭 물 위를 걸으려고 노력할 필요는 없다. 그러나 우리가 외부 환경에 마음을 빼앗기며 살다가 자기 내부로 침잠해가면 그러한 능력도 있다는 것을 알 수 있다. 내부로 침잠해간 상태

* 본서 1권 제1부 8장 참조.

에서 일을 이룰 수 있다. 변하는 것은 객관적인 대상이지 주관은 결코 변하지 않는다. 영은 결코 변하지 않는다. 기본 원리는 변할 수 없는 것이다.

우리가 기본 원리에 주의를 기울이면 기본 원리가 무엇인지 깨닫는 순간이 온다. 주의를 기울인다고 자기 속으로 들어가다보면 너무 침체된 상태가 되어 생명력이 흐르지 못하는 것이 아닌가 하고 생각하는 사람이 있다. 그러나 그러한 일은 결코 일어나지 않는다. 우리가 확고한 태도를 가지고 계속 나아간다면 성취해야 할 것이 무엇인가를 분명히 알 수 있으며, 또 그 길로 나아갈 수 있다. 우리가 이 사실을 깨닫는다면 외부 환경에 휩쓸리지 않게 되며 오직 자기의 길로 전진할 수 있게 된다. 이렇게 해서 우리는 한 차원 높은 상태로 들어갈 수 있게 된다.

늙는다는 것은 눈에 보이는 일이며 우리도 언젠가는 늙는다. 모든 인간도 언젠가는 늙는다. 그러나 과연 늙는다는 것이 필연적 사실일까? 그렇지 않다.

우리가 이 지구를 벗어나서 시간이 존재하지 않는 먼 우주의 어느 곳으로 갔다고 하자. 지구의 시간으로 100년이 지났다고 해서 100살 더 늙는다고 할 수 있겠는가? 그런데 이와 같은 일이 지구에서도 일어날 수 있다. 하려고만 한다면 시공에 구애받지 않는 상태를 만들어낼 수 있다. 의학자들은 말하기를 우리의 육체 세포는 9개월 이상 살지 못한다고 한다. 이러한 사실을 받아들인다 해도 언제나 늙지 않고 살 수 있는 진리가 있다.

우리 자신 속에 완전한 젊음이 없다면 인생에서 젊은 시절은 없을 것이다. 완전한 젊음이 있기 때문에 인간은 누구나 젊은 시절이 있다. 그러나 우리의 의지로 젊음을 지배하지 못하면 별수 없이 늙을 수밖에 없다.

여기 어린아이가 하나 있다고 하자. 주위 사람들이 이 아이를 70세로 본다면 이 아이는 주위 사람들의 생각대로 되어버린다. 결국 주위 사람들이 이 아이에게 자기 장래를 만들 기회조차 빼앗는 것이 되고, 이 아이는 늙은이 흉내를 내게 될 것이다. 인도인들은 70세라는 연령을 완숙함에 도달하는 시기로 보고 있다. 즉, 70세부터 아무런 구속됨 없이 자기 뜻대로 자기가 원하는 대로 살 수 있는 나이라는 것이다.*

우리는 자기가 생각한 일은 그대로 이루어지게 마련이라는 사실을 배웠다. 실패를 생각하면 실패할 것이요, 성공을 생각하면 성공할 것이다. 그렇다면 성공을 생각하는 것이 훨씬 더 좋지 않겠는가?

우리는 이웃을 돕지는 못할망정 해되는 일을 해서는 안 된다. 우리는 돈 한푼 들이지 않고도 이웃에게 많은 것을 줄 수 있다. 이웃에게 미소 지을 때나, 사랑을 줄 때 돈 한푼이라도 드는가. 이웃에게 미소 지으면 이웃 또한 미소 지을 것이며, 이웃에게 사랑을 보내면 이웃 또한 사랑을 보낼 것이다. 사랑은 모든 것을 성숙하게 하며 완전하게 한다.

젊음, 아름다움, 순수함, 완전함을 목표로 하는 삶을 생각해보자. 이러한 이상에 따라 사는 것이 돈이 드는 일인가? 우리가 이러한 이상에 따라 산다면 일주일 안에 우리 삶도 그렇게 변할 것이다. 아니 일주일도 필요 없이 순식간에 변한 사람을 본 적도 있다.

---

* 136쪽 참조.

"너희 눈이 하나라면 너희 몸은 빛으로 가득 찰 것이다"라고 예수는 말했다. 예수는 자기 생각을 어떤 명확한 목적에 사용하도록 가르쳤다. 그 목적이란 신성을 성취하는 것이다.

우리는 자기 경내를 침범하지 못하도록 할 수 있는 강력한 능력을 가진 원주민을 본 일이 있다. 그 사람은 수우족 원주민이다. 그는 자기 부락 주위에 선을 그어놓고 마음속에 증오심이 있는 사람은 이 선을 넘을 수 없다고 선언했다. 이제까지 그 선을 넘으려는 시도가 두 번 있었는데, 두 번 다 비참한 결과를 당했다.**

예수는 "너희가 서로 사랑할 때 사랑 속에 잠긴다"고 했고 사랑이 가장 큰 힘이라고 말했다. 이 사랑의 힘을 사랑이 아닌 다른 곳에 쓴다면 큰 혼란이 일어날 수 있다.

예수는 "너희는 하늘과 땅과 그 안에 있는 만물을 지배하는 자이다"라고 말씀하셨다. 이 말씀에 무슨 부족함이 있겠는가? 예수는 인간이 본래 무한한 가능성을 가지고 있으면서도 깨닫지 못하는 것을 보시고, 인간이 본래 무한한 능력을 가지고 있음을 말씀하신 것이다.

인간의 육체에서 세포 하나라도 제자리에 있지 못하면 그 육체는 혼란이 일어난다. 우주에서 원자 한 개라도 떼어내면 우주는 붕괴되고 만다. 즉 완전함에는 어느 하나라도 부족함이 없다는 뜻이다.

예수는 이 사실을 간단하고도 직접적인 방법으로 말씀하셨다. 원래 그의 말은 너무나도 단순했다. 우리가 잊으려 해도 잊을 수 없도록 이상을 명확히 했다. 그는 그 이상을 신이라 했다. 이미 말한 바와 같이 신이라는 말의 파동력만으로도 인간이 만든 최면 상태에서 벗

** 59쪽 참조.

어날 수 있다. 인간이 최면 상태에 빠지는 에너지를 신을 향하여 돌린다면 다시는 신과 분리되지 않고 하나가 될 것이다. 그럼에도 우리 인간은 신에게 생각을 모으지 못하고 생각을 흐트러뜨리고 있다. 그러나 예수는 언제나 존재하는 주체인 한 점에 집중했다.

객관적인 세계는 얼마든지 변한다. 그러나 진리는 결코 변하지 않는다. 우리가 우리의 모든 에너지를 한 점에 집중한다면 우리의 몸에서 빛이 날 것이다. 이러한 사람이 방 안에 들어오면 방 안은 환히 밝아진다. 이런 경우를 우리는 여러 번 목격했다. 또, 사진으로 찍을 수도 있다. 이것은 무슨 최면술이나 심령 현상이 아니다. 최면술이나 심령 현상이라면 사진으로 찍히지 않는다.

우리가 생각만 바꾸면 불안한 삶을 평안한 삶으로 바꿀 수 있다. 우리의 생각을 신으로 향할 때 신은 내 안에 있는 것이므로, 우리는 바로 신이 된다.

이렇게 되면 구태여 가르침이 필요 없게 된다. 가르침은 잘못하면 내용보다는 형식에 빠지기 쉽다. 예를 들어 물 위를 걸어간 이야기만 하더라도* 다른 사람들은 모두 강둑에 서 있는 동안 두 제자는 스승과 함께 물 위를 걸었다. 이때 강둑에 서 있던 사람들은 확고한 믿음 상태에 들어가지 못했기 때문에 물 위를 걸을 시도조차 하지 못했다. 하려고만 결심했다면 불안한 마음에 투입된 에너지만 사용하더라도 물 위를 걸을 수 있었을 것이다. 그렇다고 물 위를 건겠다고 일부러 스승을 찾아다닐 필요는 없다. 오직 한 가지 진리인 스승은 우리 자신 속에 있다는 것, 이 사실은 변할 수 없다. 이 진리에서 얼

---

* 마태복음 14:22, 본서 1권 제1부 8장 참조.

마나 오랫동안 떨어져서 잊고 있었는가는 중요한 일이 아니다.

빛을 향하면 자신이 빛이라는 사실을 알게 된다. 예수가 빛을 향하여 갈 필요가 있었겠는가? 그럴 필요는 없었다. 이미 예수 자신이 빛이기 때문이다. 그 빛은 예수가 말한 바와 같이 진리의 빛이요, 사랑의 빛이요, 신의 빛이다. 예수는 진리에 어긋난 생각을 결코 해본 적이 없었다.

예수의 길은 매우 단순한 길이므로 우리는 쉽게 이 길을 따라갈 수 있다. 단순한 길이란 외부에서 구하는 것이 아니고 내부에서 구하는 것이다. 심지어는 식료품이나 다른 모든 물품까지도 내부에서 구할 수 있다. 이러한 사실을 터득한 사람과 보통 사람들 간의 차이는 오직 하나, 시야를 멀리 확장하여 자기 비전을 투사할 수 있느냐 없느냐의 차이이다. 이 방법은 누구나 할 수 있는 것으로 일단 하기만 하면 그 법칙을 알게 된다. 길은 이미 있는 것이고 방법도 제시되었다. 우리가 스스로 해야 할 일만 남은 것이다.

자기 스스로 하지 못하고 남에게 의지하는 사람이 있다. 남에게 의지한다면 남에게 에너지를 더해주는 일이 되어 그만큼 내 안에서 에너지가 나가게 된다. 자기 길을 발견하고 스스로 행하면 자기 자신에게 에너지를 더할 뿐만 아니라, 남에게 에너지를 나누어줄 만큼 여유도 생긴다. 이렇게 되면 자연스럽게 남을 돕게 된다.

우리가 하는 일은 다른 사람이 수립한 사상 위에 더욱 높이 우리 사상을 쌓아올리자는 것이 아니고, 전 인류에게 이익이 될 수 있는 사상을 보편화하자는 것이다. 어떤 길을 걷든지 인류에게 유익한 일이 아니면 목적을 원만히 달성할 수 없다. 전 인류를 생각하게 될 때, 인류에 대한 사랑과 봉사를 하게 될 때 에너지가 생긴다. 이 에너지는 누가 주는 것이 아니요, 우리 자신 속에서 솟아나오는 것이다. 이때 비로소 우주 에너지를 사용할 수 있게 된다.

신의 이름에는 엄청난 파동이 있기 때문에 우리가 신의 이름을 생각하면 엄청난 파동이 일어난다. 그 속에는 모든 공급, 모든 지식, 모든 선함, 순수함, 완전함이 들어 있다. 신성이 이미 확고하게 실재한다는 생각을 하면 지배력을 획득할 수 있다. 신성은 어디 따로 있는 것이 아니라, 바로 자기 안에 있다. 그런데 자신이 스스로 신성을 가리고, 자기의식에서 추방해버렸다.

이 내재하는 신에게 말하라. 신이 내 안에 현존함을 알게 되었다고 말하라. 그리고 나에게 다시 나타나서 내 지배자가 되어달라고 말하라. "나는 이제 잘못된 생각을 버리고, 신이 확고히 실재하고 있음을 알고 감사한다. 이제 나는 단순한 인간이 아니요, 전 존재가 순수해져 살아 계신 하느님이 거룩하게 임재하사 이 육신이라는 성전에 거하신다는 것을 알았다. 이제 완전히 충만한 상태에 있다." 이러한 생각을 항상 마음속에 품어라.

그리고 "내 영혼은 살아 계신 그리스도와 결합하여 무한한 축복과 만족을 체험하고 있다. 이 축복과 만족은 영원히 내 안에 거한다. 살아 계신 그리스도가 내 속에 확고히 임재한다. 나는 순수하고 완전한 그리스도이다"라고 항상 생각하라. 이것을 잠재의식에 말하라. 그러면 살아 계신 그리스도의 임재함으로 말미암아 본래 내 것이었던 기쁨과 만족을 체험할 수 있다. 곧 우리의 잘못된 생각이나 감정, 행위를 청산할 수 있는 정신적 힘이 솟아오를 것이다. 이때 억제할 수 없는 순수한 상념이 솟아나오고 이 상념이 우리의 전 존재를 지배하게 된다.

우리 영혼이 평화로우면 이 신성하고 영적인 사원은 더욱 강력해진다. 또한 우리 마음이 신으로부터 오는 인상만을 받아들인다면 우리 의식 중에 깊숙이 침투하여 잠자는 동안에도 계속 작용하게 된다.

우리가 생각하고 말하고 행동하는 중에 결점을 하나라도 발견했다면 마치 건물의 갈라진 틈을 메우고 수리하듯이 그 결점을 시정해야 한다. 이렇게 되면 자동적으로 뒤바뀐 생각을 극복하게 되고 신의 상념, 신의 감정만이 우리 자신을 지배하게 된다. 이때 우리는 신의 생각, 신의 감정 이외에는 그 어떠한 것도 침입하지 못하도록 잘 정돈된 생각과 감정을 가지게 된다. 이것이 자기 자신을 절대적으로 지배하는 단계로, 여기에서 신성 원리가 나타난다. 이렇게 해서 영적인 능력을 모두 얻을 수 있다. 여기까지 도달하는 과정은 필생의 과업이라고 할 수 있으며 엄청난 보상이 있는 일이다.

여러분은 지금 새 시대의 여명을 눈앞에 두고 있어 새 시대에 맞는 법칙을 이해할 수 있다. 자신의 몸과 마음이 살아 계신 하느님의 성전이라는 것을 확실히 아는 것이 자신의 마음의 부조화와 세상의 부조화에서 벗어날 수 있는 가장 효과적인 방법이다. 신성한 상념이 광범위하게 미치는 영향력은 당신의 건설적인 상념, 감정, 말을 통하여 전 인류는 물론 우주에도 유익한 영향을 미친다. 이 사실을 잘 알고 활용하기 바란다.

신의 불멸의 사랑을 알면 알수록 전 인류를 깨우치는 일이 얼마나 중대한 일인가를 깨닫게 된다. 그러면 전 인류의 향상과 깨달음을 돕는 것이 엄청난 과업인 동시에 특권이기도 하다는 사실을 이해하게 될 것이다.

중요한 것은 세상에 있는 부정적인 것을 전부 제거하는 것이 우리의 의무요 책임이라는 점이다. 이것을 할 수 있는 가장 강력한 방법은 부정적인 것을 보거나 듣거나 받아들이는 일을 일체 하지 않고, 모든 사람과 모든 사물에 신의 사랑을 내보내는 것이다. "승리자 그리스도인 성령은 일체의 부조화를 초월한다"라는 사실을 알라.

"우리 의지가 신의 의지요, 신이 우리를 통하여 활동한다"라는 사실을 알라. 이러한 생각이 우리를 지배하면 우리 의지력은 점점 증대하고 강력해지고, 우리 생각에는 아무도 저항할 수 없는 힘이 생기게 된다. 이를 실행하고 결과를 기다려라. 이제 아무도 우리를 방해하지 못할 것이다.

이와 같이 강하고 긍정적인 생각과 말을 매일같이 끈질기고 강렬하게 반복하면 지금까지 잠자던 두뇌 세포가 깨어난다. 이제 자기 자신이 완전한 지배권을 가진 주(Lord)라는 것을 알게 된다. 이 목표를 향하여 훈련하면 자신의 마음을 지배하는 주가 된다. 주의 세계에서는 부정적인 것이 없으며, 부정적인 것을 받아들이지도 않는다. 조그만 일에도 이 진리에 충실하게 따른다면 만물을 지배하게 된다. 창조하라. 당연히 당신 것인 완전한 상태를 말로 창조하라. 그러면 당신은 만물의 주가 된다.

생리학자들에 의하면, 우리의 인체 조직을 구성하는 세포들은 인상을 받아들이고, 그 받아들인 인상을 인체의 전 세포에 전달하는 능력이 있다. 또한 인상을 기억해내는 능력, 기억한 것과 인상을 비교하여 판단하는 능력, 좋은 인상과 나쁜 인상을 가려내는 능력도 갖추고 있다.

속마음, 즉 잠재의식이란 인체 세포 전체 에너지와 지성의 총합이라는 것이 정설로 되어 있다. 우리가 신성을 인식하면 모든 세포들은 각자의 신성함을 재인식하게 되고 이 신성을 모든 세포들에게 전달한다. 이것이 사실이 아니라면 인간의 육체는 사진에 찍히지 않는다.

이 신성이 인체의 전 세포에 전달되면 각자의 세포는 서로 일치하게 되고, 각 세포가 소속된 기관이나 중추도 일치하여 활동하게 된다. 이것이 그 기관이나 중추를 구성하는 세포의 의지라고 할 수 있다. 이 세포의 의지가 몸 전체의 중심 의지와 일치하면, '신아'가 몸 전체에 나타난다. 그러므로 다음과 같이 선언할 수 있다. "나는 신의 능력이므로 모든 것이 풍족하다." 그리고 "이 힘 있는 말로 인하여 나는 모든 속박에서 벗어났다!"

스폴딩에게 묻다

문 당신이 말하는 신이란 무엇인가?

답 우리가 지켜야 할 원리이다. 신이 어떻다고 정의를 내릴 수는 없다. 신을 정의하는 순간 신은 벌써 그 정의를 초월한다. 인간이 신을 정의하려는 것은 작은 단지만 한 인간의 머릿속에 신을 집어넣으려는 것과 같다.

문 신이라는 말, 영이라는 말, 원리라는 말이 상황에 따라서 달리 쓰이고 있는데, 어떤 말이 가장 좋은가?

답 신이다. 신이라는 말이 있으면 최면 상태에 빠지지 않지만, 다른 말로는 최면 상태에 빠질 수도 있다. 신이라는 말에 정신을 집중하면 크나큰 결과를 얻을 수 있다. 신이라는 말을 반복하는 것은 아무리 해도 지나친 일이 아니다.

문 당신은 예수가 순백색 황금빛(golden-white light) 속에 있음을 보았다고 했는데 최상의 상태에 있으면 그러한 빛이 나오는가?*

답 모른다. 이것은 객관적인 자연 상태를 훨씬 넘어선 것으로, 아직 낮은 단계에 있는 우리로서는 알 길이 없다.

문 신의 능력과 접촉하기 위하여 어떤 방법이 사용되는가?

답 정해진 방법이란 없다. 우리가 보건대 신과 접촉하는 법은 우리 자신 속에 있다. 우리가 이 법칙과 일치하면 전 우주가 우리에게 문을 연다. 우주가 우리에게 문을 열면 우주의 모든 상태를 알게 된다. 우리가 법칙을 완전히 따르면 법칙과 하나가 된다. 즉, 법칙과 하나임을 알고 어떠한 의심이나 공포가 들어가지 못하도록 하면 일은 간단히 이루어진다.

문 서양은 이러한 것들을 받아들일 준비가 되었는가?

답 서양은 지금 받아들일 준비를 하는 중이고 그것도 빠르게 진행되고 있다. 인간이 깨달음의 문을 열면 장이 생긴다. 그 장은 전 우주를 포함할 정도로 확장될 수 있다. 인간이라는 소우주는 본래 대우주와 하나이기 때문에 이 깨달음의 장을 확장하면 대우주와 하나가 될 수 있다.

---

* 인간뿐만 아니라 만물은 고유한 에너지장을 갖고 있어 자기만의 고유한 기운을 방사한다. 이것을 오라aura라고 한다. 오라의 색과 형태는 고도로 발달된 것으로부터 아주 원시적인 것에 이르기까지 각각의 의식 상태와 연관되어 있다. 인간의 오라에서 나오는 각각의 색은 태양계의 행성이나 건강 상태 등에 결부된다. 순백색 · 황금빛 오라는 최고 최상의 오라로서 모든 카르마(죄업)가 소멸된 사람에게 나오는 빛이다.

문 어떤 상념을 품는 것이 좋은가?

답 다른 무엇보다도 사랑이다. 온 힘을 다하여 사랑을 주어라. 그러면 다른 어떤 것도 필요 없이 조화로운 상태에 들어가게 된다. 예수는 어떤 것보다 사랑을 위에 두었다.

문 신의 화신이 왜 여러 번 이 땅에 태어나야만 했는가?

답 신의 화신은 원리를 보여주기 위하여 인간의 몸을 스스로 선택한다. 신의 화신은 원리에 따라 살 뿐이다. 따라서 신의 화신이 보여준 길, 살아간 삶은 모든 인류를 위한 길이며, 모든 인류가 걸어가야 할 길이다.

문 지구의 영적 발달 단계에 따라 신의 화신이 나타나기도 하고, 나타나지 않기도 하는가?

답 아니다. 신의 화신은 어떤 발달 단계라도 출현하여 영과 하나 되는 삶을 산다.

CHAPTER 6

"KNOW THAT YOU KNOW"

이미 알고 있다고 생각하라

병 치료에 대하여 말해달라는 요청을 받았다. 진실로 말하자면 자기가 자기 자신을 치료할 뿐이다. 여기에는 마땅한 이유가 있다. 우리 안에서 신성, 즉 신을 보는 순간 우리와 신은 하나로 결합되어 병에 대하여 절대 우위를 점하게 된다. 신, 즉 신성 원리에는 불완전이 없다. 세계적으로 유명한 신유神癒 사원(성지)에서 일어나는 기적은 모두 이러한 이치에 의한 것이다. 신유 사원에 간 사람들은 오직 건강 회복만을 생각하므로 신유 사원에서 나오는 힘을 받아들여 치유되는 것이다. 우리는 이것을 사진으로 보여줄 수 있다.

이 일을 어떤 대도시에서 일하는 유명한 의사와 함께 한 적이 있었다. 그는 실험할 목적으로 동료 의사들에게, 난치병 환자가 있으면 엑스레이 사진과 기록을 첨부하여 그 환자를 자기에게 보내달라고 부탁해 연구하기도 했다.

우리가 가지고 있는 이 카메라는 몸의 어느 부분이 병들었는지 볼 수 있는 기능이 있다. 육체가 건강한 경우에는 반짝이는 빛이 필름에 나타난다. 이 카메라로 찍어보니 어떤 사람은 몸에서 빛이 30피트(약 914.4cm)까지 나오는 경우도 있었다. 우리가 치료한 98명은 카메라 앞에 앉은 지 3분을 넘지 않고 치료되어 걸어나갔다. 우리는 다만 이렇게 말할 뿐이다. "당신은 이 필름의 어두운 부분만을 보고 있었지요? 빛과 빛이 나오는 근원에 주의를 집중해보지 않았지요? 이제 어두운 부분은 보지 말고 오직 빛만 보세요."

이렇게 해서 들것에 실려서 온 사람 몇 명을 포함한 98명 모두가 병이 나은 것이다. 바로 이것이 자기 스스로 자기 자신을 치료한 증거가 아니겠는가? 내가 나 자신을 치료하는 것, 이것이 절대 진리이다.

우리 인간이 이러한 긍정적인 사고방식을 가지고 살아간다면 병은 더 이상 존재하지 못한다. 사람들은 병이 나면 무슨 병이라 이름 붙이고 그 병명을 반복해서 생각하고 말을 한다. 그러면 그 병이 확고히 정착한다. 생각과 이름이 물질이다. 우리가 어떤 생각을 하든지 이름을 붙이고 말을 하면 파동이 일어나, 그 파동은 그대로 물질화되어 나타난다. 마찬가지로 병을 생각하고, 병에다 이름붙이고, 병에 대해서 말을 하면 병이 그대로 나타난다.

지금까지 한 이야기는 진실이다. 이 진실을 깨닫기 위해서 우리는 우리 자신의 내부부터 깊이 연구해야 한다.

우리는 연구하던 중에 이 사실을 발견하였다. 길을 가리키는 이정표는 없었지만 필요에 따라서는 이정표를 세우면서 나아갔다. 연구가 깊이 진행된 상황에서 잘못을 발견한 경우에는 처음부터 다시 시작하기도 하였다. 마치 어린아이가 걸음마를 배우는 것 같았다. 이제는 연구에 필요한 기계 장치도 가지고 있고 도구도 고안해냈기 때문에 제대로 걸을 수 있게 되었다.

일하던 도중 이러한 일도 있었다. 연구를 깊이 진행하던 중 어떤 문제에 부닥뜨리게 되었다. 우리는 이 문제를 극복할 줄 아는 사람이 필요했고, 때마침 컬럼비아 대학에서 한 젊은이가 왔다. 그는 이러한 일에 전혀 경험이 없었다. 그런데도 불구하고 단 25분 만에 문제를 해결하였다. 우리가 거의 4년 동안 매달려왔던 문제였는데….

도대체 어떻게 그러한 일이 일어날 수 있는가? 그 젊은이는 문제를 대할 때면 언제나 그 문제를 이미 알고 있다고 생각했다. 일을 할 때도 "이미 알고 있다"라고 생각했다. 단지 그렇게 한 것만으로 문제를 해결했던 것이다.

내가 캘커타에 있을 때 똑같은 일이 있었다. 내 나이 네 살 때 이른바 캘커타 대학교 예비학교에 입학하였다. 입학 첫날 담임선생님이 나에게 말씀하셨다. "여기 알파벳이 있는데 너는 이것을 뭐라고 생각하니?" 내가 모르겠다고 대답하자, 선생님이 "그래, 네가 모른다는 생각을 계속 가지고 있으면 언제까지나 모르는 거야. 네가 알고 싶으면 모른다고 생각하지 말고 안다고 생각하거라"라고 말씀하셨다. 이 말씀을 실행한 덕분에 나는 예비학교를 졸업하고 캘커타 대학교에 진학하여 열네 살에 졸업할 수 있었다.

이 방법은 너무나도 단순하여 그냥 지나치기 쉽다. 우리는 대학에 들어가면 책 속에 파묻혀 책 속에 있는 진리를 전부 캐낼 수 있다고 생각한다. 책 속에 있는 것이라면 이미 세상에 알려진 것이다. 따라서 이미 알고 있다고 생각하면 알게 된다. 사람들은 책이 이미 자신 속에 들어 있는데도, 마치 절름발이가 목발에 의지하는 것처럼 일생 동안 책에 의지한다. 책이 주인이 아니고 책을 읽는 사람이 주인이다. 당신 자신이 책의 지배자이다. 이는 어떠한 직업에라도 적용되는 일이다.

부정적인 의식을 떨쳐버리고 일어날 때 이 진리를 알게 된다. 부정적인 의식은 아무 쓸모가 없는데 왜 계속 들고 다니는가? 중요한 것은 이미 알고 있다는 것, 선언한 그대로 된다는 것이고, 그곳에서부터 발전이 시작된다.

계획을 세우고 나아가는 사람들은 거의 모두 이러한 태도를 갖고 있다. 90퍼센트 이상이 그러하다. 현재 우리의 경우를 보더라도 지난 6년간 한 일이 80년 동안 한 일보다도 더욱 큰 성과를 거두었다.

나도 지금까지 오랫동안 그러한 경험을 해왔으며, 어떻게 발전해 왔는가도 알고 있다. 이러한 발전은 우리가 두 발로 똑바로 서서, "나는 알고 있다. 나는 이 일을 알고 있다"라고 생각했기 때문이다.

무엇을 발명했다든가 발견했다는 것도 이미 존재하던 발명이나 발견의 파동을 잡아낸 것에 불과하다. 발명이나 발견의 파동은 이미 조성된 것으로 우리의 마음과 생각을 잘 조절하면 우리가 원하는 주파수와 맞출 수 있다. 오늘날 우리 인류의 문명이 눈부시게 발전한 것도 이런 이유가 있었기 때문이다.

많은 사람들이 이 길을 알고 있다. 혹시 알지 못하는 사람들도 본래 알고 있다는 진리를 깨닫고 확고히 선언해야 한다. 이 선언이 난관을 돌파하게 하는 힘을 준다.

하늘 아래 새것이 없다는 말이 있다. 우리가 무엇을 생각해낸다는 것은 이미 존재하는 파동을 우리 주파수에 맞춘 것으로, 만약 이미 존재하는 파동이 없다면 생각조차도 하지 못했을 것이다. 이러한 파동은 우주에 충만하다. 또한 우리 인생 전체도 파동이다. 우리에게 이 파동과 일치할 수 있는 능력이 있음을 알고, 이 파동과 일치할 때 이 파동 속에 있는 모든 것을 잡아낼 수 있다.

오늘날 거의 모든 발명가가, 발명이란 파동의 세계에 기록된 것을 베낀다든지 빼내는 것에 불과하다는 것을 인식하기 시작했다. 이것은 문학에서도 마찬가지이다. 일단 쓰인 책은 파동의 세계에 기록된다. 한번 입 밖에 낸 말은 결코 사라지지 않는다. 모든 것은 에너지장, 즉 파동이라는 장場 속에 들어 있다.

사랑이라는 말은 신이라는 말과 파동력에서 가장 가깝다. 우리는 사랑이라는 말을 사용하여 병을 고친 사례를 수없이 알고 있다. 모든 질병은 사랑의 힘으로 치유될 수 있다. 사랑으로 충만한 사람 주위에는 마치 갑옷과도 같이 사랑의 오라aura가 감싸고 있기에 누가 사랑으로 충만한지 알 수 있다.

의사인 내 친구가 몇 년 전 수우족 원주민 보호구역에서 호적관으로 근무한 적이 있었다. 그 당시 나는 그의 초청을 받고 방문차 그곳에 가서 한 주술사를 테스트해본 적이 있었다. 그 주술사는 보통 사람이 아니었다. 그는 집을 떠나 5년간 명상에 잠긴 일이 있었는데, 그때 치유 능력을 얻었다고 한다.

첫 실험을 시작하였다. 먼저 물이 끓고 있는 주전자 속에다 손을 집어넣어 주전자 속에 있는 고기 조각을 꺼내는 일이었다. 그러나 그의 손은 아무런 이상이 없었다. 이 실험이 끝난 후 약 두 달 동안 그의 손을 지켜보았지만 아무 이상도 나타나지 않았다.

두 번째 실험에서는 그 부족 중 가장 우수한 저격수 세 명을 선발하여 총을 주고 일정한 거리에 떨어져 있게 했다. N 박사와 내가 탄창에서 탄환을 빼내고 새 화약을 집어넣어 속임수가 없도록 했다. 발사된 탄환이 그의 가슴에 닿자 납작 찌그러졌다. 나는 지금도 증거물로 그 납작해진 탄환을 두 개 가지고 있다.

그 주술사는 천막 안에서 불구자, 병자들을 치료했다. 우리는 이 치유 사실을 여러 번 목격했다. 나는 그와 친숙하게 되자 병 고치는 방법에 대하여 물어보았다. 알고 보니, 우리 서양식으로 신의 사랑을 표현하는 것과 비슷했다. 그는 아직도 살아 있으며 치료 행위를 계속 하지만, 자기가 하는 일을 바깥 세상에 알리지 않고 완전히 은둔생활을 하고 있다. 물론 신문에 난 적도 없다. 그는 말했다. "내가 표현할 수 있는 사랑을 사람들에게 나누어주는 것이 내 할 일이다. 이렇게 해서 나는 커다란 보상을 받고 있다." 그야말로 신의 사랑을 묵묵히 실천하는 수우족이었다.

수년 전 텍사스에 사는 겨우 다섯 살짜리 소녀가 사랑으로 치유하는 능력이 있다는 소문을 듣고 만난 적이 있었다. 그 소녀의 어머니에 따르면, 그 아이는 만나는 사람마다 "나는 당신을 사랑해요"라고 말한다는 것이었다. 그 소녀는 "여러분 주위에도, 내 주위에도 사랑이 보여요"라고 말하곤 했다. 병자가 있다는 소식을 들으면 그 소녀는 그곳에 데려다달라고 엄마를 졸라서 가보곤 했으며, 소녀가 병자가 있는 방에 들어서는 순간 병자는 치유되어 병상에서 일어난다는 것이었다. 그 소녀는 성장해서도 그 일을 계속하고 있다.

이러한 실례는 많이 있다. 네덜란드에도 그런 소녀가 있었다. 네덜란드에는 붉은 클로버가 많이 나는데, 지면에서 15내지 16인치(약 38~40cm) 정도로 자라면 아름다운 꽃이 핀다. 이 높이는 보통 농가의 현관 높이만큼 된다.

어느 일요일 오후 나는 그곳을 방문했다. 우리 어른들이 현관 입구에 앉아 있는 동안 그 소녀는 현관에서 약 30야드(약 27.4m) 정도 떨어진 클로버가 자라고 있는 들판으로 걸어나갔다. 그 소녀는 클로버 위를 약 30야드 정도 걸어갔다가 현관으로 되돌아왔다. 클로버 위를 걸으면서 분명 발이 땅에 닿지 않았다. 어떻게 그러한 일이 일어날 수 있느냐고 물었더니 그 소녀는 "나도 몰라요. 나는 그저 모든 것에 사랑을 줄 뿐이에요. 클로버를 사랑하니까 클로버가 나를 들어올려요"라고 대답하였다. 조사해보니 사실 그대로였다.

그 소녀는 자기 놀이 친구에 대해서도 이야기했다. 자기는 친구들을 사랑하고 친구들은 자기를 사랑한다. 그래서 아프지도 않고, 사고도 일어나지 않는다고 한다. 그 소녀의 아버지가 나에게 말하기를, 저 애는 누구에게나 사랑한다는 말을 한다는 것이었다. 나는 그 소녀가 21세가 될 때까지 만났는데 벨기에로 이사 간 후 소식이 끊어졌다.

사랑은 모든 병을 낫게 한다! 우리도 똑같은 일을 할 수 있다. 이 소녀들처럼 사랑을 주면 된다. 그토록 간단한 일이다.

내가 스페인에 있을 때였다. 세계에서 가장 규모가 큰 구리광산에 어떤 러시아인 가족이 살고 있었다. 그 가족 중 열한 살 되는 딸이 있었는데, 그 소녀가 안수하여 병을 고치는 능력이 있다는 소문이 있었다. 그 소녀는 병자의 몸에 손을 대고 "나는 당신을 사랑해요. 내가 당신을 매우 사랑하니, 병이 사라졌어요. 그 사라진 자리에 사랑을 가득 채웠어요"라고 말했다. 병이 낫는다는 소문은 사실이었다. 심지어 불구인 경우에도 몸이 완전해지곤 했다.

나는 간질병 말기에 가까운 환자를 치유하는 것을 보았다. 이 소녀가 그 환자의 몸에 손을 대며 "당신의 몸은 사랑으로 가득 차 있어요. 전부 빛뿐이에요"라고 말하자 3분도 되지 않아 완전히 치유되었다. 그 소녀로부터 나오는 빛과 사랑이 그토록 강렬했기 때문에 우리는 그 빛을 실제로 볼 수 있었고 그 사랑을 느낄 수 있었다.

내가 소년 시절의 일이었다. 그때 나는 인도의 코카나다에 있는 우리 집 밖에서 몇몇 친구들과 놀고 있었다. 어느새 날이 저물면서 어둠이 곧장 닥쳐왔다. 그때 갑자기 한 친구가 막대기를 집어들고 내

팔을 내리쳤다. 팔뼈 두 개가 부러지고 손이 뒤로 틀어졌다. 물론 처음에는 엄청나게 아팠다. 그러나 다음 순간 선생님에게서 배운 말이 생각났다. "어두운 곳에 가서 네 손을 신의 손에 맡겨라. 신은 빛보다도 더 훌륭하고 어떤 치료보다도 더 안전하다." 그러자 빛이 나를 둘러싸더니 즉시 고통이 사라졌다. 나는 혼자 있으려고 커다란 보리수나무 위로 올라갔다. 그 빛은 계속 나를 둘러쌌다. 나는 신이 나타나셨다고 생각했다. 어느새 손은 완전히 나아버렸다. 나는 밤새 나무 위에 앉아 있었다.

다음 날 아침이 밝았을 때 내 손을 보니, 부러졌던 뼈 주위가 조금 부어올랐을 뿐 아무런 흔적도 없었다. 부모님은 하인들이 나를 잘 돌보아 자고 있으려니 하고 생각했다는 것이다. 지난밤에 일어났던 일을 말하니 부모님은 믿지 않고 그 즉시 의사한테 나를 데리고 갔다. 의사 선생님은 "뼈가 부러진 흔적이 있는데 지금은 완전히 나았군요"라고 말했다. 그 후에도 부러졌던 뼈에 이상이 생긴 적은 한 번도 없었다. 나에게는 잊을 수 없는 경험이다.

이와 같이 몇 가지 실례를 들었으나 이 이야기들은 같은 이야기라고 할 수 있을 정도로 모두 단순하고 당연한 진리를 말한다. 따라서 누구나 할 수 있는 일이다. 심지어 나는 생명이 없는 건물까지도 청중이 쏟아붓는 사랑에 반응하는 것을 본 일이 있다.

불멸의 고타마 붓다가 말한 바와 같이, "단 5분이라도 참되고 신성한 사랑을 주는 것이, 가난한 사람에게 음식 천 사발을 주는 것보다 더 큰 일이다". 왜냐하면 사랑을 주는 것이 우주에 있는 모든 영혼을 돕는 일이기 때문이다.

결국 우리 말, 우리 생각, 우리 감정이 어떠냐에 달려 있다. 말도 물질이요, 생각도 물질이다. 생각이 있으니 내가 있는 것이다. 우리 생각과 감정을 통제하고 훈련하여 긍정적, 건설적인 말만을 쓰고, 주위에 신의 사랑을 준다면 우리 몸과 마음은 올바름(righteousness)에 반응하여 올바르게 작용하게 된다(right-use-ness).

올바르게 선택해서 말을 한다는 것은 대단히 중요하지만, 그에 못지않게 말을 할 때 들어가는 생각과 감정도 중요하다. 생각과 감정이 말을 살리는 원동력이요, 신의 사랑이 들어가는 곳이다. 그렇다고 "사랑, 사랑, 사랑" 하며 돌아다니라는 것은 아니다. 사랑의 감정과 관용, 그리고 확신을 가지고 말을 하면 한 번만 말해도 사랑의 법칙이 실현된다.

"너희가 묻기도 전에 내가 대답했다." 성경에 있는 말이다. 붓다도 "사랑하라. 사랑에 일심집중하고 밤이나 낮이나 사랑으로 자신을 조율하라. 앉아서 식사할 때에도 사랑을 생각하고 사랑을 느껴라. 그리하면 음식 맛이 훨씬 더 깊어질 것이다"라고 말씀하셨다. 붓다가 말한 주옥 같은 가르침 중에는 아직도 기록되지 않은 것이 많이 있다. 시인 타고르Tagore는 자기 저작 중에 붓다의 가르침을 많이 인용했다. 타고르는 사랑을 사용할 줄 알고 사랑을 표현할 줄 아는 사람이었다. 그는 사랑을 알고 있었다.

사랑은 모든 것 중에서 가장 중요하다. 사랑은 낙원으로 들어가는 황금 문이다. 사랑에 대한 이해가 깊어지도록 기도하라. 매일매일 사랑을 명상하라. 사랑은 두려움을 몰아낸다. 사랑은 율법을 완성한다. 사랑은 모든 죄를 극복한다. 사랑은 보이지 않는 충만함이다. 사랑은 모든 것을 정복한다. 충만한 사랑으로 낫지 못할 병은 없다. 충만한 사랑으로 열리지 않을 문이 없다. 충만한 사랑으로 넘지 못할 파도가 없다. 충만한 사랑으로 무너지지 않을 벽이 없다. 충만한 사랑으로 용서 못할 죄가 없다.

스폴딩에게 묻다

문 나는 인도에서 7~8년간 지낸 일이 있는 어느 의사를 알고 있다. 그는 미국으로 돌아와서 군의사회(County Medical Society)의 도전을 받고 몸소 이를 실험해 보인 적이 있었다. 그는 시험관 속에 있는 가장 독성이 강한 장티푸스균과 다른 균이 들어간 액체를 마셨다. 이 독성은 젊은이를 여러 명 죽일 수 있을 정도의 양이었다. 그런데 아무 일도 일어나지 않았다. 후에 안 일이지만 갑상선*을 의식적으로 조절하였다고 한다. 면역기관을 조절한 셈이다. 이러한 일이 가능한가?

답 그렇다. 어떤 병이라도 면역이 가능하다.

문 갑상선을 의식적으로 조절할 수 있으면, 세균 감염을 방지하는 데 중요한 역할을 하는 산(acidity)도 조절할 수 있는가?

답 갑상선을 의식적으로 조절하면 산이 대폭 조절된다. 갑상선은 산을 거의 무제한으로 통제하거나 자극할 수 있다. 심지어 갑상선이 세균도 통제할 수 있다는 이야기를 인도인에게서 들었다. 산은 세균을 죽인다.

갑상선을 조절할 수 있는 방법이 있는데, 이는 그에 정통한 사람

---

* 인체 내에서 가장 큰 내분비선. 갑상선에서 분비하는 호르몬에는 다량의 요오드가 함유되어 있다. 단백질, 지방, 당질 대사에 작용하며 심장박동, 발한, 수분대사를 증가시키는 등 각종 작용을 한다.

한테 배워야 한다. 이 방법은 갑상선을 자극하여 인체에 필요한 적절한 양을 나오게 하는 것이다.

문 부갑상선*은 어떤 작용을 하나?

답 부갑상선은 대단히 훌륭한 부속기관으로 칼슘이나 석회의 물질대사를 통제한다. 부갑상선을 자극하여 칼슘이 인체 조직 속으로 흡수되게 하면 치아가 새로 나올 수도 있다.

문 어떻게 자극하는가?

답 가장 중요한 것은 영적인 힘으로 갑상선에 의식을 집중하는 것이다.

문 그 영적인 힘은 산화작용이나 호흡 조절까지 관련되는가?

답 호흡을 조절할 때 영적인 훈련도 겸해야 한다. 즉 영적인 것을 통하여 사념을 훈련하는 것이다.

문 일심집중할 때 갑상선이 완전히 활동한다고 마음속에 그려야 하는가?

답 그렇다. 완전한 질서와 조화 속이라고 생각하며 정신을 집중해야 한다.

문 올바른 자세와 호흡 수련을 하면 갑상선 활동과 산화작용 사이에

---

* 보통 갑상선 뒤에 붙어 있으며, 부갑상선 호르몬을 분비한다. 이 호르몬은 혈액의 칼슘 농도를 조절하며, 무기질 인의 대사에도 관여한다.

어떤 영향을 끼치는가?

답 그렇다. 육체의 모든 활동을 영의 영향 하에 두기 위하여 올바른 자세를 취하고 호흡을 수련한다. 그러나 이 방면에 정통한 스승은 영적인 생각을 영적인 행동으로 옮기는 법을 배우지 않은 제자들에게는 이 수련법을 가르치지 않는다. 이러한 수련으로 영적 능력을 체득한 사람이 많이 있다.

문 부신副腎** 은 어떠한가?

답 부신은 혈압과 관계가 있다. 갑상선은 나머지 전부를 지배한다. 갑상선은 뇌하수체腦下垂體***에 의하여 지배되고, 뇌하수체는 송과선松科腺****에 의해 지배된다.

그리스도의 말씀에 어린아이와 같아야 한다는 뜻은 어린아이와 같이 송과선이 열려 있어야 한다는 뜻이다. 어른들의 시체를 해부해보면 송과선이 매우 위축되었음을 볼 수 있다. 송과선이 위축되었다는 것은 천국에서 분리되었다는 것을 의미한다. 송과선은 내분비선을 통제하는 가장 중요한 기관이며, 육체의 주(Master)요, 신아이다.

문 프라나 호흡을 하면 인체 내분비선의 작용이 증가한다고 대사들이 말한 적이 있는가?

** 한 쌍이며, 각각 좌우 신장의 위 끝에 부착되어 있다.

*** 척추동물의 대뇌 아래쪽에 있는 콩알 크기만 한 내분비샘. 생식, 발육 등과 밀접한 관계가 있다.

**** 척추동물의 간뇌에 돌출해 있는 내분비선. 요가, 선도를 비롯한 육체를 중시하는 일체의 수행법에서 가장 중요시된다. 솔방울과 비슷하다 하여 송과선이라 하며, 양 눈썹 사이의 인당과 정수리의 백회가 수직으로 만나는 지점에 있다. 이곳은 요가에서 말하는 제6차크라에 해당한다.

답 프라나를 받아들이는 것이 영적인 활동을 받아들이는 것이라고 대사들은 말하였다. 대사들은 특히 영적인 활동을 중시한다. 이 영적인 활동은 그 자체로서 가장 큰 활동인 동시에 모든 활동의 원천이다. 이 영적인 활동은 젊다는 의식을 불러일으킨다. 젊다는 의식이 있으면 뇌하수체와 송과선이 활동하기 시작한다.

문 그렇다면 예수가 제자들에게 이러한 내분비선을 작동시키는 시스템을 분명히 가르쳤을 것이라고 추측할 수 있지 않겠는가?

답 그렇다. 그러나 그리스도의 방법은 사랑의 실천을 통한 것이다. 그리스도는 "너희가 어린아이와 같이 되지 않으면 천국에 들어갈 수 없다"고 말하였다.

문 생화학生化學의 기적을 발견한 과학자들은 대사들에게서 영감을 받았나?

답 그렇다. 전 인류에게 이로움을 주기 위하여 대사들은 이들 과학자들에게 영감을 주고 있다.

CHAPTER 7
THE REALITY

실재

인도 사람들은 이렇게 말한다. “만약 신이 숨으려 한다면 인간을 택하여 그 속에 숨을 것이다.” 인간이 찾고자 하는 신은 인간 속에 숨어 있다. 인간이 신을 찾으려 해도 찾지 못하는 이유는, 자기 자신 속에 있음을 알지 못하기 때문이다.

신은 언제나 자기 안에 있는데도 우리는 밖에서 신을 찾는다. 강의를 듣고, 모임을 갖고, 책을 읽고, 스승이나 유명한 인물을 찾아다닌다. 만약 우리가 하려고 하는 모든 노력을 버리고, 신이 이미 우리 안에 있다는 사실을 받아들이면 실재(Reality)를 깨닫게 될 것이다.

예수는 여러 번 말하기를 “보통 사람과 다른 특별한 사람이란 없다. 모든 인간이 신의 속성과 자격을 갖춘 신의 존재(a God-being)이다” 라고 하였다.

우리 인간은 오랫동안 예수를 우리 자신과는 다른 특별한 종류의 인간으로 생각해왔다. 그러나 그는 우리와 다를 바가 없는 똑같은 사람이며, 예수 자신도 자신이 보통 인간과 다르다고 말한 적이 없다.

그는 항상 인류를 돕는다. 예수는 기적을 마음대로 일으키는 신비한 인물이 아니며, 또 기적을 일으켰다고 말하지도 않았다. 기적이 아니라 자연 법칙의 완성인 것이다. 이것은 지금 증명할 수도 있다.

즉, 우리가 법칙을 이행하면 누구에게라도 일어나는 자연스러운 현상에 불과하다.

지금 어려움을 겪고 있는 사람은 그 어려움에서 벗어날 수 있는 방법이 있다. 어려움을 마음속에서 지우면 어려움은 사라진다. 믿을 수 없는 것 같으나 분명한 사실이다. 어려움, 곤란함이란 자기 스스로 마음속에서 짊어지고 있기 때문에 생기는 것이다.

부정적인 생각을 하지 않고, 부정적인 말을 하지도 않고 들어보지도 않았다면, 부정적인 상태란 존재할 수 없다. 우리는 부정적인 말이 전혀 존재하지 않는 언어를 네 종류나 알고 있다. 그들 언어에는 과거시제도 없고, 미래시제도 없고, 오직 지금 여기에 이미 이루어져 있다는 뜻의 말만 있다.

인간이 사물에 이름 붙일 때 그 안에는 인간의 감정이 따라들어가게 된다. 인간이 자기 감정 속에 힘을 부여한다. 따라서 자기가 부정적인 말이나 감정에 힘을 부여하지 않으면 부정적인 말이나 감정은 아무런 힘도 없게 된다. 스스로 에너지를 공급하던 것을 끊어버리면 생명력이 다해 사라지게 된다.

우리는 '신'이라는 말이 성서에 기록되었기 때문에 그토록 오랫동안 생명력이 계속되는 것이라고 말했다. 성서는 현재까지 이 세상의 모든 서적 중 최고의 베스트셀러이다. 신이라는 말에는, 무생물인 책까지도 그토록 유지되게 하는 힘이 있는데, 하물며 우리 인간이 신이라는 말을 직접 사용한다면 어떻겠는가? 그렇다고 여기저기 돌아다니면서 "신이여, 신이여" 하라는 말은 아니다. 신의 실현에 합당한 마음을 가지고 명확하고 진실된 의도로 한 번만 해도 되는 것이다. 우리가 신이라는 말을 하면 바로 신의 파동 영역으로 들어간다. 성서가 오랫동안 인류의 최고 베스트셀러로 유지되어온 이유가 여기에 있다. 따라서 우리는 신이라는 말을 거듭 강조한다.

다음으로 중요한 것은 "과연 그런 일이 일어날 수 있을까?" 하는 부정적인 태도를 버리고 자기가 한 말이 실현되기까지 적극적으로 추진하는 일이다. 인도에서는 두 손을 공중에 들고 "옴마니반메훔" 하면서 걸어다니는 수행자가 있다. 그중에는 아예 손을 내리지 못하게 된 사람도 있다. 우리가 온종일 "신이여, 신이여" 하고 돌아다닌다면 같은 결과가 될 것이다.

우리는 신이라는 말을 생각할 수도 있고 분명히 내 속에 있다는 것도 안다. 우리 자신이 신 그 자체이기 때문에 되풀이해서 말할 필요가 없다. 우리는 단순히 그대로 신이다. 이미 자기 안에 있는데도 찾으려고 애쓴다. 되려고 애쓸 필요가 없다. 이미 되어 있는 것이요, 우리 자신이 바로 신임을 분명히 알아야 한다. 이 일이 믿어지지 않는다면 2주간만이라도 실험해보라. 신이 무엇인지 분명히 알고 신이라는 말을 한 번만 하더라도 그대로 된다. 신은 이미 우리 것이기 때문에 신처럼 명령할 권한도 우리 것이다.

천국이란 인간 안에 있는 조화로움이며, 바로 우리가 있는 곳이 천국이다. 인간에게는 자유 의지가 있기 때문에 자기 생각과 감정에 따라 천국을 만들 수도 있고, 지옥을 만들 수도 있다. 그런데 인간은 천국보다도 지옥을 만들려고 애쓰는 것 같다. 우리가 지옥을 만들려고 애쓰는 시간만이라도 천국을 만드는 데 사용한다면 천국은 쉽게 이루어진다.

신은 항상 내면에 있음을 아는 것, 이것이 인간에게는 가장 큰 축복이다. 내가 나 자신 속의 신을 보는 것 같이 다른 사람을 보는 것,

이것이 인간에게는 가장 큰 특권이다. 우리가 아는 사람, 만나는 사람 모두에게서 그리스도를 보는 것, 이것이 인간이 할 수 있는 가장 큰 수행이다. 우선 아는 사람이나 친구에게 이 일을 실행해보라. 참으로 놀랄 만한 결과를 보게 될 것이다. 곧 모든 사람 속에 그리스도가 있음을 알게 된다. 모든 인간은 신 안에서 똑같다.

부정적인 생각, 말과 감정에 대하여 다시 한번 생각해보자. 미국에 있는 어떤 모임의 멤버들은 수년간 여러 가지 교통기관을 이용해 수백만 킬로미터를 여행했는데도 사고 한 번 일어나지 않았다. 이러한 사람들이 2,500명이나 된다. 이 모임은 네 명에서 시작하여 이렇게 규모가 커진 것으로, 이들 멤버의 대부분은 미국에서 살고 있다.

인간은 폭풍우를 지배할 수 있다. 대기의 흐름을 지배할 수 있다. 모든 자연의 힘을 지배할 수 있다. 자연의 힘이 무엇이든 간에 인간이 주인이요, 주인이 바로 나 자신이다. 그럼에도 불구하고 인간은 주인 자리에서 내려와서 자연의 종이 되어버렸다. 그 결과 인간이 자연 상태나 주위 환경에 구속당하게 된 것이다. 이 안에 있는 사람이라도 모두 자기가 주인이라는 진리를 깨닫는다면 주위 환경을 모두 지배할 수 있다.

동물들은 이러한 일들에 매우 민감하다. 동물들은 인간이 잘 돌봐주면 금방 반응을 보인다. 심지어는 누구에게 더 관심이 있는지도 안다. 특히 개는 감정이 예민한 동물이다.

알래스카에는 우편배달할 때 쓰이는 개들이 1,100마리 이상 있다. 본격적으로 비행기가 들어올 때까지 이 개들은 오랫동안 이 일을 하였다. 그런데 채찍 한 번 쓰지 않았는데도 일을 잘했다. 인간 쪽에서 개를 학대한다든가 함부로 다루지 않는 한 아주 유순했으며 말도 잘 들었다. 나는 이 개들과 함께 3,000킬로미터나 되는 우편배달 코스를 아홉 번씩이나 왕복해보았다. 그런데도 이 개들은 놀랄 만큼 임무를 잘 수행했다. 사람들이 모두 과연 그러한 일이 있을 수 있는가 하고 묻는다. 나는 다만 개들에게 맡기고 격려하며, 잘한다 잘한다고 칭찬해주었을 뿐이었다. 다른 사람들도 그대로 해보니 결과는 마찬가지였다. 동물은 두려워한다든가 학대하지 않고, 칭찬해주고 격려해주면 놀랄 만한 반응을 보인다.

부정적인 말을 하는 것은 육체를 유지시켜주는 에너지를 소멸시키는 짓이다. 스스로 최면 상태에 빠져 부정적인 상태를 엄연한 사실로 믿어버리고 그 최면의 힘에 의하여 부정적인 말을 되풀이하게 된다. 이제 더 이상 최면에 빠지지 말고 부정적인 생각과 부정적인 말을 되풀이하지 않으면, 부정적인 것은 우리 마음속에서 완전히 사라진다. 우리가 늙는다든지, 시력이 나빠진다든지, 신체가 불완전하다는 생각을 하지 않으면 이러한 부정적인 상태가 신체상에 나타나지 않으며, 우리 육체는 언제나 새로워진다. 이것이 참된 부활이다. 이 부활은 인간에게 9개월마다 일어난다.

우리는 세포 육체에 우리 자신의 생각과 감정을 새겨넣는다. 그런데 자기 스스로 자기를 배반하는 짓을 한다. "못 하겠다"라는 말 한마디는 그리스도 의식을 배반하는 것이다. 즉 부정적인 말을 할 적마다 자신 안에 있는 그리스도를 배반하는 것이다.

그리스도를 찬양하라. 이웃을 위한 봉사에 쓰일 육신을 축복하라, 찬양하라. 무한한 축복에 감사하라. 매 순간 진리의 화신이 되라.

스폴딩에게 묻다

문 인도인들은 예수와 붓다를 어떻게 비교해서 보는가?

답 붓다는 깨달음으로 이르는 길이었고(Buddha was the Way to Enlightenment), 그리스도는 깨달음이다(the Christ is Enlightenment)라고 여긴다.*

문 마음을 항상 이상을 향하도록 하는 것이 왜 이렇게 어려운가?

답 그것은 우리가 동양인같이 명확한 수행을 하지 못했기 때문이다. 동양에서는 어린아이까지도 수행법을 배운다. 동양에서는 일단 이상을 세우면 완전히 실현될 때까지 계속 지켜보라고 가르친다. 그러나 서양에서는 다르게 가르친다. 서양에서는 생각이 나면 나는 그대로 놓아두라고 가르친다. 그러나 그대로 놓아두면 힘이 흩어지게 마련이다.

이상을 품고 그 이상을 확실히 믿는다면 그 이상이 확고해져서 현실화될 때까지 남에게 함부로 이야기하지 말고 자신 안에 간직하라. 언젠가는 성공하겠지 하는 막연한 생각이 아니라 반드시 성공한다는 일념을 가지고 마음을 순수하게 가져라. 그래야 마음이 순일해진다. 방심하여 다른 생각을 하는 순간 두 마음이 된다. 하나의 이상을 향해 에너지를 집중하면 한마음이 된다. 그렇다고 한 가지만 아는 틀에 박힌 사람이 되라는 뜻이 아니다.

우리는 이상을 향해 힘을 분산하지 말고 마음을 집중하면 되지 그 이상이 언제 실현될까 불안해할 필요는 없다. 이상은 지금 바로

---

* 불경에 의하면, 붓다는 자신을 일러 길을 가리켜주는 사람이라고 하였다. 붓다라는 말은 깨달은 자라는 뜻이다. 예수는 사람 이름이며, 그리스도는 신의 원리를 말한다. 예수 그리스도는 예수라는 사람이 신의 화신이라는 뜻이다.

여기에 실현되었음을 받아들이고 다만 감사하면 된다.

문 당신은 예수를 직접 만났고 악수까지 했다는데 사실인가?

답 그렇다. 예수뿐만 아니라 다른 대사들도 만났다. 그들은 당신이나 나 같은 보통 사람과 다른 인간이라고 주장하지 않았다. 인도에서는 노동자까지도 예수를 알아보는 능력이 있다. 그렇다고 무슨 특별하거나 신비한 일이 아니다. 사진을 보면 예수의 전신에서 빛이 나는 것을 볼 수 있다. 예수나 대사들은 애매모호한 구석이 없다. 모두 확고한 결단력과 생생한 기운을 가지고 있다.

문 인도에서는 노동자까지도 예수를 알아본다는 뜻이 무엇인가?

답 그들은 예수가 살아 있다는 것을 믿고 그 믿음에 따라 살고 있다. 반면에 우리 서양인들은 예수가 살아 있다는 것을 믿지 않는다. 나는 영시력靈視力이 없다. 그러나 우리가 영시력이 없어도 진리 속에 거한다면 잘못 보는 일은 일어나지 않는다. 직관은 진리로 들어가는 하나의 문이다. 그러나 완전히 체득하는 단계까지 가야 할 것이다.

문 왜 예수는 우리 나라(미국)에 나타나지 않는가?

답 예수는 어느 한 장소에 제한되어 있는 인물이 아니다. 의심할 바 없이 인도에서와 똑같이 여기에도 계시다.

문 예수도 십자가에서 육체적으로 고통을 느끼셨는가?

답 아니다. 그토록 높이 각성한 존재는 육체적으로 고통을 느끼지 않는다. 만약 예수가 십자가에 못 박히는 일을 원치 않았다면, 자신을 죽이려는 에너지를 되돌려 그 사람들을 모조리 멸망시켰을 수도 있다. 그러나 예수는 그렇게 하지 않고 십자가의 길을 걸었다.

문 예수는 십자가형을 받은 후 이 지상에 얼마 동안 있었나?

답 예수는 이 세상을 떠난 것이 아니다. 예수는 그 당시의 육신대로 지금도 살아 있다. 그를 만나는 사람들은 누구라도 그의 육신을 직접 볼 수 있다.

문 나사렛 예수가 우리 나라(미국)에도 나타난다는 말인가?

답 그렇다. 당연하다. 우리가 그의 이름을 부르면 여기에 나타날 것이다.

문 당신이 대사들의 가르침을 전하는 것은 무슨 특별한 배려를 받아서인가?

답 당신들 이상으로 무슨 특별한 배려를 받은 것은 아니다. 전에 대사들에게 "미국에도 대사들이 있습니까?" 하고 질문했을 때, "1억 5천만 명이나 있다"라고 그들은 대답하였다.

문 우리가 필요로 할 때 예수는 나타나실까?

답 도움이 필요한 곳이면 어디든지 나타나신다. "보라, 나는 항상 너희와 함께 있으리라" 하고 말씀하신 것이 바로 이것을 말한 것이다.

문 그리스도라는 것은 생명의 원리라는 뜻인가?

답 각 사람에게 흐르는 신의 원리를 뜻한다.

CHAPTER 8

MASTERY OVER DEATH

죽음의 극복

"죽은 요가행자 지금도 살아 있다!" 자아실현동지회(Self Realization Fellowship)의 창립자인 파라마한사 요가난다Paramhansa Yogananda*의 죽음을 보도한 캘리포니아 〈로스앤젤레스〉지에 실린 기사의 제목이다.

유해안치소 직원들이 파라마한사 요가난다에 대해 놀라운 이야기를 했다. 그의 유해는 여기 자아실현동지회 본부에 안치되었다. 전문가의 입장에서 보면 그가 사망한 지 20일이 지났지만 그는 아직 죽은 것이 아니라고 한다. 유해안치소 소장은 말하기를 "빌트모어 호텔에서 연설하는 도중에 서거한 고인의 유해를 청동관에 넣어 밀봉하고 3월 7일부터 4월 27일까지 매일 직원들이 관찰하였다"라고 하였다. 소장은 "파라마한사 요가난다의 죽은 육신에 눈에 보이는 부패 흔적이 없다는 것은 매우 놀랄 만한 일"이라고 자아실현동지회에 보낸 공증된 편지에서 언급하였다.

이것은 기적이라고 볼 수도 없는 일이다. 우리는 600년 동안 움직이지 않고 누워 있는 육신을 본 적이 있다. 물론 600년이라는 기간도

---

* 1893~1952. 요가난다는 스승에게 전수받은 크리야 요가를 서양에 전하기 위하여 준비된 인물이었다. 1920년 세계종교회의에 인도 대표로 미국으로 건너갔고, 1925년 자아실현동지회(S.R.F.)를 창립한다. 1952년 그가 죽은 지 20일이 지나도 육신은 부패하지 않았으며, 얼굴에는 무한한 기쁨이 서려 있었다고 한다. 오늘날 SRF는 세계 각지에 지부를 두며, 우편통신 강좌를 통하여 크리야 요가를 보급한다.

그쪽의 주장이긴 하지만….

나의 증조부도 오래전에 그 육신을 보았다. 그 육신은 지금도 카슈미르와 오늘날의 파키스탄 사이의 북쪽 지방에 그대로 있다고 한다. 그 육신은 인도에서 일어났던 좋지 않은 사건, 즉 이슬람의 인도 침입, 어린이 혼인제도, 그리고 인도 사회에 깊이 뿌리박힌 카스트 제도에 대한 항의로서 안치되었다.

내가 그 육신을 본 것은 지금으로부터 14년 전으로, 제1차 세계대전 중이었다. 이 지역의 북쪽 산악 지대에서 약 200명의 영국 병사들이 적의 함정에 빠진 일이 있었다. 그들은 가까스로 이 지역을 탈출하여 인도 국경 안으로 들어왔다. 이때 그 육신을 보게 되었다.

그 부대의 지휘관인 대위는 인도에서 오랫동안 살았던 사람이었기 때문에 인도인의 습성을 잘 알고 있었을 뿐만 아니라 인도인을 존중할 줄 알았으며, 인도인 또한 그 대장을 존경하였다. 대위는 부하들에게, 그 육신을 보고 싶으면 보아도 좋으나 그 육신을 만진다거나 이곳 사람들의 기분을 상하게 하는 행동을 하지 말 것을 주의시켰다. 이 육신을 보러 가는 사람들이 너무나도 많아 육신이 누워 있는 덮개 주위의 판석이 훼손될 정도였기 때문이었다. 병사들은 모두 관람을 마치고 조금 떨어진 곳으로 이동하여 캠프를 치기로 했다. 캠프 준비가 다 끝나자, 어느 하사관이 대위에게 외출 신청을 했다. 이 사실은 대위에게서 직접 들은 이야기이다. 대위는 그 하사관에게, "자네 속셈을 알고 있다. 그 육신을 만지려는 것이지? 자네가 그 육신을 만지지 않겠다는 맹세를 해야만 외출을 허가하겠네" 하고 말하였다. 맹세를 한 후 그 하사관은 외출이 허가되어 그 육신을 보러 갔다. 그 하사관은 누워 있는 육신에 다가가서 그 당시의 지휘관들이 보통 가지고 다니던 말

채찍으로 그 시신을 건드리는 순간 돌연 거꾸러지며 즉사했다.

대위는 이 사실을 처음으로 외부 사람인 나에게 공개했다. 내가 이 이야기를 처음 들었을 때는 누군가가 그 하사관에게 총을 쏘아 즉사시킨 것이 아닌가 하는 생각이 들었다. 그러나 대위가 말하기를, 현장으로 달려가 샅샅이 조사했으나 총탄 자국 같은 것은 전혀 없었다고 한다. 이 사실은 런던에 있는 육군성으로 보고되었고 지금도 기록이 남아 있다.

우리는 실험실에서 죽음 상태를 실험해본 일이 있다. 우리가 개발해낸 것은 아니지만 1초에 수천 번이나 노출되는 카메라가 있다. 이것은 움직이는 광점이 찍히도록 되어 있는 카메라였다. 촬영을 하면 필름에 무수한 광점이 기록되어 형상이 생긴다. 이것을 크게 확대하고 보통 스크린에 영사할 수 있을 정도로 비율을 떨어뜨리면 완전한 형상이 나타난다. 이것은 생명소의 형상을 볼 수 있는 그 당시의 엑스레이*라고 할 수 있다.

병에 걸려 이제 생명이 몇 시간밖에 남지 않게 된 사람들이 자신을 실험 대상으로 써달라고 지원했다. 먼저 의사가 사망 시간을 측정했다. 죽은 사람의 무게가 약 11온스(약 311g) 줄어든 것으로 나타났다. 저울 위에 있는 시신에서 빛이 빠져나오고 있다. 이 빛은 지성, 의지, 운동력이 있는 생명소이다. 우리가 이 생명소에 간섭(interference)** 하니 시신 위로 솟아올라 천장을 통과하여 계속 올라갔다. 우리는 카

---

* 파장이 짧은 전자기파의 일종. 1895년 독일의 뢴트겐이 처음으로 발견하였다. 의학뿐만 아니라 각 분야에 널리 쓰인다.

** 두 가지 뜻이 있다. ① 남의 일에 부당하게 참견함. ② 음파나 빛 등이 둘 이상 겹칠 때 서로 작용하여 세지거나 약해지는 현상.

메라 네 대를 여러 각도로 설치하여 촬영하였다. 바닥에 있는 카메라에 찍히지 않으면 위에 있는 카메라에 찍혀 에너지를 방사하는 생명소를 분명히 볼 수 있었다. 우리가 재차 간섭하니 옆으로 이동하여 벽을 통과했다. 한 쪽 카메라에 찍히지 않으면 다른 쪽 카메라에 찍혔다. 우리는 알루미늄, 납으로 된 호일과 석면으로 원추형의 간섭함을 만들어서 생명소가 빠져나가지 못하도록 시신 위에다 덮어씌웠다. 간섭함을 덮고 1분도 못 되어 시신이 되살아났다. 생명이 되돌아왔을 때는 전에 앓던 병이 없어진 것 같았고, 그 병에 완전히 면역된 것 같았다. 이러한 예가 세 건이나 되었다.

현재 다른 곳에서 이 실험을 계속하고 있는데 그 결과가 궁금하다. 생명소가 되돌아와 육체가 살아날 때, 생명소가 더 큰 에너지를 가지고 온다는 사실이 언젠가는 밝혀질 것이다. 앞서 말한 죽음에서 살아난 사람은 모두 흑사병 환자였다. 그중 한 사람은 이러한 사실을 알리기 위하여 흑사병에 관계된 일을 하고, 또 한 사람은 흑사병을 두려워하기 때문에 우리와 함께 일하고 있지 않으나 지금까지도 흑사병이 재발하지 않았다고 한다. 나머지 한 사람은 우리가 하는 일을 전혀 이해하지 못했으므로 아무런 도움도 되지 못했다.

간섭함에 들어간 육체가 되살아나는 원리는 다음과 같다. 이 생명소는 육체를 떠날 때가 되면 파동이 낮아져서 육체에 머물지 못하게 되어 밀려나가게 된다. 그런데 이 밀려나간 생명소는 생명소 본래의 의지력으로 에너지를 그러모으기 시작한다. 이렇게 해서 짧은 시간 안에 생명소는 새 에너지를 취한다. 꼭 그렇다고 단정적으로 말할 수는 없으나, 대부분의 육체는 죽은 지 한 시간 내지 세 시간이 되면 재정비되어 돌아오는 것으로 본다.

앞서 말한 600년 동안 움직이지 않고 누워 있는 육신의 이야기로 돌아가보자. 그 육신에 머물러 있는 영혼이 또 다른 육신을 가지고 살아 있다는 말을 듣고 이른바 두 번째 육신이 살고 있는 곳으로 갔다. 사진을 찍어 누워 있는 육신의 사진과 대조해보니 똑같았다. 우리는 또 다른 그의 육신을 보았다. 모두 합쳐 네 개였다. 그런데 인도에서는 육신을 가지고 보통보다 훨씬 빠르게 이동시키는 능력을 가진 사람이 적지 않으므로, 우리는 믿을 수 있는 사람 네 명을 뽑아서 카메라 네 대로 정확히 같은 시각에 따로따로 떨어져 있는 육신을 촬영하도록 하였다. 이렇게 찍은 사진을 대조해보니 네 개의 육신은 누워 있는 육신과 정확히 일치하였다. 그들은 틀림없이 한사람이었다.

우리는 인간이 환생한다는 사실을 수천 번이나 들어왔다. 사람이 살다가 죽으면 죽은 육체는 놓아두고 새로운 육체로 환생한다. 그러나 우리는 이른바 죽음의 관문을 통과한다는 사실에 대하여 지금까지와는 다른 사고방식을 가져야 한다. 즉 죽음이란 더욱 큰 가능성이 있는, 보다 훌륭한 상태에 들어가기 위하여 자기 스스로 불러들인 것이다.

예수는, 사람은 자기가 숭배하는 대로 된다고 말씀하셨다. 우리가 속박을 숭배하면 속박당하게 된다. 완전을 숭배하면 완전해진다. 그러므로 속박에서 벗어나려면 완전을 숭배하면 된다.

우리가 신의 원리를 지향하는 생각을 갖고 바로 선다면 주위에 있는 힘이 활동하게 되고, 그 힘이 확고해지면서 어떤 것도 우리를 건드리지 못하게 된다. 완전함은 항상 존재한다. 우리가 완전함과 하나가 되면 완전함은 즉시 우리에게 작용하기 시작한다.

우리는 인간의 몸에서 빛이 방사되는 것을 많이 보았다. 촬영을 하면 사진에 나타났다. 빛은 생명이요, 생명이 지배하는 매개체이다. 만약 보통 사람들이 생각하는 것과 같이 늙음을 인생의 종착지로 보지 않고 젊음을 목표로 하여 단호하고 적극적인 태도로 나아간다면 젊음을 얼마든지 재현할 수 있다. 특히 오늘날의 사람들은 이 젊음을 누리려는 경향이 강하다.

동양의 철인들이 말했듯이 "이제까지 늙음을 숭배해온 것만큼이나 젊음, 아름다움, 순수함, 완전함을 숭배한다면 그렇게 될 것이다." 그렇다고 늙음을 매도하는 것이 아니다. 다만 인간은 자기가 생각하는 대로, 숭배하는 대로 된다는 사실을 말하는 것뿐이다. 기왕이면 늙음을 추구하는 것보다 젊음을 추구하는 것이 더 좋지 않겠는가?

원래 인간의 육체는 창조주의 형상에 따라 만들어졌다고 한다. 따라서 자신에게 신성이 있음을 받아들인 사람은 젊음, 아름다움, 순수함을 최상으로 표현하는 경지에 도달할 수 있다.

인간은 자기 스스로 조건을 만들어놓고 그 속에 빠져 허우적거리고 있다. 잘못된 태도를 가지면 잘못된 길로 가게 된다. 우리가 완전을 향하여 나아간다면 완전함이 이루어진다. 다른 생각을 모두 버리고 목적과 하나 되지 않는 한 어떠한 일도 이룰 수 없다. 매우 간단한 이치이지만 이룬다는 말을 단호히 적극적으로 선언해도 이룰 수 있다. 요점은 하나요, 방향도 하나다! 한순간이라도 부정적인 생각을 해서 힘을 분산시키지 말라.

부정적인 마음에서 긍정적인 마음으로 바뀌어 변화와 치유가 일어나는 것을 많이 보았다. 이 사실은 긍정적인 사고를 하면 진리가 실현된다는 것을 분명히 보여준다. 따라서 언제나 긍정적인 생각을 가져야 한다. 대사들은 이러한 힘을 완전히 성취했기 때문에 자연력을 지배할 수 있게 된 것이다. 그들은 완전이라는 것을 무슨 희귀한 현상으로 보지 않는다. 완전이란 자연의 원리에 따르면 얻게 되는 자연스러운 상태이다. 그것도 언제나!

육체는 파괴되지 않는다. 우리 스스로 육체를 파괴할 뿐이다. 우리의 생각과 감정이 늙음, 죽음, 질병을 만들어낸다. 주지하는 사실이지만 우리 몸의 모든 세포는 1년도 안 되어 전부 바뀐다. 인간이 스스로 만든 가장 큰 오해 중의 하나가 인간 수명을 70세 정도로 한정해놓은 일이다. 우리는 2,000세가 넘은 사람들도 알고 있다. 만약 2,000세를 살 수 있다면 영생도 가능하다.* 예수는 명확히 말하였다. "최후로 정복해야 할 적은 죽음이다."

예수는, 아버지(Father)란 인간이 마땅히 이루어야 할 원리요. 생명이란 살아가야 하는 것이요. 자신의 가르침과 행동에는 아무런 신비스러운 것이 없다고 말하였다.

원리는 변하지 않는다. 원리를 잠시 외면할 수는 있을 것이다. 원리로 복귀한다는 것은 완전한 상태가 이루어진다는 말이다. 어느 쪽을 선택하든 그 결과는 현실 세상에 그대로 나타난다. 원리를 알고 사용할 줄 아는 사람은 물 위라도 걸을 수 있다.

한 사람이 노력하여 성취했다면 모든 사람 또한 성취할 수 있다는 말을 여러 번 들었을 것이다. 이 힘은 언제나 존재하였고, 이후에도 언제나 존재할 것이다. 그런데 왜 그 힘이 인간에게서 분리되었는

---

* 본서 1권 제1부 16장 참조.

가? 그것은 인간이 불신의 장벽을 쌓아올렸기 때문이다.

이 힘이 온갖 기계 장치를 만들어내고, 심지어는 기계 장치 없이도 즉시 원하는 바를 얻을 수 있게 한다. 우리는 전화라는 기계 장치를 통하여 먼 거리에서도 통화할 수 있다. 그런데 어떠한 기계 장치 없이 먼 거리에서도 대화할 수 있는 사람이 있다. 텔레파시는 명확한 사실로 인정되고 있다. 텔레파시에는 엄청난 힘이 잠재되어 있다. 말하자면 이것은 신이 신에게 이야기하는 것이다. 이렇게 말하면 신성모독이라고 말하는 사람도 있을 것이다. 그러나 이것은 엄연한 사실이다. 인류는 긍정적인 삶을 사는 것이 훨씬 더 좋다는 것을 알아야 한다. 그렇게 살면 인류는 엄청난 발전을 할 수 있다.*

이상 말한 것은 우리만의 견해가 아니다. 많은 사람들과 많은 그룹들이 우리와 같은 견해를 가지고 있다. 이상의 사실을 잘 사용하면 완전한 조화, 완전한 일체가 실현될 수 있다. 이때에 비로소 인간은 완성의 경지에 도달하게 된다.

이상의 사실을 인간이 믿든 안 믿든 그것은 중요하지 않다. 왜냐하면 증명되고 있는 명백한 사실이기 때문이다.

예수는 "나는 죽음을 정복했다"라고 말하였다. 수많은 사람들이 이 진리를 깨달았으며 앞으로도 수많은 사람들이 이 진리를 깨닫고, 인간 육체의 본질은 불멸이며, 순수하고 완전하고 파괴될 수 없는 것이라는 사실을 알게 될 것이다. 비밀은 벗겨졌고 우리는 이제 완전한 앎의 문턱에 와 있게 되었다.

---

* 우리가 쓰고 있는 전화는 물론 인터넷, 이메일도 인간의 초능력인 텔레파시가 가시화 · 구체화된 것이라고 볼 수 있다. 이와 같이 현대 문명의 이기利器는 모두 인간이 본래 가지고 있던 초능력이 가시화 · 구체화된 것이다.

스폴딩에게 묻다

문 대사들 이외에 늙음과 죽음을 극복한 사람들이 있는가?

답 그렇다. 많은 사람들이 이를 성취했다. 그리고 당신도 할 수 있다. 당신 자신이 늙음과 죽음을 지배하는 주인임을 알라. 그러면 그대로 될 것이다. 나는 머리가 허옇고 늙어 보이는 60세 된 사람이 나이를 거꾸로 먹는 것을 본 일이 있다. 그는 자기 생일과 나이 먹는다는 생각을 모조리 버렸다. 지금은 40세 정도로밖에 보이지 않는다.

문 학교와 교회에서 아이들에게 가르치는 것이 서로 다른 경우가 많다. 그래도 이 진리를 집에서 가르쳐야 하나? 아이들이 혼란을 일으키지 않을까?

답 아이들이 혼란을 일으키지 않도록 가르쳐야 한다. 먼저 아이에게 진리에 관해 간단한 말부터 해주면 아이들은 그것을 마음속 깊이 새긴다. 예를 들어 "그리스도는 네 안에 있다"라고 말해주면 아이들은 반응을 보일 것이다. 아이들은 어른들이 생각하는 것보다 더 큰 인식력을 가지고 있다.

문 이 책 3부에 우리가 자신 속으로 주의를 돌리고 인식 능력을 조금만 높인다면 참으로 예수를 볼 수 있다고 했는데, 그 의미는 무엇인가?

답 그리스도를 본다는 것은 예수를 보는 것이라는 말씀을 알고 있을 것이다. 당신이 그리스도와 하나가 될 때 그리스도는 모든 곳, 모든 사람에게 있다는 것을 알게 될 것이다.

문 당신이 참으로 예수를 만나 이야기를 했다고 했는데 혹시 환상이 아니었을까?

답 아니다. 환상이 아니다. 예수는 지금도 살아 있다. 우리는 지금 당신의 사진을 찍을 수 있듯이 예수의 사진도 찍을 수 있다.

문 인간은 본래 영적인 존재로서 끊임없이 빛을 추구한다. 그러나 수많은 가르침이 쏟아져나와 서로 부딪치고 있는 오늘날 어떻게 올바른 진리를 분별할 수 있는가?

답 인간은 영이다(Man is spirit). 누가 부정하더라도 인간은 영일 뿐이다. 인간은 항상 존재한다(Man is, always). 누가 부정하더라도 항상 존재한다는 사실은 변함이 없다. 오직 인간만이 그 사실을 부정한다.

문 우리가 그리스도에게 도움을 청하면 그가 와서 우리 기도를 들어주신다고 했는데, 사실인가?

답 이에 관한 그리스도의 말씀이 있다. "너희 안에 있는 그리스도께 청하라." 그러면 그리스도가 당신에게 더욱 가까워질 것이다. "너희 안에 있는 그리스도께 청하라." 그리스도가 바로 당신이다. 그는 언제나 우리 인간과 함께 있으므로 그에게 요청하면 기꺼이 응하신다. 우리는 보통 외부에서 그리스도를 찾는다. 먼저 안에 있는 그리스도께 청하라. 그러면 당신의 요청은 전 우주로 퍼져나가 당신이 구하는 것은 무엇이든지 이루어진다.

CHAPTER 9

THE LAW OF SUPPLY

공급의 법칙

만트라(呪文)를 반복하면 최면 효과가 생겨 자기 한정 속에 빠져버린다. "나는 어떤 상태가 되고 싶다"고 생각하는 것은 오직 그 길만을 열어놓고 다른 길은 막아버리는 일이 되기 쉽다.

우리가 하는 말이 부단히 성장하는 생명과 일치하지 못하면 실현될 가능성은 희박해진다.

공급은 생각하지 않고 부족함을 계속 강조하다 보면 부족함만 심해질 뿐이다. 우리가 자기를 한정하는 말로 자유롭게 흐르는 공급의 흐름을 막아버리는 것은 신의 풍성한 공급을 막아버리는 일이 된다.

모든 선한 것을 실현할 수 있는 최상의 방법은 무엇일까? 그것은 "신아神我인 나는 풍요롭다"고 생각하고 말하고 행동하는 것이다. 이 선언은 실현할 수 있는 모든 가능성을 열어놓는다. 이것은 만물에서 신의 현현을 보고 일체의 선의 근원과 자기 자신이 하나임을 인식하는 것이다. 이것이 예수의 가르침이었다. 예수의 가르침은 항상 풍성하고, 그 풍성함에는 아무런 제한이 없다.

"신아인 나는 지혜요." "신아인 나는 조화다." 이렇게 선언하면 몸 안에 있는 에너지가 활성화되고 자신 속에 풍성한 지혜와 조화가 있음을 새롭게 눈뜨게 된다. 이렇게 일상생활을 하면 에너지도 소모되지 않는다.

한 사람이 풍요로워지는 것은 전체가 풍요로워지는 것이다. 이것은 또한 한 사람이라도 풍요롭지 못하면 전체가 풍요롭지 못하다는 뜻이다.

나는 풍성하지 못할 사람이라고 스스로 믿어버리는 것은 신의 풍성함으로부터 자기 자신을 고립시키는 일이다. 결국 결핍이라는 우상을 만들어놓고 스스로 구속당하는 셈이 된다.

사람들은 자기가 전체의 일부라고 관념적으로는 알고 있다. 사실은 일부가 아니라 자기가 전체 속에 융합되어 있는 것이다. 왜냐하면 완전하다는 것은 하나요, 단일체이기 때문이다. 하나라도 예외가 있다면 완전하지 않다. 우리가 완전한 상태와 본래 일체임을 깨닫는다면 완전한 상태가 외부로 나타난다.

마음을 다하고 힘을 다하여 신을 숭배하면 일체의 제약에서 벗어나게 되며 어느 누구도 홀로 고립되지 않는다. 그리고 지금 즉시 신의 무한한 풍요로움에 합일되는 것이 가능하다. 그러기 위해서는 먼저 우리 자신이 스스로 쌓아온 자기 한정으로부터 벗어나야겠다는 결심을 해야 한다. 자기 한정으로부터 벗어나는 확실한 방법이 몇 가지 있다.

극복할 수 없는 상태란 있을 수 없다. 행복, 번영, 풍성함은 모든 인간이 누릴 수 있는 권리이다. 그러나 누리지 못하는 것은 스스로 받아들이지 못하기 때문이다.

어리석은 군중들이 예수를 조롱했을 때 예수가 조금이라도 마음이 흔들렸을까? 그는 사람들이 제멋대로 생각하고 행동하는 것을 볼 때 고요히 기다려 주의 구원하심을 보라고 하였다. 그리고 인간은 모든 피조물의 주(lord)임을 말하고 "안심하라"고 하였다.

그는 제자들에게 "너희는 자유로워졌다"고 하였다. 예수의 제자들은 거의 사회적으로 낮은 계층의 사람들이었다. 예수가 어부 한 사람을 제자로 택할 때 그 사람을 단순히 고기 잡는 어부로 보았을까? 예수는 그 사람을 사람 낚는 어부로 보았다. 그래서 "나를 따르라"고 말할 수 있었던 것이다.

예수는 모든 일을 행하는 데 언제나 겸손하였다. 왜냐하면 이기심을 가지고는 천국에 들어갈 수 없음을 너무나도 잘 알고 있었기 때문이다.

현재 지구에 살고 있는 인류의 상태를 살펴보면 모든 것이 부조화되어 있기 때문에 이웃과 단절되고 서로가 이웃은 나와 아무런 상관없는 사람들이라고 생각한다. 그러나 분자 하나에는 수많은 원자가 필요한 것처럼 전체가 완성되려면 한 사람 한 사람이 모두 필요하다. 어느 누구라도 제외될 수 없다. 우리가 다시 한번 일체가 하나라고 인식하면 우리는 결코 전체와 분리되지 않았고, 제외되지 않았음을 깨닫게 될 것이다.

예수는 알기 쉬운 말로 인생의 목적은 죽음으로 끝나는 것이 아니라 생명을 풍요롭게 나타내는 것이라고 하였다. 한 사람 한 사람이 전체 원리 속의 한 단위요, 그 속에서 자기의 지배권을 가지면서 완전히 조화되어 있다. 이러한 이치가 있으므로, 쉽고도 단순한 "나는 신이다(I AM God)"라는 예수의 가르침은 모든 사람들도 똑같이 할 수 있도록 내놓은 선언이라는 것을 알 수 있다. 이 선언은 원리의 일부분이 아니고 원리 그 자체이다.

이제까지 종교에서 말한 교의를 보면 실천을 소홀히 하고 이론만 지나치게 강조해왔다. 이런 일이 계속되면 진리가 물질적인 것으로

격하되어, 영적인 것을 잃어버리게 된다.

예수는 기도의 응답에 관한 질문을 받고, 기도가 응답받지 못한 이유는 구하는 방법이 잘못되었기 때문이라고 대답하였다. 단호하고도 적극적인 선언을 한다면 기도하는 데 구태여 말할 필요조차 없을 것이다.

자신 안에 풍요로움이 있다는 것을 깨달으면 그 즉시 풍요로움이 실현된다. 외부에서 구할 필요가 없다. 당신은 이미 원리와 완전히 조화되어 있다. 따라서 어떤 상태를 생각하면 그 상태와 하나가 된다. 되풀이하여 구할 필요가 없어진다. 구하기 전에 이미 이루어져 있다.

예수는 "간구하고 있을 때, 나는 듣고 있었다", "말하기 전에 이미 이루어져 있다"고 하였다. 이미 이루어져 있는데 되풀이하여 구할 필요가 있을까? 이미 완성되어 있는데 또다시 완성한다는 말인가? 이미 내 것인데, 누구에게 구해야 한다는 말인가?

아니다!

위대한 사람들의 삶을 추적해보면 그들은 이미 완성된 것을 받아들였음을 알 수 있다. 잠재의식 깊숙한 곳에 이미 완성된 것이 있다. 이를 완전히 나타내려면 일체의 제약감에서 벗어나야 한다. 전체와의 분리의식이 없어지면 원리라는 토대에 바로 서게 된다.

결핍을 내세우지 말라. 신의 토대 위에 굳건히 선다면 결핍이 있을 수 있겠는가? 원리는 조화롭고 명확한 법칙에 따라 흐른다. 우리는 이 법칙을 배워야만 한다.

스폴딩에게 묻다

문 우리가 원하는 것을 구하는 행위를 해서는 안 된다는 말인가?

답 그 말은 의혹을 불러일으키기 쉽다. 그러나 진리를 알면 의혹은 사라진다. 이미 있는 것이 아니라면 우리는 생각조차 하지 못할 것이다.

문 다른 말로 하면, 이미 이루어진 것으로 알고 그 모습을 마음속에 그리라는 말인가?

답 참으로 그렇다. 신의식에게 구한다면 필요한 길이 열린다. 그러나 나를 내세우면 길이 막혀버린다. 나를 내세우면 실패하고 만다.

문 대사들이 손을 내밀면 필요한 것이 채워지는데, 왜 우리는 그렇게 되지 못하는가?

답 이미 두 손 안에 채워져 있는데 보지 못하고 있을 뿐이다. 두 손을 내밀고 감사하라. 엘리야도 그렇게 하였다.* 지금도 그와 같이 하여 수백만 가지 일이 이루어지고 있다.

문 대사들은 어떠한 방법으로 당신의 일을 돕고 있는가?

답 그들의 도움이 없었더라면 이 일은 시작조차 하지 못했을 것이다. 가족과 같은 우리 그룹 이외에 어떤 사람이나 단체에도 도움을 요청하지 않았다. 우리에게 재력이 있었더라도 대사들의 도움이 없었다면 일은 진행되지도 못했을 것이다. 여러 번 우리 생각대로 시도해보았지만 그때마다 일이 우리 생각대로 되지 않고 대사들이 말

---

* 구약 열왕기상 17장 참조.

한 대로 진행되었다. 대사들이 가지고 있는 화학적 지식이나 기계 장치에 관한 지식도 아득한 고대 문명으로부터 전해내려온 것이다.

CHAPTER 10

"THE TRUTH SHALL MAKE YOU FREE"

진리가 너를 자유롭게 하리라

예수는 진리가 너희를 자유롭게 하리라고 말씀하셨다. 우리가 우주에 자유롭게 흐르는 힘 안에 서 있으면 아무도 우리를 방해하거나 건드리지 못한다. 그리스도는 각자의 내면에 흐르는 신이다. 이러한 생각을 가지고 있는 사람은 모든 것을 활용할 수 있고, 모든 원리가 그 사람을 통하여 흐르게 된다.

그런데 왜 우리에게 이 힘이 흐르지 못하고 막혀 있는가? 그 이유는 우리의 태도에 문제가 있기 때문이다. 이 힘이 우주에 풍성히 흐르는데도 우리의 사고방식이 잘못되었기 때문에 이 힘을 막아버리는 것이다. 그러나 내 속에 이 힘이 흐르고 있다는 것을 자각한 사람은 이 힘을 쓸 수 있다.

예수가 "아버지와 나는 하나이다"라고 선언한 것은 모든 인간 또한 그와 같이 될 수 있다는 뜻이다. 우리가 부정적 상태에 빠져 있다해도 진리가 우리를 해방시켜준다. 부정적인 상태를 만든 것도 나 자신이요, 부정적인 상태에서 해방시키는 것도 나 자신이다. 예수는 이 자유를 실현하는 과학을 알고 있었다. 그는 진리를 깨달은 사람이 많아질수록 인류 전체가 더욱더 진보한다는 것을 알고 있었다.

우리는 이제 인간의 가능성을 겨우 알기 시작하였다. 과학적인 사고방식이 온 세상을 지배하게 되어 인간의 사고방식에 일대 변화가 일어나기 시작하였다. 과학자들이 좀더 명백한 원리에 따라 연구한다면 그 연구는 효과적으로 신속히 성취될 것이다. 이제 과학은 막연한 추측 단계를 벗어나고 있다.

신(God)의 위치에서 타락한 것이 죽음이다. 신의 위치에서 타락하지 않으면 죽음도 없다. 예수는 우리 인간에게 신으로 향하는 길을 이렇게 보여주셨다. "네 마음을 다하고, 목숨을 다하고, 뜻을 다하여 주, 너의 하느님을 사랑하라." 타락했다는 것은 이 말씀에서 벗어나 우상을 만들어 섬기는 짓을 하는 것이다. 우리는 내면에 있는 신을 나타내야 한다. 그렇게 해서 온 세상에 신을 나타내야 한다.

우리가 이렇게 말하면, 그 권위를 어디서 얻은 것인가 하고 묻는 사람이 있다. 자세히 알고 싶으면 헤브라이 성서와 헤브라이 사전을 펴놓고 자기 스스로 읽어보는 것이 좋을 것이다. 창세기 제1장을 보면 수백만 년에 걸친 진화 과정이 기술되어 있으며, 그 과정 중에 인류의 위대한 시기가 몇 번 있었다는 것을 알 수 있다.

인간은 본래의 가르침을 잘못 받아들였기 때문에 신의 질서에서 벗어나서 물질세계로 타락하게 되었고, 물질세계에서 살면서 고통스러운 삶을 살지 않으면 안 되었다. 그러나 신이 인간을 내쫓은 것이 아니다. 인간이 자기 자신을 죽을 수밖에 없는 존재라는 허상으로 만들어놓고 신에게 용서해달라고 빌고 있는 것이다.

인간이 어떤 태도를 취하든지 상관없이 완전한 것을 변하게 할 수는 없다. 우리가 어떻게 생각하든지 상관없이 원리 자체에는 변함이 없다. 인간의 육신은 원래 불완전한 것이라고 규정하더라도 원리가 그렇게 변하는 것은 아니다. 이것은 명백한 진리이다. 의혹을 품는 것은 인간의 자유이나 언젠가는 진리를 알게 될 것이다. 모든 의혹을 떨쳐버릴 때 본래의 진리가 드러난다.

예수는 자기 자신을 구원할 수 있는 사람은 자기 자신밖에 없다고 하였다. 완전한 사랑, 완전한 원리가 있는데, 죄를 용서한다는 것이 있을 수 있겠는가? 신성에서 분리되어 있는 자기를 자기가 용서할 뿐이다.

현재 인류는 그리스도의 가르침을 제대로 받아들이고 있는 시점에 와 있다. 즉, 인간의 내면에 그리스도가 있다는 진리를 인식하기 시작했다.* 만약 우리가 파괴적인 상념을 버리고 그리스도에 합당한 삶을 살고 그리스도에 합당한 속성을 나타낸다면, 우리 자신의 변화는 물론 인류 전체까지도 변화시킬 수 있다. 우리는 지금 이 일에 직면하고 있다. 이 사실을 받아들이는 순간 스스로 알게 될 것이다.

현재 우리가 살고 있는 이 시기는 그리스도가 다시 지배자로서 나타나게 되는 주기에 거의 가까운 시점이다.** 그리스도는 언제나 승리자(the conqueror)이다. 성서 전체가 이 시기를 가리켜 그리스도의 다시 오심, 즉 인간 모두가 내면의 그리스도를 나타내는 시기라고 하

---

* 이 책이 발간된 시기는 20세기 초였고, 저자가 대사들을 만난 시기는 1894년부터 3년간으로 20세기 바로 직전이었다. 우리나라에서도 1860년 최제우가 '인간이 한울님'이라는 가르침 아래 동학을 창시하였다. 19세기 말에서 20세기 초는 전 세계적으로 사상적인 변화기였다. 그때까지 인류는 하느님은 하늘에 계시고 인간은 죽어서 하느님 곁으로 간다는 식으로 인간과 하느님, 이 세상과 저세상, 천국과 지옥을 엄격히 구분하는 이원二元적인 신앙을 갖고 있었다.

** 고대 천문학(점성학)에 의하면 우리 태양계는 우주 멀리 떨어져 있는 중심 태양 주위를 돌고 있으며, 그 일주 기간은 약 2만 6,000년이라고 한다.(본서 1권 제3부 7장 참조) 이 궤도를 황도대라고 하며, 이 황도대를 12로 나누어 각각 열두 개의 궁(별자리)으로 구분하였다. 따라서 우리의 태양계가 12궁 한 자리를 지나가는 시간이 2,100년이 조금 넘는다. 이러한 시대 구분에 의하면 지금으로부터 약 4,000년 전 아브라함 시기에는 백양궁 시대였고, 약 2,000년 전 예수 시기에는 쌍어궁 시대였다. 지금은 쌍어궁 시대를 지나 보병궁 시대로 들어가려는 대전환기이다. 각 궁이 전환할 시기에는 구세주가 출현한다고 한다. 아브라함 시기에는 멜기세덱이라는 구세주가 있었다.(신약 헤브라이서 5장, 7장 참조) 이상은 서양 점성학과 기독교 신비주의 입장에서 본 것이다.

고 있다. 이 진리를 받아들이면 이 몸은 빛의 몸으로 변한다. 그때 우리는 오랫동안 잊고 지냈던 내재하는 힘이 있음을 알고 사용할 수 있게 된다.

우리 인류는 지금으로부터 약 150년 전에 절정에 달한 자연과학의 황금 시기를 통과하고 있다.* 우리는 지금 자연의 경이로움과 자연에 투영된 신의 계획을 인식하기에 이르렀다. 신은 모든 인간 속에 있으며, 또한 모든 동물, 모든 나무, 모든 풀 속에 있다. 광물의 경우 생명은 있으나 동물이나 식물과는 다른 영역에서 존재한다고 볼 수 있다.

인류 전체가 정신 능력을 사용할 줄 안다면, 인간이 원자에서부터 별에 이르기까지 창조하며 지배할 수 있는 능력이 있음을 알게 될 것이다. 그때가 되면 모든 물질도 창조할 수 있다. 이것이야말로 일체 만물을 관통하는 지고의 지성이요, 일체 만물을 창조한 신의 영지이다.

인간은 만물의 지배자요, 창조주로서 영원한 신성 속에 있었다. 그러나 한 사람이 이 위대하고 장엄한 계획에서 빗나가기 시작하였다. 빗나간 생각 때문에 빈대, 벌레, 그 밖의 해로운 것들이 생기기 시작하여 인간을 괴롭히며, 인간을 죽음으로 몰아넣고, 심지어는 인간을 멸망시킬 수도 있게 되었다. 그러나 몇백만, 몇천만 사람들이 빗

---

* 근대 자연과학은 실험이 가능하고 정밀한 수학을 뒷받침으로 하여 현상들 사이의 인과관계를 탐구하는 합리적 방법을 그 특징으로 한다. 17세기 과학적 방법론을 정립한 데카르트와 베이컨이 근대 과학적 사고의 창시자라 할 수 있다. 17세기 말 파스칼의 원리 발견, 18세기 초 뉴턴의 물리학 완성, 린네의 생물학이 창시되었다. 19세기에는 다윈의 진화론이 등장하여 근대 자연과학은 그 절정기를 맞이했다.

나간 생각을 한다 하더라도 신의 계획에는 조금도 영향을 끼치지 못한다. 또한 언뜻 보기에 이러한 해로운 것들이 인류에게 영향을 끼치는 듯이 보일지 모르나 신은 완전한 균형과 완전한 조화를 유지하며, 신의 계획에 어긋나지 않게 하며, 원자 하나라도 잘못 놓이는 일이 없게 한다.

그러면 만물이 무한한 지성이 들어 있는 단 한 개의 세포에서 나왔다는 사실을 알 수 있지 않겠는가? 무한한 신성, 무한한 지혜가 만물을 지배하고 있으며, 우주가 출현하기 이전부터 지배하고 있었다. 그러면 이 위대한 지혜를 유일 근원으로서 숭배해야 되지 않겠는가? 이렇게 함으로써 신과 만물과의 관계를 명확히 이해할 수 있게 된다.

이것을 절대적인 진리, 절대적인 사실로 단단히 붙잡고 내 것으로 하지 않는 한, 우리는 나라는 존재가 본래 완전한 것이라는 사실을 잊어버리기 쉽다.

그리스도 탄생은 원리를 나타내는 신의 선택에 의한 것으로, 이것은 또한 모든 인간 속에도 그리스도가 탄생함을 의미한다. 이것은 참된 의미에서 동정녀 마리아의 수태를 말하며, 태어나는 모든 아기 또한 동정녀 수태에서 태어난 것이다. 따라서 모든 인류가 영원한 참 그리스도이며, 영원이고 불멸이며, 참으로 존재하는 신인 것이다.

우주 창조와 생명 탄생의 경이로움을 보라. 8억 년 전에는 이 신의 원리, 즉 그리스도가 인간 한 사람 한 사람을 지배하였다. 그 당시와 마찬가지로 지금도 내재하는 그리스도가 지배한다. 이와 같이 인간 속에 그리스도가 내재하지만 인간의 무지와 제약된 사고로 덮어진 채 내려왔다. 예부터 전해내려온 이 진리를 잠깐만 깨닫는다 하더라도 인간의 상념은 진리의 힘에 영향을 받아 커다란 변화를 일으키게 될 것이다.

지구 상공에 두꺼운 산소층이 있어 태양에서 오는 생명의 빛을 걸러 지구의 생명체가 생명을 유지할 수 있도록 알맞게 조절하는 역할을 하는 것도 실은 이 힘이다. 인류가 이와 같은, 위대하고 생명체를 살리는 힘이 있음을 알고 그 힘이 인간에게 어떤 작용을 하는가를 알게 될 때, 모든 인류의 가슴 속에 다시 그리스도 원리가 회복될 것이요, 유일 지고한 신의 지혜 원리를 알게 될 것이다. 그러면 더 이상 허망한 신이나 우상을 숭배하지 않게 될 것이다.

이 완전한 진리는 인간의 감정이나 생각의 영향을 받지 않고 항상 그대로이다. 이 힘이 우리 생각(상념)을 지배하고 우리 존재에 흐르면 흔들리지 않는 평안이 찾아올 것이요, 우리의 생각은 신성한 힘에 정화될 것이며, 우리는 하나요, 시공을 초월한 존재라는 것을 알게 될 것이다. 그리하여 우리는 신의 지혜 원리의 아름다운 동산에 다시 돌아오게 된다. 천국의 온갖 아름다움이 바로 여기에서 실현된다. 참으로 놀랄 만한 신의 낙원이 인간 안에 있는 것이다.

자신 속으로 직접 들어가 신의 지고한 지혜를 찾아라. 전심전력으로 찾을 때 신이란 참으로 나 자신이요, 나의 전 존재라는 것을 알게 되고, 모든 해답을 찾게 되고, 모든 것을 알게 된다. 그곳이 바로 나의 집이요, 내가 모든 것이요, 모든 것을 줄 수 있는 능력이 생기고, 내가 진리 그 자체라는 것을 깨닫게 된다. 또한 모든 사람은 나와 똑같고 나와 똑같은 권리를 가지고 있음을 깨닫게 된다.

이상의 진리를 성취하면 모든 장애가 극복될 것이다. 원하는 곳이면 어디든지 갈 수 있고, 원하는 것이면 무엇이든지 할 수 있고, 무엇이나 한계가 없어질 것이다. 이 경지에 도달하는 데 시간이 얼마나 걸릴지는 전적으로 자기 자신에게 달려 있다. 오래 걸릴 수도 있지만 순식간에 달성될 수도 있다.

오직 참나, 신 안에서 기뻐하라. 모든 한계를 극복하고 순간이 바로 영원이라는 것을 명심하라.

"하느님, 생명과 빛이 충만하시고 걸림 없으시며, 완전한 풍요와 부, 능력, 자유이신 당신께 감사합니다."

이 기도를 할 때는 언제나 나의 육신이 충만하고 완전한 성전이라고 생각하라. 그러면 내가 바로 신이라는 것을 알게 될 것이다. 나의 몸은 신이 거하는 성전이다. 나의 육체는 형체를 취한 것 중에서 최초의 성전이다. 즉 신이 거할 수 있는 최초의 순수한 성전이다.

그런데 왜 이 완전한 신의 성전을 사랑하지 못하고 예배하지 않는가? 완전한 신의 성전으로서 이 몸을 사랑하고 예배하면 이 몸이 신의 성전이라는 것을 깨닫게 된다. 참된 예배란 사랑하고 생각하고 받아들이는 것이다.

인간의 손으로 만든 모든 사원은 이 몸의 성전에 도저히 비교될 수 없다. 인간이 생각해내고 계획하고 세운 건물은 아무리 훌륭하다 하더라도 인간 육신의 한 가지 기능에도 훨씬 미치지 못한다.

이 육신은 음식물을 섭취해서 생명소로 변화시켜 인간의 생명을 유지하게 해주며, 생각하고, 행동하고, 움직이고, 말하고, 과거 · 현재 · 미래를 보는 능력, 집 짓고, 건설하고, 사람을 가르치고, 상을 주고, 남을 도와주는 등의 과정을 일일이 생각하지 않고, 이러한 모든 것을 할 수 있는 제약공장 같은 것은 이 세상 어디에도 없다.

생각해보라. 이 육신의 성전을 제외하고 이 세상 어느 것이 이러한 모든 일을 할 수 있겠는가? 영광스러운 육신의 성전만 가능한 것이다. 인간의 손으로 만들지 않은 최초의 유일한 성전이며, 신이 거주하기를 선택하여 이 육신 안에 집을 마련했다는 사실이 놀랍고도 영광스럽지 않은가? 이 형태를 가진 신, 하느님이 거하는 육신의 성전은 언제나 새로우며 영원하다.

그런데 어찌하여 이 육신이 타락하게 되었는가? 이것은 우리 인간이 신을 모독하고, 남을 속이고, 자기 이익만 추구하는 자들에 의하여, 이 육신은 더럽고 죄악 덩어리요, 불완전하고, 열등하고, 비정상이고, 늙고 병들고 필경 죽어야만 하는 것이요, 악에서 잉태되었고 죄에서 태어난 것이라는 잘못된 가르침을 받아왔기 때문이다.

그러면 과거를 조사해보아 어디서 어떻게 해서 이러한 잘못된 가르침이 생겨 우리 인간을 죄악, 질병, 온갖 고통, 그리고 최후의 가장 큰 불행인 죽음 속에 빠지게 했는가? 이 결과를 우리 눈으로 분명히 보고 도대체 어느 정도까지 육신의 성전이 타락되었는가를 살펴보자.

조사해보고 실태가 밝혀지면 진실로 용서하고 잊어버리자. 우리 생각에서 말에서 삶에서 없애버리자. 잠재의식에서 흔적이 사라질 때까지 용서하고 잊어버리자. 이러한 것들은 잠재의식 안에 있으면서 계속 반복하여 파동치고, 마치 사진처럼 각인되어, 결국 그것을 참 사실인 양 믿어버리게 된다.

우리가 사진을 찍는 것은 그 사람 육체의 파동을 기록하는 것에 불과하다. 파동을 가지고 파동을 일으키는 인간의 생각(상념)이나 말은 잠재의식 속에 기록되어 반복되는 습성을 가지고 있다. 우리 인간이 타락한 가르침을 받아들이고 믿으면서, 생각이나 말이 잠재의식 속에 기록되어 반복되는 습성을 가지게 되었다.

이제 이러한 타락한 가르침은 결코 들어본 적도 없고, 배운 적도 없고, 뇌리에도 기억되어 있지 않다고 생각하자. 그러면 이러한 비진리를 안 적도 없었고, 받아들인 적도 없었고, 배운 적도 없었고, 믿은 적도 없었던 것이 된다.

우리 인간이 이러한 비진리를 배울 수 있고 믿을 수 있는 능력이 있다면, 비진리가 잠재의식에서 떠오르든지 되풀이될 때마다 추방하는 일도 능히 할 수 있을 것이다.

비진리에게 이렇게 말하라. "비진리여, 그대를 완전히 용서했으니 이제 나에게서 떠나라." 그런 다음 잠재의식에게 말하라. "저런 것들은 모두 지워버리고 어떤 기록도 남기지 말라. 다만 내가 말하는 진리만을 기록하라."

우리 인간은 젊음, 아름다움, 순수함, 신성함, 완전함, 풍성함을 보고 듣고 느끼고 안 후에 생각으로, 말로, 행동으로, 표현하여 현실화한다. 그렇게 함으로써 잠재의식 속에 깊이 새겨지고, 이 깊이 새겨진 잠재의식에서 파동이 일어나 현재의식에 반영되는 것이다. 이러한 이치를 알면 전에 잠재의식에 심어졌던 비진리를 현재의 진리의 파동으로 대체할 수 있다. 잠재의식에 사랑과 숭배하는 마음으로 진리를 새겨놓으면 새겨놓을수록 이는 더욱더 강하게 반영된다.

우리 자신이 잠재의식의 지배자(master)이다. 우리가 비진리를 용서하고 추방해버리면 비진리를 극복한 것이다. 이제 우리는 비진리를 초월하였다. 비진리는 우리 존재에서 사라졌다.

자기가 아는 것이 진리라는 믿음이 있으면 자신의 육신에다, 자신의 잠재의식에다 말하라. 그러면 잠재의식은 그것을 외부로 표현한다. 만약 육신이 진리가 아니라고 한다면 육신이 존재하는 것, 생각하는 것, 말하는 것, 움직이는 것, 느끼는 것, 보는 것, 숨쉬는 것,

살아 있는 것조차 불가능할 것이다.

모든 인간은 본질적으로 동일하고, 내가 가지고 있는 힘은 다른 사람들도 가지고 있다. 우리와 같이 다른 사람들도 혹시나 잘못된 생각을 가지고 있는지 모른다. 그러나 잘못된 생각을 가지고 있더라도 그 힘 자체에는 변함이 없다. 우리가 변하여 참된 생각, 참된 말, 참된 행동을 하면 이 힘이 체내에 흐르게 되고, 그 신기한 반응을 느낄 수 있다.

이것을 완전하게 할 수 있는 힘은 우리 안에 있다. 다만 이제까지 우리 생각으로 제한한 것뿐이다. 상자 속에 갇혀버린 우리가 벗어나기 위해서는 껍질을 깨뜨리기만 하면 된다. 그러면 자유로운 몸이 된다.

"진리를 알지니, 진리가 너희를 자유롭게 하리라."

스폴딩에게 묻다

문 당신이 인도에 있을 때 이러한 일들은 몸소 체험한 일이라고 당신의 책에 기록되어 있는데 사실인가?

답 나는 아스트랄계* 여행을 할 줄 모른다. 그리고 지금의 육신을 벗어나서 다른 차원이나 다른 세계로 가는 방법도 모른다. 그 체험은

---

* 아스트랄astral계 ; 물질계에 대응하여 보통 영계靈界, 유계幽界를 대표하는 용어로 쓰이기도 하고, 영계(유계) 중 차원이 낮은 세계를 가리키는 의미로 쓰이기도 한다. 아스트랄계에 들어갈 수 있는 몸이 아스트랄체이다. 심령학에서 보는 아스트랄계 여행은 보통 유체이탈로 보고 있다. 아스트랄체(유체)는 육체 상태와 똑같이 감정과 욕구를 가지고 있으나 훨씬 예민한 상태이다. 육체의 제약을 벗어났기 때문에 육체 상태에서 알지 못했던 초감각이 작용한다. 아스트랄계를 여행할 수 있는 특수 능력자 외에도, 보통 인간도 심한 중병을 앓고 있거나, 임사체험을 할 때 아스트랄체 여행을 경험하기도 한다. [눈에 보이는 현실세계(물질세계)가 아닌 눈에 보이지 않는 영적인 세계를 구분하여 설명할 때는 각 종교, 심령학, 신비주의 학파마다 조금씩 다르다. 영적인 세계를 하나로 본 것에서부터 두세 가지, 심지어 열 가지로 구분하여 설명한 것도 있다. 인간의 눈에 보이지 않는 영체인 경우에도 각각의 영적인 세계에 대응하여 영체를 구분한다.]

실제요, 내 육신으로 직접 겪은 것이다.

문 당신은 예수를 어느 곳에서도 만날 수 있다고 했는데, 왜 인도로 갔는가?

답 예수를 만나기 위하여 인도로 간 것이 아니었다.

문 당신은 육체나 아스트랄체로 공간이동을 한 적이 있는가?

답 나는 아스트랄체에 관해서는 아무것도 모른다. 우리는 여러 번 육체 상태로 공간이동을 해보았다.** 어떻게 그러한 일이 일어났는지 알 수 없으나 그러한 일이 있었다는 것만은 분명한 사실이다. 그것은 지금도 가능하다는 뜻도 된다. 다만 우리가 올바른 방법을 아느냐 모르느냐에 달려 있을 뿐이다.

문 용서가 부족하면 사랑의 힘도 제한되나?

답 사랑이나 용서에는 제한이 없다. 우리는 모든 상황에서 사랑과 용서를 사용할 수 있다. 잘못된 상황을 벗어나서 원리로 복귀하는 것, 즉 사랑과 용서는 원리로 복귀하는 것이다.

** 공간이동을 할 수 있는 방법은 두 가지이다. 육신을 가지고 하는 경우와 육신은 놓아두고 아스트랄체로 하는 경우(보통 유체이탈을 말함)가 있다. 육신을 가지고 하는 경우를 신족통神足通, 축지법이라 한다.

CHAPTER 11

MEN WHO WALKED WITH THE MASTER

대사와 함께 걷는 사람들

여러분 중에도 식물의 씨앗을 심고 자랄 때까지 사랑하는 마음으로 가꾸고 길러본 사람이 있을 것이다. 식물은 인간의 감정에 매우 민감하게 반응한다. 한 예로 루터 버뱅크Luther Burbank 박사*가 정원으로 식물을 보러 나가면 식물들은 그를 알아보고 반드시 반응했다고 한다. 조지 워싱턴 카버George Washington Carver**도 그랬다. 나는 조지 워싱턴 카버와 일한 적이 있었고, 루터 버뱅크 박사는 그의 나이 여섯 살 때부터 알고 있었다.

어렸을 적 버뱅크는 자기는 언제나 예수님과 함께 있다고 말하여 부모를 놀라게 했다. 그의 부모는 도무지 무슨 말인지 이해하지 못했기 때문이다.

어느 일요일 오후 버뱅크는 아버지와 함께 이웃을 방문하였다. 그들은 지름길인 들을 가로질러 감자밭으로 갔다. 어린아이들이 으레 그러하듯이, 어린 버뱅크는 앞장서 달렸다. 때는 감자꽃이 막 만

---

* 223쪽 참조.

** 1861~1943. 미국의 농화학자, 식물학자, 교육자. 식물 속에서 일어나는 화학작용을 연구하여 인간 생활에 이롭도록 적용하였다. 흑인 노예의 아들로 태어나 불행하고 비참한 환경에서 자랐는데도 세상을 원망하지 않고 자기를 박해하는 사람에게조차 호의로써 대하였으며, 그의 마음은 언제나 밝고 희망에 차 있었다고 한다. 그의 업적과 성공은 가난한 사람과 흑인들에게 희망의 등불이었으며, 흑인의 인권을 향상시키는 데 큰 기여를 하였다.

발하는 시기였다. 그중 다른 감자꽃보다도 유난히 큰 것이 하나 있었다. 버뱅크는 멈춰 서서 바라보았다. 아버지가 "꽃이 이리저리 흔들리고 있구나"라고 말하자, 버뱅크는 "아빠, 이 꽃이 나에게 말하고 있어요"라고 대답하였다.

후일 버뱅크의 아버지가 나의 아버지에게 "그때 우리 아이가 이상한 말을 한다고 생각했지요. 그래서 서둘러 이웃집으로 데리고 갔어요"라고 말했다는 것이다. 이웃집에 있는 동안에도 아들이 빨리 집으로 가자고 졸라대는 통에 결국 집으로 돌아갈 수밖에 없었다. 그들은 또다시 그 감자밭을 지나가게 되었다. 아들은 아까 보았던 키 큰 감자꽃 쪽으로 곧장 달려갔다. 그러자 밭 전체가 고요해지며 잎사귀 하나 흔들리지 않는 것 같았다. 아버지가 아들 옆으로 다가가자 감자꽃은 또다시 이리저리 흔들렸다. "아버지, 나 여기 있고 싶어요. 예수님이 말씀하시고 있어요. 나에게 여러 가지를 가르쳐주시고 있어요." 아들이 이렇게 말하자 아버지는 놀라 아들을 강제로 데리고 집으로 갔다. 아버지는 아들에게 집안일을 시킨 후에 잠잘 시간이 되어서야 침대로 보냈다. 잠시 후, 아들은 가만히 침대에서 내려와 집을 빠져나오려다가 아버지한테 들켰다. 밤새 이러한 일이 세 번이나 반복되었다. 밤 11시쯤 되자, 부모는 애가 잠들었겠지 하며 마음을 놓았다.

이튿날 아침에 보니 아들이 없어진 것이었다. 아버지가 밭에 나가보니 아들은 감자밭 그 꽃 곁에서 담요를 두르고 자고 있었다. 아들이 깨어나 말하기를, "아빠, 예수님이 밤새 나와 이야기했어요. 저 감자가 커지면 캐내어 잘 보관했다가 내년 봄에 심으래요. 그러면 큰 감자가 나오고, 나는 유명해진대요" 하는 것이었다. 결국 그대로 되었다.

버뱅크는 선인장도 재배하였다. 그는 선인장 한 종류를 유리 상자에 넣었다. 5개월 반 동안 그는 유리 상자 앞에 앉아 선인장에게 말하였다. "자, 이제 너는 보호받고 있으니 그러한 가시는 필요 없겠구나. 이제 버려라." 7개월 반이 지나자 가시가 떨어졌고, 그는 가시 없는 선인장을 갖게 되었다.

버뱅크는 말했다. "나는 예수님과 항상 동행하며 대화를 나눕니다, 그는 항상 나와 함께 있고, 나를 가르치며, 나에게 할 일을 말해줍니다."

로슨(F.L. Rawson)은 영국의 위대한 엔지니어인 로슨-로슨 경과 형제 사이였다. 그는 〈데일리 메일〉지의 의뢰를 받고 크리스천 사이언스Christian Science*를 취재하였다. 그가 처음으로 발표한 성명은 이러했다. "신의 완전한 세계에 오직 신만이 존재한다. 인간은 신의 이상을 이 세상에 완전하게 실현하도록 신의 형상과 모양을 닮은 존재이다."

내가 런던에서 로슨 씨를 방문했던 어느 날이었다. 그날 우리는 창가에서 이야기를 하며 거리를 내다보고 있었다. 그 당시 런던에서는 말 한 필이 끄는 이륜마차가 운행되고 있었다. 거리에는 도로공사가 한창 진행 중이었다. 그때 말 한 필이 끄는 마차가 거리를 내려오다가 잠깐 멈추었다. 그러더니 마부가 마차 뒤로 돌아가자 갑자기 마차가 뒤뚱거리면서 마차에 실렸던 바윗덩어리가 마부 위로 쏟아지는 것이었다. 이 광경을 본 로슨 씨는 "오직 신만이 존재한다"고 말했다.

---

* 1866년 미국의 에디(M. B. Eddy) 여사가 창설한 기독교의 한 교파. 신앙 요법을 특징으로 한다. 그녀는 자신의 질병이 믿음으로 치유된 경험에서 신앙 요법의 깊은 뜻을 깨닫고 전도하였다. 하느님은 유일한 생명이고 진리이며, 선이고 참된 실재인 데 반하여, 죄, 질병, 죽음 등의 악은 환영에 지나지 않는다고 하여, 이 진리를 깨달을 때 일체의 악은 소멸된다고 하였다. 오늘날 전 세계로 교회가 퍼져 있으며 기관지로서 〈크리스천 사이언스 모니터〉지를 발행한다.

그런데 마부가 바위틈을 헤집고 나오는 것이 아닌가! 다친 상처는 하나도 없었다.

연이어 일이 생겼다. 말이 놀라 꼼짝하지 않고 버티는 것이었다. 마부가 말을 때리기 시작하자 로슨 씨는 마부에게 말을 때리지 말라고 창문을 가볍게 몇 번 두드렸다. 그러자 그 말이 창가로 다가와서 코를 들이대는 것이 아닌가!

로슨 씨는 제1차 세계대전 중에 부하 100명을 이끌고 참전했는데, 그 부대원은 부상자 한 사람 없이 돌아왔다. 그 부대는 가장 위험한 작전을 수행했는데도 그러했다. 그는 "오직 신만이 존재한다"는 것을 생생히 증명한 것이다.

이러한 예는 얼마든지 들 수 있다. 올바른 생각과 올바른 태도를 가지면 어떠한 결과가 생기는가 하는 것, 그리고 불가능해 보이는 일을 누군가가 해결한 것 등, 그러한 예는 너무나도 많다.

알렉산더 그레이엄 벨Alexander Graham Bell** 이 좋은 예라 할 수 있다. 우리 가족 또한 그를 잘 알고 있다. 뉴욕에서 살고 있을 때 그는 그 당시 버팔로 은행에 재직 중이었던 나의 아버지와 삼촌 두 사람을 만나기 위하여 뉴욕에서 버팔로까지 100킬로미터나 되는 거리를 걸어갔다. 그는 아버지와 삼촌들에게 보스톤 테크(회사 이름)에 입사하여

** 1847~1922. 미국의 과학자, 발명가. 전화기를 발명하여 벨 전화회사를 설립하였다. 잡지 〈사이언스〉지를 발행했으며 농아 교육에도 진력하였다. 그의 발명가적인 천재성은 독자적인 특허 열여덟 개와 공동특허 열두 개를 보더라도 알 수 있다.

전화장치를 완성하고 1876년 필라델피아 백 주년 기념식장*에 전화를 설치하기 위한 자금으로 2,000달러를 대부해달라고 요청하였다. 아버지와 삼촌들은 그에게 2,000달러를 대부해주었는데, 은행의 중역들이 이 사실을 알고 아버지와 삼촌들에게 사직을 요구하는 등 대소동이 일어났다. 중역들은 전화에 대한 가치를 잘 몰랐고 또한 완성될 리가 없다고 믿었기 때문이었다. 그런데 백 주년 기념식장에 전화박스가 몇 개 설치되었으며, 이 전화 박스는 사람들이 1니켈을 지불하고 전화 박스 속에 들어가 다른 전화 박스 속에 있는 친구와 통화할 수 있도록 만들어졌다. 이 조그만 장치는 사람들의 흥미를 끌게 되어 백 주년 기념식장에 설치되었던 다른 어떠한 것보다도 더 많은 수익을 올릴 수 있었다. 이 사실을 보더라도 우리는 생각의 문을 열면 수익도 열리고, 생각의 문을 닫으면 수익도 닫힌다는 것을 알 수 있다.

그는 가지고 있는 돈을 모두 맹인을 돕는 일에 기부했기 때문에 수중에 돈이 한 푼도 없을 정도로 참으로 놀라운 사람이었다.

조그만 교회에 재직하던 노우드 박사는 교회 숲에서 산책하다가 예수를 만나 대화를 나누었다고 자기 교회 교인들에게 이야기하곤 하였다. 노우드 박사는 노바스코샤**에 있는 작은 마을에서 교회를 운영하였는데, 주민이라고 해야 겨우 29명의 어부 가족들뿐이었다.

이 이야기가 어느 사이엔가 우리 귀에도 들어오게 되었다. 우리는 그 교회로 가서 보통 렌즈가 달린 벨 앤드 하우웰 카메라로 사진

---

* 미국 독립기념식장. 미국은 1776년 7월 독립을 선언하였다. 필라델피아는 미국 독립전쟁 당시 독립군의 거점이었으며, 미국 독립이 선언된 곳이다. 또한 미국의 헌법이 제정된 곳으로 미국 독립의 발생지요, 미국 민주주의의 근원지이다.

** 캐나다 동남부에 있는 반도 이름. 인접한 섬을 합쳐서 주州를 이루고 있다.

을 찍었는데, 그 사진을 지금도 보관하고 있다.

얼마 후 노우드 박사는 뉴욕에 있는 성 바르톨로메우 교회로 자리를 옮기게 되었다. 그런데 불과 5개월도 못 되어 그의 설교를 들으려는 사람들이 너무 많이 몰려와 교회 밖에다 대형 스피커를 설치해야만 했다. 크리스마스 시즌 중 치유 예배를 하는 동안에는 예수가 교회의 제단 뒤로부터 걸어 나와 중앙 통로로 걸어가는 것을 신도들이 목격하기도 하였다.

나는 그곳에 모인 500명 이상의 교인들에게 설교한 적이 있었는데, 그때에도 똑같은 일이 일어났었다. 그때 하신 예수님의 말씀은 이러했다. "전 우주에 사랑을 부어주어라."

인도에서 대사의 제자들(Chelas)은 대단히 아름다운 기도를 드린다. 그러나 이것은 간청하는 기도가 아니다.

"나는 오늘 하루, 신의 풍성한 은혜에 젖어 모든 일을 행한다. 오늘 모든 일마다 승리자 그리스도가 신의 풍요로움과 일체가 되어 나타나신다. 나는 지금 나 자신이 지극히 높으신 하느님의 아들임을 알고 있다. 나는 순간순간 신의 사랑, 신의 신성한 사랑에 잠겨 있다.

신이여! 신이여! 신이여!

큰 사랑의 불꽃이 나의 전 존재의 세포 하나하나에 관통하여 흐른다. 나는 신의 순수한 황금 불꽃이다. 나는 이 신성한 불꽃을 내 육신에 부어넣는다.

승리자 그리스도가 당신에게 찬양을 드립니다.

아버지 하느님이여. 평화! 평화! 평화! 주의 크신 평화가 온 누리에 충만하기를!"

CHAPTER 12

CREDO

나는 믿는다

목표는 신이다. 먼저 나 자신 안에 있는 신을 생각하며 오늘 하루를 시작하자. 목표는 정해져 있고 또 언제나 정해져 있었다. 내가 신성이며, 신의 모습, 신, 신의 그리스도, 신의 인간이다.

그러나 나에게 그렇게 생각하라고 강요한 사람은 아무도 없다. 나의 신아는 자유 의지이기 때문이다.

신인 나는 우주 생명과 우주력과 하나가 되어 나의 본성에 들어 있다. 나는 신의 에너지에 감화되어 만물에 신의 에너지를 방사한다. 신의 에너지를 받아들인 만물은 신의 에너지에 감화되어 완전하고 조화롭게 된다. 만물은 모두 무한한 생명, 신의 자유와 평안 속에서 하나 되어 있다.

내 마음은 무한한 영지로 충만해 있다. 나는 내 속에 있는 능력을 내 생각대로 자유롭게 표현할 수 있다. 모든 인간 또한 그러하다.

내 가슴은 승리자 그리스도의 평화, 사랑, 기쁨으로 넘치도록 충만하다. 나는 모든 사람의 얼굴에서 그리스도를 본다. 내 가슴은 신의 사랑으로 가득 차 있어서 모든 사람의 가슴을 채워줄 수 있다. 신의 생명이 내 몸속에 가득 차 있어 내 몸은 순수한 신의 생명으로 충만하다.

신은 완전한 생명이다. 나는 늘 신의 생명을 호흡하기 때문에 나의 폐는 호흡할 적마다 신의 생명으로 가득 찬다. 그래서 내 몸은 신의 생명으로 충만하다.

신이신 나의 위장(God my stomach)은 지혜 있고 전능한 생명의 소화 에너지이다. 내 몸의 모든 기관은 건강하고 조화로우며 완전히 조화롭게 작용한다. 내 몸의 전 기관은 신의 지혜로 충만해 있다. 각자의 할 일을 알고 몸 전체의 건강을 위하여 조화롭게 작용한다.

신인 나는 전 우주를 채우고 있는 에너지이다. 나는 전 우주에 가득 차 있는 신의 생명에서 이 에너지를 흡수한다. 신은 전지요, 사랑의 영지이며, 나에게 전능한 신의 생명을 부여하셨다. 나는 내 육신에 거주하는 신에게서 완전한 지배권을 받았다.

모든 생명체를 완전하게 치유하시는 내 안에 있는 신을 찬양한다. 모든 것이 생명이기 때문에 모든 생명이 완전한 그대로 표현되기를 바란다.

승리자 그리스도는 말한다. "내 말은 영이요, 생명이다. 내 말을 지키면 결코 죽음을 보지 아니 하리라."

영지靈知의 그리스도, 승리자 그리스도는 전 우주에 풍성한 사랑을 보낸다.

모든 것은 지고심이요, 신아인 내가 지고심이다!

신아인 나는 지고한 지혜요, 사랑이요, 능력이다. 신아인 나는 숭고하고 영원하다는 것을 알고, 내 가슴 속 깊숙한 곳에서 흘러나오는 기쁨으로 감사한다. 나는 이 신아의 지혜가 무한한 지혜임을 안다.

생각과 말이 물질임을 명심하라!

나는 자유롭다. 모든 속박에서 완전히 자유롭다고 기쁘게 외치자. 이제 나는 자유롭고 승리에 차서 활보한다.

나는 신의 지고한 의식의 완전한 능력으로 거듭났다. 신이 곧 나다.

우리는 기쁜 사랑의 빛을 모든 영혼에게 나누어주기 위하여 존재하는 것이다. 이 일을 완전히 자각하고 모든 사람들과 함께 걷자. 이것은 진실로 엄청난 특권이다. 이 끝없는 신의 사랑을 모든 영혼들에게 나누어줄 때 우리 영혼은 성령으로 충만해지며 모든 인류를 향한 신의 사랑을 실감하게 된다. 이 일을 느끼고 알면 모든 인류의 가슴 속에도 승리자 그리스도가 있다는 것을 알 것이다. 그러면 우리도 예수가 가진 것과 같은 신유 능력과 지혜를 가질 수 있게 된다.